北洋軍閥

雄霸一方

薛大可 等著
蔡登山 主編

【導讀】北洋軍閥的倏興與倏滅

蔡登山

談到「北洋」這名詞，它和「南洋」是相對稱的。在清朝同治五年（一八六六），加兩江總督（轄今江蘇、安徽、江西，駐節南京）以五口通商事務，授為南洋通商大臣；而在同治九年（一八七〇），又加直隸總督（轄今河北，兼巡撫，駐天津，冬季封河，移駐保定）以三口通商事務，授為北洋通商大臣。這是「北洋」和「南洋」名稱的開始。

一八九五年十月袁世凱奉命於小站練兵，所用將校人員，一部分為淮軍宿將，一部分是天津武備學堂畢業生。除首領袁世凱外，當年的小站舊人幾乎囊括了後來北洋軍閥中的所有重要人物，如「北洋三傑」：王士珍、段祺瑞、馮國璋；後來擔任各省督軍或巡閱使的「李純、曹錕、吳佩孚、王占元、陳光遠、段芝貴、倪嗣沖、陸建章、張懷芝、張敬堯、田中玉、盧永祥、齊燮元、孫傳芳」等等。就連鬧復辟的張勳，也曾一度投身小站，而小兵出身的馮玉祥、還有孫岳等革命黨，當年也都是袁世凱部隊出身的。除了一干武人之外，袁世凱還在日後的升遷中籠絡了一批文臣，如徐世昌、朱家寶、周自齊、梁士詒、曹汝霖、陸宗輿、王揖唐等，這些人也隨著北洋系的勢力消長而浮沉，並在清末民初的政治舞臺上顯赫一時。民國以來的「北洋軍閥」，大抵孕育於此時。

後來袁世凱繼李鴻章之後做過直隸總督，也就是北洋大臣，而他自己又有一支當時最有力量的軍隊，因此他的這支軍隊就被稱為北洋軍。北洋時代是中國近代史上的一個重要階段，也就是指民國初年到民國十七年之間。袁世凱在世時，北洋派是完整的，也可以說就是袁世凱派，袁死後，則各自稱雄，誰也不肯服誰，於是形成了分裂，皖系、直系之名才告出現。直皖戰後，奉系又露頭角，直、奉戰後，國民軍系脫穎而出，加上所謂魯系、新直系、辮子軍等等，真是你方唱罷我登場，像走馬燈一樣，一幕接一幕。

皖系以段祺瑞為領袖，徐樹錚、曾毓雋為謀主；直系比皖系複雜，因為它分為前後兩個階段：前一階段的直系是由馮國璋為領袖，曹錕、李純、王占元、陳光遠為著名巨頭。馮國璋交卸代總統職務後，他的直系領袖身份也告結束，從此直系的正戲開場，主角是曹錕和吳佩孚。直系衰落後，還有所謂的新直系，是指的孫傳芳。奉系自始至終都以張作霖為領袖。國民軍系又稱西北軍系，也就是馮玉祥系。魯系（又稱直魯軍系）的成立，是北洋軍閥的尾聲，是指直隸督辦李景林和山東督辦張宗昌的聯合；可是國民軍系被擊敗後，這支直魯聯軍卻以張宗昌為主體。

北洋時代軍人干政，軍人竊國，禍國殃民。《北洋軍閥——雄霸一方》蒐集許多北洋舊人如薛觀瀾、薛大可、李北濤等人的直接觀察，有許多不為人知的秘辛。另外江平的〈馮玉祥殺害徐樹錚的原因和經過〉一文，為此事件抽絲剝繭，逼近真相。金典戎的〈我與馮玉祥的一段淵源〉，則對馮玉祥在泰山時期又有貼身的觀察。朱家橋的〈曹錕賄選醜聞〉一文，則對於曹錕賄選總統的經過有極其詳細的描述，引用當時的電文、當時北京的報紙報導，是不可多得的史料。歷史的真相常在細節中，由於有這些細節，我們才能更看清一些真相。

北洋軍閥十七年中，表裡萬端，變化百出。馮玉祥以倒戈將軍出名，開始他以一個混成旅長駐防湖北，通電反對段祺瑞；這是第一次倒段合肥之戈。民國四年他駐防成都，反對陳宧將軍，這是第二次倒四川將軍之戈。民國十三年二次直奉戰，他受張作霖收買，回師北京，囚禁總統曹錕於延慶樓，以致直軍大敗；這是第三次倒曹、吳之戈。民國十四年他密令駐廊房旅長張之江，劫殺合肥親信徐樹錚，並在北京威脅段執政下野；這是第四次又倒合肥之戈。至於與閻錫山合作，搞起中原大戰，這算是第五次倒國民政府蔣主席之戈。不過他沒料到自己會死於黑海之中，所以機變多者，終死於機變。

大抵吳配孚之成功，皆能於險中求勝。是以哀兵憤兵，一鼓作氣而得之。幸其所遇之敵，初為皖系之驕兵，此次又為奉張之惰兵。但他於勝果，未能多加計慮而善為運用，是以徒能耀彩於一時，而不克收成於久遠。他於二次奉直戰爭喪敗之餘，力持不入租界之矢言。初則遵海而南，繼則遡江西上，猶復徘徊鄭洛，棲遲鷄公山，小住黃岡，託庇岳陽，以迨漢口查家墩之復出；其輾轉奔投之經過，與堅毅硬幹之精神，實非歷來下野人物所能望其項背！

北洋政局，前後十七年間，自總統、國會、內閣、以至大軍閥之起伏，小軍閥之升沉；如戲劇之一幕一幕，如奕棋之一局一局；或由於派系戰爭之勝負，或由於依附勢力之消長，倏興倏滅，遂演成這一期間動亂之歷史。《北洋軍閥——潰敗滅亡》一書正見證這段歷史。

目次

北洋之虎——段祺瑞

余非

皖系首領段祺瑞，被稱為北洋虎將，以三造共和著稱於世，為民國初年的顯赫人物。自民國十五年退出政壇後，息影津門，深居韜晦，日以誦經下棋自遣，不復過問政事。民國二十五年病逝上海，政府以其功在民國，明令國葬。然所謂功在民國，舉其要者，不外三事：其一、辛亥之役，倡率各軍，贊助共和；其二、袁氏僭號，潔身引退，力維正義；其三、復辟變作，誓師馬廠，迅遏逆氛。自復辟事平，段委徐樹錚組「安福俱樂部」，黨同伐異，破壞法統，禍國殊深；而段氏本人，亦懷有「北方軍人才是國族中堅」的偏見，始終不能與南方合作，梁啟超雖曾讚揚他「不顧一身利害，為國家勇於負責，舉國中恐無入能比」，窺其一生事功，仍屬於軍閥者流。

早年的軍旅生涯

段祺瑞字芝泉，晚號正道老人，安徽合肥人，與李鴻章同邑，生於同治四年（一八六五）。其祖段珮，為淮軍名將，任銘軍三營統領，駐防宿遷。段自八歲隨祖父在營中讀書，迄光緒五年（十五歲時）珮死，始回故鄉。光緒七年，其叔從德任山東威海軍營官，乃前往投依，補營哨官缺。以後兩年，父母相繼喪亡，段受此刺激，深為發憤，光緒十年，李鴻章在天津創辦武備學堂，段即入學習砲科，這年他二十歲。

光緒十二年，段娶吳氏為室（次年生子宏業）。次年，段自武備學堂畢業，被派到旅順監修砲臺。光緒十四年，李鴻章奏請考選武備學生五人赴德留學，段以成績優異，得去德國習陸軍兩年。歸國以後，初任北洋軍械局委員，旋轉任威海隨營武備學堂教習。段在威海做了五年教習，正是中日甲午戰爭前後的幾年。

甲午戰後，袁世凱在小站練兵，請天津武備學堂幫辦蔭昌為他物色人才；蔭保薦王士珍、段祺瑞、馮國璋、梁華殿四人。袁任王為工兵統領，兼長工兵學堂；段為砲兵統領，兼長砲兵學堂；馮為督練營務處總辦，兼長步兵學堂。梁後於某次夜操溺斃，無聞。王、段、馮後被稱為北洋三傑，有龍、虎、狗之目。

光緒二十五年冬，袁世凱奉命署理山東巡撫，段亦隨軍開往濟南。時段仍統帶砲隊，並總辦隨營學堂，光緒二十六年，段原配夫人吳氏死。次年，續娶袁世凱的義女張氏為繼室。這年袁世凱做了直隸總督，段隨袁到了保定，並延蕭縣徐樹錚為書記官。

袁世凱於就任直督未久，復奏陳再練新軍。於省城設軍政司，下分三處：兵備處以劉永慶為總辦，參謀處以段祺瑞為總辦，教練處以馮國璋為總辦。三傑之一的王士珍，任步兵第一協協統，兼直隸全省操防營務處督理。

光緒二十九年十月，清廷於京都設練兵處，由慶王奕劻管理，實權操於總提調徐世昌之手。袁世凱充會辦大臣，段祺瑞充軍令司正使，馮國璋、王士珍先後任軍學司正使。光緒三十年六月，常備軍一、三鎮先後成軍，段任第三鎮統制。次年，新軍繼續編成，段祺瑞先後調任第四鎮和第六鎮統制。是年清廷於河間舉行秋操，第三鎮全鎮及第六鎮一混成協任北軍，第四鎮全鎮及第五鎮一混成協任南軍。段任北軍總司令，曾沿途預為演習。因逢天雨，軍隊冒雨前行，操演的成績並不理想。光緒三十二年，段仍回任第三鎮統制，並任北洋武備學堂監督兼軍官學堂總辦。這年的彰德秋操，北軍由段祺瑞指揮，南軍由張彪指揮，軍容頗盛。

宣統二年十一月，段受命署江北提督，駐節清江浦（淮陰），以徐樹錚為軍事參議。次年八月，武昌革命軍起，段受召回京，任第二軍軍統，署湖廣總督，會辦剿撫事宜。當時馮國璋率軍攻武漢，段旗瑞駐兵孝感，俱為袁世凱所倚重。

做了陸軍總長

武昌事起後，袁氏周旋於革命軍與清廷之間。清廷屢開御前會議，圖作最後決鬥。袁為自己權位計，乃授意前敵各將領，電請清廷退位。民國元年一月二十五日，段祺瑞率同四十二將領電請清廷遜位，實行共和。清廷知局勢無可挽回，遂於二月十二日下退位詔。不久，袁世凱做了臨時大總統，唐紹儀出組內閣，任段為陸軍總長。

民國二年五月一日，國務總理趙秉鈞因宋教仁案受各方攻擊，稱病辭職，段以陸軍總長代為國務總理。其後，二次革命起，袁世凱對南方用兵；其間，段一直代理閣務（中間朱啟鈐曾代理過兩天）。九月十一日，熊希齡正式組第一流人才內閣，段仍任陸軍總長。其他各部的總長是外交孫寶琦，內務朱啟鈐，海軍劉冠雄，教育汪大燮，司法梁啟超。農商張謇，交通周自齊，財政由熊希齡兼理。

民國三年春，有號「白狼」者騷擾於豫鄂一帶，河南督軍張鎮芳、河南省長田文烈久剿無功，袁世凱派段祺瑞兼領河南督軍，駐信陽督剿。段到職後，重新佈署，從南北東三面合圍，自是白狼轉而西向，三月初焚掠老河口之後，即由紫荊關入陝。其後段祺瑞仍回北京任陸軍總長，河南督軍交給田文烈。

時袁世凱方破壞民元約法，欲實行專制，段頗不同意袁的做法。早在民國三年春段督師信陽之際，當時總統制之說大盛，有人詢問段的意見，段云：「總統制未嘗不可行，但恐進而益之，並總統之名義亦不要耳。」段深知袁氏之陰謀，故有此語。

袁世凱的勢力始建於小站練兵，自攘據大總統之位以後，把精力放在政治上，對軍屬的籠絡不能全神貫注。時段任陸軍總長，北洋軍人多係段的學生，袁子克定頗不放心，乃於民國三年十月編練模範團，在各師下級軍官中抽派團員。以前高級軍官在袁手裡，下級軍官在段手裡；現在下級軍官亦由袁控制，段甚不悅。因此模範團成立後，段就不常到陸軍部辦公，部務悉委於次長徐樹錚。民國四年春，當帝制呼聲此伏彼起之時，段即提請辭職，赴西山休養。段在辭職呈文說是「血虧氣鬱，脾弱肺熱」，實際上是不滿袁氏所為。五月三十一日，袁令王士珍署陸軍總長，賜段人參四兩，醫藥費五千元，佯表慰勉，實欲去之。至六月末，徐樹錚亦被迫離開陸軍部，次長一職由田中玉繼任。

國務總理時代

民國四年十二月，袁世凱準備做皇帝，雲南首先組織護國軍，宣布獨立，各省反對的風潮迭起。段在反袁運動中，亦暗為策劃。段之反對帝制，其謀出於徐樹錚，徐曾遣曲同豐往陝西說陳樹藩，使其逐陝督陸建章而獨立。民國五年三月下旬，袁氏為緩和民情，宣布廢除帝制，以徐世昌為國務卿，段祺瑞為參謀總長。徐、段等分電西南，告以共和重建，請息兵籌商善後。其後，徐世昌因謀和不成，呈請辭職；國務卿一職，由段祺瑞繼任。這年六月六日，袁世凱在反對聲中羞憤而死，黎元洪繼任為大總統，段祺瑞恢復國務總理名義。段以徐樹錚為秘書長。其閣員如下：外交唐紹儀，內務許世英，財務陳錦濤，海軍程璧光，司法張耀曾，教育孫洪伊，農商張國淦，交通汪大燮，陸軍由段自兼。其時，各省督軍如下：奉天張作霖，吉林孟恩遠，黑龍江畢桂芳，直隸朱家寶，山東張懷芝，河南趙倜，山西閻錫山，陝西陳樹藩，甘肅張廣建，江蘇馮國璋，安徽張勳，江西李純，福建李厚基，浙江呂公望，湖北王占光，湖南陳宧，四川蔡鍔，廣東陸榮廷，廣西陳炳焜，雲南唐繼堯，貴州劉顯世，新疆楊增新。

黎、段上臺以後，恢復了民元約法，續行召集國會，共和得以重建。然不久政爭又起，段素輕黎，二人常生齟齬；正面交鋒的人物，為總統府秘書長丁世嶧和國務院秘書長徐樹錚。雙方以權限之爭，徐、丁先後下臺，這是府院鬥爭的第一幕。民國六年，歐戰方面，段祺瑞主張對德宣戰，黎元洪及國會不表贊同。四月二十五日，段召集各省督軍在津開會，圖利用督軍團的勢力，達到參戰的目的。五月七日，宣戰案提到國會；十日，眾院開會，段嗾使「公民團」到眾院請願，要求通過參戰案。事情愈鬧愈僵，十九日眾院通過議案反對段內閣，黎遂下令免段職，以李經羲繼為國務總理。段去職後，退居天津。安徽省長倪嗣冲首先宣布獨立，其他擁段各省督軍亦相繼響應。黎在北京無法應付，於六月一日召張勳入京調停，張帶著「辮子兵」進入北京，首脅迫黎元洪解散國會，旋於七月一日擁溥儀復辟。黎元洪聞訊走避天津，請副總統馮國璋（此時兼領江蘇督軍，駐南京）代行大總統職務，並重新任命段祺瑞為國務總理。七月三日，段在馬廠誓師，組「討逆軍」，以段芝貴、曹錕為東西兩路司令，倪嗣冲為皖魯豫三省聯軍總司令。其主要武力為馮玉祥的第十六混成旅（駐廊房），和李長泰的第八師（駐馬廠）。梁啟超、湯化龍、徐樹錚等都在討逆軍總部任參贊。「討逆」戰起，段祺瑞自領第八師任中路，以李長泰當前敵，分三路進攻北京。是月十二日，張勳兵敗，逃入荷蘭使館，復辟告終。時黎元洪引咎辭職，直系的馮國璋繼任大總統，段祺瑞出組聯合內閣：秘書長張志潭，外交汪大燮，海軍劉冠雄，內務湯化龍，財政梁啟超，司法林長民，農商張國淦，交通曹汝霖，陸軍由段自兼，以徐樹錚為次長。

復辟事件，或謂段祺瑞預先知道，其內情如何，茲且不論，張勳究為段解除了兩大政敵，即黎元洪與國會。復辟事平後，段不僅未將國會恢復，反進行新國會的選舉，事為粵、桂、湘、滇、黔五省反對，參加選舉的只有十四省。此次選舉，幕後籌劃的人物是徐樹錚，出面籌備的有王揖唐、王印川、曾毓雋、光雲錦等人。段挪用參戰對日大借款二千萬元，以為活動經費。當時北京政壇，除段系以外，以交通系首領梁士詒勢力最厚；徐樹錚邀梁氏出面幫忙，約定兩院議席與交通系平分秋色，並以參院議長相許。梁士詒鑒於南北衝突日甚，主張迅速成立國會，選一北人為總統，南人為副總統，以緩和局勢，乃答應合作。兩院議員選舉結果，眾院段派佔優勢，參院交通系佔優勢。其後，段設「議員俱樂部」於北京安福胡同，並對新當選的議員月送津貼三至五百元，以相籠絡。議員對段唯諾而已，時人稱為「安福國會」。

另一方面復辟事件後，段祺瑞未恢復舊國會；孫逸仙以其破壞法統，已在廣州另組政府，與北政府對立。當時段對德宣戰的主張已經實現。遂藉機擴充軍隊，以推行其武力統一中國的政策。段的用兵計劃是由四川進攻雲貴，由湖南進攻兩廣。民國六年八月六日，任傅良佐為湖南督軍，策劃對南用兵事宜。十月六日，王汝賢的第八師及范國璋的第二十師開始進攻湘軍，初期軍事進展頗為順利，連下衡山、寶慶等地。但這種黷武政策，不為馮國璋所贊同。

馮國璋是直系領袖，直系以「和平混一」為反段的招牌。實際上，直系為了倒段，亦欲與南方聯繫。十月人體二十日，蘇督李純、贛督陳光遠、鄂督王占元（即所謂長江三督）夥同直督曹錕，通電主和。十一月十四日，在前方作戰的王汝賢、范國璋亦聯名響應。段祺瑞乃憤而辭職。

督辦參戰事務

直督曹錕原與段祺瑞保持友好關係，發電主和之後，覺得不安，向段解釋誤會，段遂乘機拉攏。十一月二日，段召集各地督軍及護軍使在天津開會，除蘇、贛、鄂三督外，北洋各省幾乎都有代表參加。會中決議對南用兵，分兵兩路進攻湖南：第一路推曹錕為主帥，自京漢路南下；第二路推張懷芝（山東督軍）為主帥，自津浦路南下。段的武力統一政策既獲各督軍的支持，馮國璋不得不同意對南用兵。十二月十六日，馮發表電令，派曹錕、張懷芝為第一、第二路司令，率兵南下。十八日，派段祺瑞督辦參戰事務。

當時直系主要勢力為蘇、贛、鄂三督，馮國璋在北方受段系包圍，無所施展。民國七年一月，馮以「南巡」為名，企圖離開北京，赴長江一帶籌畫，行抵蚌埠，為倪嗣沖（安徽督軍）所阻。直系倒段的工作，並未因此停止，奉命南征的馮玉祥，在武穴通電主和，乃是由馮國璋遣陸建章所策動。段祺瑞為此頗恨馮國璋笑裡藏刀，遂調奉軍入關，進行驅馮；並儘速召集新國會，以便提早選舉新總統。

是年三月初，奉軍源源入關，設關內奉軍總司令部於軍糧城，張作霖自兼總司令，徐樹錚以副司令名義代行總司令職權。馮國璋不得已，復請段祺瑞出組內閣：外交陸徵祥，內務錢能訓，陸軍段芝貴，海軍劉冠雄，教育傅增湘，司法朱深，農商田文烈，交通兼財政曹汝霖。奉命南征的曹錕部將吳佩孚，此時已進抵岳州，皖系重將張敬堯卻被任命為湖南督軍，段氏此一措舉，使曹、吳為之離心。四月二十四日，段親到漢口開了一次軍事會講。但進行得並不順利。四月二十五日吳佩孚至衡陽之後，即停止進兵。曹錕則早在四月四日即電辭兩湖宣撫使的職務，並要求將軍隊調回直隸休息。段氏至此，初欲調遣奉軍入湘作戰，繼又欲聯絡吳佩孚打擊曹錕，均無結果。

段的武力統一政策不為直系所支持，雖然吳佩孚已兵至衡陽；是年五月贛督陳光遠又攻佔了南雄；為繼續對南用兵，六月二十日，段又以曹錕為川粵湘贛四省經略使，張懷芝為援粵軍總司令，吳佩孚為援粵軍副司令；二十二日，復令李厚基為閩浙援粵軍總司令，童保暄為閩浙援粵軍副司令。但吳佩孚已決心倒段，六月二十五日與湘軍成立了停戰協定。是後，屢發通電，攻擊段內閣的親日政策，並提出「息爭禦侮」的口號。段祺瑞的武力政策主要是對付南方；對於直系的挑釁，段想從政治上來解決。民國七年八月十二日，新國會開幕。皖系擬舉段為總統，馮國璋大表反對。時馮在京畿附近有劉詢、王懷慶、陳之驥三師之眾，皖系未敢造次，乃推北洋元老徐世昌，馮知非敵手，轉而活動副總統之位，皖系復推曹錕與之抗。參院議長梁士詒以總統已選北人，副總統當選南人，對曹錕的競選，實行杯葛。其後，副總統選舉不成，梁士詒亦因調和南北失敗而辭職。民國七年十月十日，徐世昌就總統職，段辭去內閣總理，專任督辦參戰事務。馮國璋亦從此下臺，皖系勢力一時大為擴張。幸徐世昌能居中協調並企圖貫徹直系的和平政策，主張與南方議和。

民國八年二月，南北雙方代表在上海開和平會議，南方代表要求停止參戰借款，廢止對日軍事協定，取消參戰事。當時歐戰雖已結束，段氏圖謀自保，不肯放棄武力，亦不肯失掉外援，至會議三月，一無結果。其後，參戰軍改稱邊防軍，原來的「督辦參戰事務處」改稱「督辦邊防事務處」，段祺瑞仍任督辦。而由靳雲鵬主其事，徐樹錚做「西北籌邊使」，督辦外蒙一切事宜。邊防軍一共編為三師：第一師曲同豐，第二師馬良，第三師陳文運，在《中日陸軍共同防敵協定》下借日款、購日械，餉裕械精，成為一支勁旅。

皖直戰爭

皖系勢力的擴張，引起直奉兩系的側目。民國九年四月八日，曹錕、張作霖等組八省（奉、吉、黑、直、蘇、鄂、贛、豫）聯盟，從事反皖。五月二十二日，吳佩孚自湘撤防北歸，準備驅逐安福系。吳之撤防，未經北京政府的批准，由於鄂督王占元配合，預將長江上游總司令吳光新（段氏內弟）囚禁，使其駐守岳州、荊沙一帶的二師五旅（約五萬人）之眾，不能發生遏阻作用，吳遂得順利北上。吳北上後，據河南為基地，布置反皖軍事。奉軍之一部，亦開抵廊房附近，向皖系壓迫。曹、吳並進一步向政府提出要求，請解散安福系，免徐樹錚職。

段祺瑞見此情形，命令邊防軍緊急動員，向北京附近集中。七月九日成立「定國軍」總司令部，自任總司令。以段芝貴為第一路司令兼京師戒嚴總司令，曲同豐為第二路司令兼前敵總司令，魏宗翰為第三路司令，徐樹錚為總參謀長，衛興武為副官處長，丁士源為交通處長，秦國鏞為航空司令，曾毓雋為參贊，傅良佐為總參議。同時脅迫徐世昌撤吳佩孚職，曹錕褫職留任。七月十二日，曹錕、張作霖、李純、陳光遠等通電討段，直皖戰爭正式爆發。

當戰爭開始時，段芝貴以邊防軍第一師（曲同豐）、第三師（陳文運）在京漢線涿縣迤南向保定推進為右翼（第二師馬良在山東，未參加作戰）；徐樹錚以定國軍副司令名義率軍在天津為左翼。直方的布置：在天津方面者為曹錕，在京漢線方面者為吳佩孚。交綏之後，邊防軍第一師師長曲同豐首先被俘，段芝貴庸懦退兵，右翼遂告瓦解；左翼徐樹錚與曹鍈戰於楊村，兵寡勢孤，張作霖復通電助直討皖，勝負之局遂定，七月二十八日，段祺瑞辭去督辦邊防事務，走避天津。次日，徐世昌下令通緝徐樹錚、曾毓雋、段芝貴、梁鴻志等。八月四日，並下令解散安福俱樂部。

三角同盟

皖系既敗，直系的勢力如日中天。徐世昌雖仍任大總統，操縱政府的人物，卻由皖系的段祺瑞，換為直系的曹錕和吳佩孚。奉系張作霖在倒段之役中著有微勞，眼見吳佩孚的飛揚跋扈，頗為側目。段祺瑞徐圖再起，一面與奉張親善，一面派徐樹錚赴粵會晤孫逸仙。時孫正在桂組大本營，準備北伐討直：派廖仲愷在廣州與徐接洽。其後，徐復赴桂與孫晤談，於是孫、段、張結三角同盟，合力倒直，這是民國十一年春天的事。是年四月，直奉戰爭爆發，孫逸仙擬乘機北伐，屬於皖系的浙督盧永祥亦待機而作。未幾，奉軍戰敗出關，北伐軍因陳烱明叛亂（受吳佩孚唆使）而回師，浙盧則始終沒有發動。

這次直奉戰後，直系的氣燄益盛。民國十一年六月，假恢復法統為名，迎黎元洪復總統位，並恢復舊國會，實際上是為曹錕賄選鋪路。民國十二年十月，曹錕當選總統，以吳佩孚為直魯豫巡閱使，齊燮元為蘇皖贛巡閱使，蕭耀南為兩湖巡閱使，直系的勢力控制著長江、黃河兩流域的核心。

曹錕非法選舉，段祺瑞在天津通電攻擊，粵、奉、皖三角同盟至是進一步結合，於民國十三年春在奉天簽訂盟約。時皖系殘餘勢力尚有浙督盧永祥、淞滬護軍使何豐林、第四師長陳樂山、福建軍務督辦王永泉，和厦門總司令臧致平。段祺瑞命陳樂山在上海設立機關，連絡國民黨及閩浙各方，於是廣州、上海、天津、奉天間，信使往還，絡繹不絕。

民國十三年秋，反直戰爭醞釀成熟。九月三日，浙督盧永祥與蘇督齊燮元發生衝突，江浙戰爭開始；九月四日，張作霖通電反對曹錕；九月五日，孫逸仙在廣州宣言北伐。直系面臨三面作戰，其主戰場則在奉直之間。是年十月二日，盧永祥失敗下野；孫逸仙的北伐，亦因廣州商團之變而受阻。北方的奉直戰爭，奉方一直佔著優勢；而直系的第三軍總司令馮玉祥，因早與國民黨聯絡，至是與在津的段祺瑞接頭，索價十萬元，以為班師驅曹之用。段窘乏已久，電其事於張作霖，張立匯奉票二百萬至津，交段轉給。馮果於十月二十三日自熱河潛師回京，奉軍以此獲得全勝。

出任臨時執政

直系瓦解後，馮玉祥原請黃郛出組「攝政內閣」，邀孫逸仙北上，共商國事。但奉系和皖系迫不及待，準備擁段祺瑞出山；直系殘餘齊燮元、蕭耀南等亦表支持。於是馮玉祥、張作霖、盧永祥等在天津開會，公推段為臨時執政。是年十一月二十二日，段以奉軍吳光新部為衛隊，入京就任，組臨時政府，人員如下：秘書長梁鴻志、外交總長唐紹儀，內務總長龔心湛、財政總長李思浩，陸軍總長吳光新，海軍總長林建章，司法總長章士釗，教育總長王九齡，農商總長楊庶堪，交通總長葉恭綽。

段祺瑞就任執政後，以王揖唐為安徽督軍，盧永祥為蘇皖宣撫使，頗想恢復皖系的勢力。然以馮玉祥、張作霖乘機擴張，使他無所施展。國民軍方面：胡景翼督豫，孫岳督陝，馮玉祥督甘兼為西北邊防督辦。奉軍方面：李景林督直，張宗昌督魯，姜登選督皖，楊宇霆督蘇。當時民軍的勢力在西北，奉軍的勢力伸展於東南，段祺瑞周旋於兩大之間，執政府的官員分為東北與西北兩派，皖系勢力遂衰。

民國十四年秋，直系勢力在南方復興。首先孫傳芳以蘇浙閩皖贛五省聯軍總司令的名義通電聯吳討奉；既而，吳佩孚在漢口就任十四省區討賊聯軍總司令，響應孫傳芳。於是段祺瑞下令南征，京漢線責成馮玉祥、岳維峻；津浦線責成張作霖、李景林。然孫、吳的勢力銳不可當，吳佩孚循京漢線至河南，與岳維峻作戰；孫傳芳循津浦線至安徽，楊宇霆、姜登選先後逃走。直魯聯軍的李景林、張宗昌突倡奉直合作，逼使國民軍的馮玉祥通電下野，北方局勢鬧到不堪收拾的地步。

下野與去世

奉直既決定聯合討馮，奉軍勢力此時伸入關內。段祺瑞派人與奉軍通謀，想裡應外合把北京的國民軍解決。事為國民軍偵知，鹿鍾麟（京畿衛戍司令）先下手為強，把段的三個衛隊旅包圍繳械，段遂通電下野，退居天津，不復過問政事。民國二十二年移居上海，二十五年十一月二日病逝滬寓，遺囑以「八勿」戒國人：

一、勿因我見而輕啟政爭。

二、勿尚空談而不顧實際。

三、勿興不急之務而浪用民財。

四、勿信過激之說而自搖邦本。

五、講外交者勿忘鞏固國防。

六、司教育者勿忘保存國粹。

七、治國家者勿棄固有之禮教。

八、求學者勿務時尚之紛華。

十一月五日，政府令國葬。十二月七日，移靈北上，卜葬北平西山。

我所知道段祺瑞的一生

薛觀瀾

晚清之際，袁世凱在小站練兵，段祺瑞受其指揮，累遷統制。袁氏且付以訓練幹部之責任。民國肇興，袁之屬下，堪稱干城之選者，有王士珍、段祺瑞、馮國璋三人，世稱王龍段虎馮狗。何故王氏之猶龍？因其運籌帷幄，袁氏輒以軍事諮詢之，不啻事實上之參謀總長；段乃風骨魁奇，司理軍政，久任陸軍總長，民二且曾國務總理；馮國璋善於機械變詐，且好貨，袁固識人，對馮不甚信任，乘其攻取漢陽、正在春風得意之際，袁乃將馮召回，以段代之，段即領銜通電，主張共和政體，而旋乾轉坤之功，悉由段氏發動，馮反寂寥無聞，足徵袁氏對段倚畀之殷。其故安在？蓋段氏之繼室為張氏夫人，與袁氏有葭莩之親，其父追隨袁甲三，打捻匪而陣亡，僅遺一孤，袁世凱收為義女，視同己出，張女即在洹上袁家長大遣嫁，袁家呼為大小姐，吾等尊稱段大姊，其與內人如同手足一般，故袁實以婿禮待段，焉有不加信任之理。

反對帝制、原因有三

然至袁氏稱帝，段祺瑞雖未公然反對，但在暗中阻撓，不遺餘力，其故有三，如下所述：

一、段祺瑞與馮國璋皆以袁之繼承人自命，帝制果成，彼等將永無繼位之望，且黎元洪封親王，龍濟光封郡王，段氏僅獲公爵，不無絕望。當時陸榮廷即因恥居龍王之下而生異心者也。

二、段與袁克定不協，深恐克定繼位，於己不利，此乃段氏反對帝制之主要理由，段在公府乘人力車，克定幼弟三五成群，紛紛以雪球擲之，指其為歪鼻子，跡近當面侮辱。段訴於袁，袁雖盛怒，顧未鄭重處罰，段有遺恨焉。

三、段雖名為陸軍總長，軍權實在袁手，段固怏怏不得志，而其副手徐樹錚野心勃勃，最為袁氏所嫉視。袁設模範團以訓練將校，凡各鎮將校，悉由總統親授之，段氏無用人之權，自不滿意，乃向袁氏請自營長以下，概由軍部直接委薦，袁遽召段，正色而言曰：「芝泉！你氣色不好，休養一時罷。」段退出，即請長假，移住山西，嗣後袁段之間，隔閡愈深矣。迄袁醞釀帝制時，段僅尸位素餐而已。

段夫人性剛毅，有義氣，無笑容，為洪憲之事，段與夫人數次反目，夫人戟手詈段而罵曰：「沒有良心。」段有季常之癖，不敢抗論。愚適在座，段乃奇窘，低聲曰：「我對老總統愛莫能助呀。」實則段於洪憲之事，可告無罪於國人也。

夫人罵段、老糊塗了

民七年我挈內子（按：薛夫人為袁世凱之愛女）赴府學胡同（即段宅）會親，我行大禮，段氏答禮時膝未及地，張氏夫人見狀大怒，當場令其屈膝，又強段氏叫我二妹夫。此後我見段氏，尊稱大姊夫，段氏不當夫人之面，叫我匯東，老氣橫秋，若當夫人之面，段乃侷促不安，此情此景，大可噱也。

段夫人常說：「你大姊夫沒有禮貌，老糊塗了！」實則芝老文質彬彬，禮數甚周，夫人則見娘家人，倍覺親熱耳。段夫人曰：「這所房子是爸爸（指袁項城）賞賜我們的，你們住此，千萬不要客氣。」竊按府學胡同段邸，規模宏壯，惟內部陳設，簡陋不堪，段之寢室，乃以白布作幔，此係皖人儉樸之風，有足劭者。

與吳清源、對奕趣聞

段既執政，棋道駸隆（指圍棋），段好弈，知更之鳥也，今日之事我為政。當時國手皆北面，或授二子，或讓黑棋，而諸國手不敢贏段，但亦不甘多輸。其軼事甚多，最為棋界所樂道。世人謹其棋品不修，實則芝老弈時，態度甚佳，向無厲色，見棋即笑逐顏開，我與之老對弈，無慮五六十局。一日，段氏欲悔一子，我情急，口不暇擇，「老段」二字脫口而出，段亦一笑置之，無慍色。故吾以為段氏有雅量，英氣逼人，時彼方為太上總理，督辦參戰事宜。又一日，我與參謀總長蔣雁行弈於執政府門房，圍觀者眾，俄見段執政危坐桌畔，已觀局多時矣。見蔣總長抱頭思索狀，段氏為之大樂。述此以見段無大架狼犺之習，猶有書生自得其樂之風也。

然段氏好勝，敗則愴怳失意，不肯罷休，其個性如此。民十四，段聞吳清源以舞勺之年，無敵於中國，心竊疑之，爰命入府對弈，且謂棋果不差，可以公費遣送東瀛深造，此固清源之宿願也。清源義父楊子安以為吳不應失此公費赴日本之大好機會，又知段氏好勝，特囑清源小心應付，務讓段勝一子半子，對於出洋事，勝固無望，大敗亦無望，清源以為然。弈時段持白棋，吳神童持黑棋，惟神童下子迅速，不加思索，但不知看風使帆，結果黑勝。

楊君當場以目示清源，赴厠所數之曰：「孺子不可教也，出洋之議，視同綺夢幻想可耳，再奕要仔細，負五子可矣。」清源俯首唯唯，自悔失手。再弈，清源果大歛其鋒，敗勢已成，無何，段氏以為穩勝，居然得隴望蜀，忽硬投拆三，清源急，渾忘其使命，努力應付，遂不終局而又大勝。蓋此局拆三，不可輕投，黑棋若任其蹂躪，必死一塊，童子無知，難如留侯之能忍，終使段氏一敗再敗，公費赴日之說，遂同泥牛之入海。皆是為觀，無論政治與奕棋，段氏之最大弱點，端在好高騖遠，莫能知己知彼耳。

不貪財貨、輕視武將

至於段氏平日待人接物之姿態，完全摹仿袁項城，兩目炯炯有光，言語少而中肯。就我所見，段對文人，尚有禮貌，即對棋友如汪耘豐、顧水如等，亦覺和靄可親，惟對武將，不假詞色。田中玉任山東督軍時，晉謁段式，陳述軍事，合肥不耐曰：「少說廢話，你還懂得什麼戰略嗎？」雜以安徽罵人土語，田中玉亦安之若素。當年張勳節制定武軍，曹錕統率第三師，見袁皆行跪拜禮。由此觀之，藐視武將而武將自卑，實為北洋軍閥之傳統習慣。嗣後北洋軍閥相繼失敗，草蛇灰線，即伏於此。

昔日袁世凱不好貨，生前以盤樂遊逸為戒，身後則無積蓄，當其卸任山東巡撫時，嘗以應得羨餘二百萬金，移贈後任楊士驤，楊氏遂成鉅富。厥後段祺瑞步袁之軌躅，雅有清譽，操守無可疵議，此其唯一長處。是故袁段二人之功過，係另一問題，惟其不貪財、不好貨，然後能做一番事業，感不絕於我心焉。

段不好貨，遂視勳章如糞土，智利政府嘗以大勳位授之，極昭隆重，上嵌金鋼鑽數粒，光彩奪目。時適段氏已下野，寓居天津，予捧勳章與紫綬，齎呈於段，段置之，不稍留意，惟邀予對奕，予勝第一局，段不肯罷手。褚玉璞適來電話，因碭山戰捷，催予列席會議，予欲告辭，段不允，並謂：「蘊山（指褚玉璞）還有什麼了不起的事。」我說：「褚督辦與我作對，我為難得很。」段云：「又錚與褚大不同了，你如何能與蘊山共事呢？」此雖極小掌故，可占段氏之為人，善奕而有好勝之心，不好貨，不慕虛榮，輕武將，藐視張宗昌褚玉璞之輩，對於徐樹錚，印象仍佳，關於酬應世事，可謂漫不經心者也。

不修邊幅、耿介拔俗

茲述段氏處世之術，可資嗢噱。一日，棋局告終，段讌外賓，改服西式方角大禮服，履不適足，大感困苦，段氏蓋穿慣雙梁鞋，於是整裝超過一小時，項際金鈕猶無法扣上。段夫人囑我幫忙，我亦無能為力，謂芝老曰：「一國元首之服裝，非可掉以輕心者也，晚宴外賓，應穿燕尾服，佩本國勳章，小禮服而佩勳帶，已非正式，至於方角大禮服，歐美各國惟於喪禮中用之，日人已誤而吾國效之，現茲硬領差半寸，如何扣得上，公須另製一套燕尾服，今晚則穿藍袍馬褂可矣。」

段夫人期期以為不可，她說：「洋鬼子要登報的，你大姊夫怕極了。」

我說：「藍袍馬褂，亦禮服也，御此以宴外國元首，且無不可。」意段斟愖，時則賓客絡繹而來，紛集樓下，段遂勉從予言，喃喃自語曰：「如此服裝，西人自誇文明，可以休矣。」無何，段之藍袍太短，褂袖過長，望之不似人君。蓋段向不修邊幅，亦耿介拔俗之徵也。

如右所述，段氏怕穿西裝，亦不喜戎裝，因有足疾，不宜穿革履，民十四孫中山先生病歿故都，開會追悼之日，段氏已穿就西式禮服，洗濯其足，而足益腫，因此不能納履中，段氏徬徨無策，遂不果行。此固重大失禮，騰笑國際，難怪國民黨員大不愜意也。亦見段氏之固執成性。而段左右無諍臣、無益友，直視國事如兒戲耳。

參戰改選、有功有過

溯自袁項城去世，段祺瑞乃一躍而為北洋軍閥之首領，只爭實權，不圖虛名。總統黎元洪為參戰問題，信其同鄉金永炎之言，遽免段祺瑞國務總理之職。段赴天津，因府院之爭，而引起督軍團獨立，因督軍團獨立，而釀成張勳之復辟。段乃因緣際會，僅恃李長泰一師之眾，起義討逆，辮軍奔沮，厥功懋焉。

黎元洪既去職，馮國璋代之，段任總揆，權傾一切，府院之間，相持益烈。惟馮倡導和平，主張反戰，徒託空言，卒與段同時下野，抑鬱以終。段則實權在握，發號施令於府學胡同，內以徐師爺（樹錚）為心膂，外以靳師爺（雲鵬）為總理。按徐樹錚與靳雲鵬皆段門生，故段儼居太上內閣之地位，是其一生威權最高，惟值吾等與段氏對奕之際，常爭懸殊於秒忽之間，其時若靳徐兩人請謁，雖懷軍國大計而來，亦無暇過問無法上達矣。當是時，段祺瑞乃代表中國之正統，其與北洋軍人密電有云：「私冀發揮我北洋同袍之實力，統一國家，奠寧宇宙，庶幾人民得以安堵，法治乃得實施。」又云：「我北洋軍人分裂，即中國分裂之先聲，我北洋實力消亡，即中國消亡之朕兆。……伏願諸君子時以北方實力即國家實力為念，團結堅結。」段志可窺其端倪矣。

茲將段氏當權之政綱，提要鈎玄，列舉於後：一、主張武力。以統一全國，奠定大局；二、進行參戰借款，以編練軍旅，加入協約國，與德奧宣戰；三、與日本簽訂《中日共同防敵協定》，以期阻撓俄共十月革命。故反共為安福系一貫政策。厥後徐樹錚主張討赤，段無違言也；四、利用臨時參議院，制定國會組織法，進而操縱新國會之選舉，故新國會中，安福系佔絕對多數，乃擁北洋老人徐世昌出任總統，安福系欲舉曹錕為副總統，世昌陰持異議，遂不果行。

自愚觀之，參戰之舉，段有功於國家，然因民六改選國會之舉，演成南北相持之局，法統之爭，不知伊於胡底，段固不得辭其咎矣。

日暮途窮、二次柄政

當是時，皖系秉政，驕蹇益甚，不能防患未然，事皆弄巧成拙。於是，吳佩孚由衡陽撤兵北上，曹錕在保定組織八省聯盟，至張作霖入京，徐世昌見奉直聯合勢成，乃下令免去徐樹錚西北籌邊使兼邊防軍總司令職，段大怒，由團河入京，力主討伐曹吳，徐總統被迫下令，曹錕革職留任，吳佩孚免職，於是直皖開戰，結果皖系崩潰，由失民心而主帥不得其人也。

段雖下野，雄心猶在，民國十年，舊國會議員在穗召集非常國會，推孫中山為大總統，孫與張作霖段祺瑞締結三角同盟，協同聲勢，以抗曹吳，是為段氏東山打起之朕兆。因循至民十三，直系驕縱愈甚，貪穢時聞，迨直奉戰起，馮玉祥倒戈，曹囚而吳遁，各方擁段出任執政，此屬北洋軍閥日暮途窮之候，段乃匆忙進京，思慮未周，徐樹錚適在國外，鞭長莫及，凡段施政綱領，徐氏不表同意者甚多，茲特撮要述之，以示段氏二次失敗之根由：

一、徐氏主張召集國民會議，並以許世英為執政府秘書長；二、徐氏反對以盧永祥督蘇，先是張作霖意圖東南，不敢貿然下手，乃以盧永祥督蘇餌段，而由張宗昌任護衛之責，段固樂從也，徐樹錚聞之，認為閩浙巡閱使孫傳芳非易與者，請段毋為奉方火中取栗；三、段所主張，以津浦線劃歸奉軍，京漢線劃歸國民軍，徐反對最烈，伊認馮玉祥軍必須退出京畿，揵鰭掉尾，不可不防；四、徐見馮玉祥公然勾結共產黨與革命軍，痛心已極，故其主張先整內而後圖外。第一步聯絡吳佩孚、張作霖、孫傳芳三人，以完成奉直皖三系大團結。第二步一致討馮。第三步則協力同心以擔革命軍。惟段夙畏奉張之跋扈，且因直皖之役，張助曹吳，故其心中不無袒護同鄉馮玉祥。

綜而言之，徐之建議皆以現實為前提，不念舊惡，不務姑息，惜段未予全部採納耳。噫嘻！禍起蕭牆，信亦危矣，臥薪待火，其老段之謂乎。

鼻雖不正、兩目有神

段任執政，度日如年，介於兩大之間，動輒得咎。馮玉祥恨其反共，張作霖怨其袒馮。而馮居心，更不可問，名為保護，暗行劫持，迨其謀殺徐樹錚於廊房，段猶戀棧不去，若無其事，加緒含容，冀可彌縫；而馮豺狼野心，潛包禍謀，竟以軍隊圍困執政府，段僅以身免，此其畢生威望之最低潮，良可慨也。

段既下野，隱居天津租界，以奕棋自娛，觀瀾為座上客。迨日人侵華之前夕，蔣委員長以弟子禮迎段抵滬，扶段而行，執禮甚恭，餽遺甚豐，世人以蔣段二公之丰度為不可及也。段寓傑斯菲爾路，優遊歲月，得終其天年，靡蹈非彝，豈非一大快歟。

竊按北洋軍閥中，兩眼主凶而喪其元者，如褚玉璞、吳佩孚、徐樹錚、馮玉祥、張作霖、陸建章、楊宇霆、張紹曾、張宗昌、齊燮元、孫傳芳等，比比皆是也。推而論之，就予所見，褚目鷹瞵，吳目鶚眙，徐樹錚豬眼，馮玉祥鼇目，張作霖之眼露白光，陸建章之眼含血絲，楊宇霆與張紹曾之眼厥神暴露，張宗昌鸛視，齊燮元與孫傳芳之眼其梢喎邪，張學良狼顧。學良若無牢獄之災，必喪其元矣。

蓋聞目光關繫一生，武將尤忌失神，至因沙眼而模糊，或因近視而迷⿰目切，雖無善狀，非凶相也。曩昔袁世凱、徐世昌、黎元洪、段祺瑞、馮國璋、曹錕、張作相之儔，兩目清朗，並無凶光，皆獲善終。靳雲鵬與蔣雁行之眼，雖皆斜視而含糊，顧無凶光，得終其天年。上述諸人，惟袁世凱兩目最有威稜，垂照四方，故能讋服其眾，據斯以譚，君平之術，亦信而有徵，豈徒語哉。

茲述段合肥之威容：鼻雖不正，兩目有神，英銳飄逸，儀表非凡，態度則溫文爾雅，處世則耿介拔俗，亦當時出群卓越之倫也。惜因鼻梁不正，卒不能安居元首之位，綜其一生，成功在目，失敗在鼻，彰彰明甚。茲述段合肥之個性與其為人：段乃出生於人文薈萃之區，故能淹貫舊籍，四書五經，爛熟胸中，言談之頃，每有引用成語之癖，斯與馮玉祥之滿口新名詞，大異其趣矣。

段偶有著述，亦文字清通，不離古法，但因不常寫作，難免生硬之處。按徐樹錚神道碑即為段所親撰者，並未假手於人。惟段對於歐美局勢，漫不經心，此屬北方首領之通病，誤事大矣。

又段會客時，不喜詼諧，氣氛過於嚴肅，說話甚少，使人不感親切，夙昔袁項城雖亦如此，然袁興奮之時，語調極其輕鬆，使人聆之，如飲佳醪，段氏不能及也。

段氏一生、計有六最

段氏雖嗜奕如命，然於日本佈石定規之奕法，以及新穎戰術，概無認識，因自視甚高，常被他人矇蔽，奕棋如此，政治軍事亦如此。段喜雀戰，顧籌注不大，非如當日軍閥一擲千金者，段之賭品良佳，勝負不形於色。我與打牌時，每反對「自摸平胡」，段輒俯從客意，斯其雅量遠勝張宗昌與潘復之流矣。

按段生平，不貪財，不好貨，自奉甚儉，此其最大長處，故能拾而復奮，在段得勢之時，其依段以取功名者，不可勝數。惟於徐樹錚、曹汝霖、曾毓雋、許世英、王揖唐等，信任磐桓，始終勿衰。蓋段性堅強，苟獲信任，則非他人所得離間也。當時政治軍事，徐樹錚首當其衝；財政交通，則曹汝霖擘劃最多；組織黨派之事，委諸王揖唐；應付國會之事，委諸許世英。是皆智周政術心練治體者也。

段與袁世凱關係密切，段雖反對帝制，然其一舉一動，完全模仿袁氏，甚至平日在家所戴方頂黑色小帽，似女尼所用者，亦效袁項城也。袁歿之後，輒以袁之繼承人自居，厥後屯澶屢起，金革亟動，胥由此一念為祟也。失敗後，仍以北方領袖自居，猶見其雄心虎虎焉。迨執政後，乃英氣全消，若死水然，縱容其子宏業，尤為當世所詬病，予與段氏憧憧往來，論私竊喜其俊朗，論公則我存惋惜之心焉。

段氏晚年最惡吳佩孚，據段氏語我：「吳僅測量科畢業，不諳軍事，袁項城派吳至韓為間諜，是其發跡之始。」然論北洋軍人，在軍事上成就，吳可首屈一指，後雖失敗，非戰之罪也。要之，段氏生平，最景仰者袁項城，最信任者徐樹錚，痛恨者吳佩孚，深畏者張氏夫人。最得意者，馬廠起義也。最落魄者，逃出執政府之時也。

段子宏業係元配夫人所生，段姪宏綱尤為段氏所鍾愛，實握執政府大權，段之繼室張氏夫人，育女三人，長適袁項城五弟世廉之孫家朗，次女適張道宏，三女適奚倫，奚張皆筆者在清華同學也。段有幼姬一人，夫以投老之年，與少艾為偶，決非長壽之徵，今如袁世凱、段祺瑞、馮國璋、孫寶琦等，可為殷鑒矣。

綜段一生，器量淵宏，甚有威重，久當權軸，剛愎自用；然而硜硜之操，恢恢之志，用能三定共和，磊磊在青史，其節概犄具於是矣。

段祺瑞及其同時名人

李北濤

黎黃陂繼任總統．段祺瑞組閣

袁總統逝世，由副總統黎元洪繼任，段祺瑞任國務總理。洪憲章制，盡行廢除，一切恢復舊觀。下令懲辦帝制禍首，計有楊度、朱啟鈐、顧鰲、薛大可、梁士詒、孫毓筠、周自齊、夏壽田八人。赫赫一時之楊度，狼狽逃津，蟄居多時，先後又投吳佩孚、張宗昌等幕中，冀得再展抱負。無如所遇輒左，加以鴉片大癮，生活艱困。幸而絕處逢生，來到上海，得杜月笙之禮遇供應。適值杜氏在浦東建立家祠，大肆舖張，所有一切章制編排，建碑立石，以及禮儀文字，皆由楊度一手擎理，辦得富麗堂皇，有聲有色，不愧為當代之大手筆。此後不久，楊即客死滬上。

黎元洪湖北黃陂人，人遂以黃陂稱之。繼任總統，寬厚樸實，一反官僚作風，頗與人以好印象。黃陂地名，因亦為人所重，於是有所謂黃陂三傑，里巷爭傳。三傑者，總統黎元洪，名伶譚鑫培，及名妓小阿鳳。後者曾被誤傳為蔡鍔所眷之小鳳仙，其實非是。小鳳仙乃北妓，小阿鳳籍黃陂，當時在八大胡同甚紅，與名妓蘇佩秋齊名，後為王克敏量珠聘去。

以地名代表大人物，歷來稱呼，多有如此，如以項城稱袁世凱，以合肥稱段祺瑞，以河間稱馮國璋，以東海稱徐世昌，惟徐氏本籍，係河南衛輝，因佐袁世凱在小站練兵，小站在天津東海之濱，一班武將，對此文案老夫子，尊稱為東海而不名。當時有所謂小站三傑，已經出名，即王士珍、段祺瑞及馮國璋三人，又被稱為龍虎狗。王為人最穩重，淡於名利，被稱為龍。段耿直而剛愎，被稱為虎。馮則圓滑而貪，被稱為狗，皆是後來之風雲人物。

光復之前，黎元洪在湖北為新軍協統，御下有恩，從不尅扣軍餉。中國自古以來，帶兵者虛報兵額，尅扣軍餉，已成傳統慣例，黎氏反之，故能深得軍心。武昌起義，事出倉卒，馮國璋大兵壓境，已到漢陽，民軍領導無人，推逼黎氏為都督，出而支撐。後來革命成功，黎氏竟以副總統兼領湖北都督，威鎮一方。彼時政制未定，南北紛爭，黎氏常有通電，緩衝調解，主張公允，舉足重輕。尤其電文甚長，詞句典雅，傳誦一時，深受各方推重。聞電文出自秘書長饒漢祥之手，饒遂由此成名，不久饒外放離去，黎之神光頓斂。加以黎氏為人，胸無主宰，不辨是非，受袁世凱之籠絡，反與民黨為難，寢且被袁調其入京，坐擁副總統之虛名而已。

黎繼任總統後，段組新閣，外交一職，段欲曹汝霖以次長升任，曹氏不獨不允，且並次長亦辭去。段怪問何故？曹意對於項城，未能力阻帝制，有負知遇，問心不能無愧；又以二十一條交涉，外人不明真相，歸咎於其身，故欲暫離政壇，以止謗言。段勉從其意，改為顧問，有外交問題，仍囑隨時協助。乃邀陸徵祥復職，後不久陸以體弱辭去，偕其洋太太到瑞士，為天主教司鐸，而以此終其生。南方政府此時宣稱恢復約法，招引國會議員南下，北政府遂亦恢復舊約法以相抵制。按照約法，政府應係責任內閣制，一切政務，由國務總理負責處理。黃陂頭腦簡單，無決斷力，有人稱之為泥菩薩。又因看慣袁總統之作風，時爾干涉政事，於是府院之間，漸有不協氣象。國務院公事，有時須送總統府，照例由院秘書長送去，以備總統諮詢，時秘書長為徐樹錚，甚有才氣，為段總理最信任之人。凡有才氣之士，往往常露鋒鋩而不自覺。徐在公府，對於黎總統問答應對，必有欠慎之處，黎大不悅，著人示意於段，改用別人。段素袒徐，又以責任內閣制，總統不能干涉到秘書長，黎段幾至弄僵。後由徐東海調停，徐樹錚自動辭職，始告無事，但黎段由此失和。

再言徐樹錚之為人，確係才氣橫溢，文武兼資，原籍江蘇蕭縣。袁總統時代，段為陸軍總長，徐為次長，段於部務，不甚過問，悉以委之於徐。現在段氏被命組閣，即以徐樹錚為國務院秘書長。院務會議，多由徐秘書長發言解決，段總理反多唯唯，人皆側目，報紙常有登載，目為笑談。軍警執法處長陸建章，係馮玉祥之至戚，為人殘忍酷苛，殺人甚多，人言其衙門夜間常有鬼哭之聲，平素言論，反對段氏。一日徐樹錚約其到陸軍部晤談，見面即將陸鎗斃，頗引起眾怒。段氏初不知情，反而出面，說陸建章干犯法紀，罪有應得，自己命徐樹錚執行，段之袒徐如此。徐既辭院秘書長，段知其人緣不好，派其離京，出任西北籌邊使兼邊防軍司令。徐至西北，整理邊防軍，收復庫倫，建立大功，著有《籌邊方略》一書，洋洋數千言，讀之者均讚其極有見地。迨後，段氏被推為執政，本擬任徐樹錚以要職，又慮其樹敵太多，恐有後患，特派其為專使，赴歐美各國考察軍政。及其考察回來，道經上海，蘇省同鄉，歡迎接待，徐以其所著之《籌邊方略》一書，分贈各友，咸佩其才。蘇督孫傳芳特來滬，曲意聯歡，並陪同赴南通，謁候張季直先生，詩酒唱和，賓主極契。徐樹錚又善崑曲，特由上海帶去笛師，高唱入雲，開懷暢飲，意氣之豪，不可一世。豈意入京之後，因事赴津，車經廊房，遽被馮部張之江軍隊所截，徐竟遇害身死。徐貌甚都，惟雙目晦暗，星家早言其恐遭橫禍，不幸竟驗。

曹汝霖此時無官一身輕，惟以顧問之資格，仍時往段宅，以備有所諮詢。曹之意中有一事耿耿不忘者，即參加協約國作戰之主張。此議在袁總統任內，曹已屢次進言，而袁意未決。今對段氏，曹仍不時提出；無如一般人，黎總統段總理之左右，以及南方政府，在野名流如梁任公、名記者黃遠生等，均表示反對。但曹氏不為氣餒，總言外交當務之急，必須參戰。於是段氏邀請陸徵祥、伍廷芳等外交家多人集議，曹氏發表意見，略謂德國資源，已告不足，斷難持久作戰，況美國即將加入協約，德國更不能支，日本早已見到，故急加入參戰，來攫取青島一帶德國租借權利，我如仍守中立，則將來在國際上，我無發言權，任人宰割，青島等處，恐非我有，我常發急者為此，現在趕緊加入，還來得及，將來中國既係參戰國家，即不怕日本人蠻橫了。此議全場鼓掌贊成。段氏慮參戰軍尚未練成，以何參戰？曹氏說：可先供應華工，接濟物資，亦可算是一種武器，至此段意乃決。並笑對曹氏曰：人家都說你親日，實在你是處處防日耳。次日，擬就對德奧宣戰命令，提交國務會議通過，送往總統府。詎黃陂不以為然，不肯蓋印。段氏親往說明，黎仍堅決不贊成參戰。不知如何，言語衝撞，段氏當場聲明辭職，黃陂竟不挽留，於是段氏一怒而去，離職赴津。

張勳進京復辟．段祺瑞馬廠誓師

在段氏未離職之前，曾召集各省督軍來京，共商參戰進行辦法，各督軍對黎氏本無信仰，至是，見其罷免段氏，紛紛不平。黎令李經羲繼任國務總理，李與各督軍，向無淵源，平添麻煩。黎乃電召徐州張勳，來京調停。豈知張勳正中下懷，略帶衛隊，即行入京，進行復辟，擁立宣統皇帝登基。封黎元洪為親王，並令解散國會。泥菩薩至此，自恨孟浪，後悔莫及。即先向國會辭職，一面電請副總統馮國璋來京，代理總統，又下令復任段祺瑞為國務總理。然張勳一方面，已復辟形成，發號施令，著著進行矣。

先是張勳曾在徐州，邀請各省督軍會議。報紙已有登載，但不明其所議何為。張勳乃一舊式武人，因受清朝厚恩，欲盡愚忠，仍留髮辮，其部下亦未剪辮，人稱為辮子軍。袁世凱時代，因其隊伍精悍，特予優容。張亦對袁，懾於宮保時代之聲威，不敢異動。平日常有擁戴清室主張復辟言論。此時召集督軍會議，群已料其商議復辟之事。傳聞各省督軍，居然有親到者，有派代表者，又聞徐世昌、馮國璋等，亦有代表在內。對於復辟，竟皆簽字贊成。惟聞段祺瑞亦派徐樹錚為代表，但徐見是談復辟，托辭未奉命令，暫時不簽，張亦不以為意，以為全體已經通過，有此簽字文件為憑。故一得黎電召即欣然入京，亦未多帶軍隊，以迅雷不及掩耳之手段，進行復辟。後來張勳失敗，即以此簽字文件為要挾，說如對我真過不去，我即將此宣布。所以張如此叛國大罪，而竟未予深究，終以不了了之。

復辟當日，聞都中滿街龍旗，前清官僚，彈冠相慶。稍有知識者，紛紛避往天津。而天津督軍衙門，亦已懸起龍旗，此可見直督曹錕，亦係參加過徐州會議者。時段合肥及其左右曾毓雋、梁啟超、梁鴻志、徐樹錚及曹汝霖等，均居天津租界，群請合肥速起聲討。於是共商進行，如何調兵籌餉。軍隊有駐馬廠之第八師，其師長為李長泰，可聽調遣。餉銀方面，估計須一百五十萬元，只有鹽務署長李思浩帶來之鹽餘款五十萬元，不敷尚巨。段商之曹汝霖，曹說：天津各銀行，皆係分行，無此巨額現款，只有向日商銀行商量，須有抵押品，但師出無名，不好辦事，必須先組成機構，樹起招牌，方可對外。於是組織討逆軍，由梁啟超草擬討逆檄文。即用第八師為主力，段氏自任總司令，以段芝貴為總指揮，李長泰為副總指揮。風聲一出，直督曹錕先取下黃龍旗，派人來疏通。曹汝霖即以討逆軍總司令名義，向省政府借款，省政府無現款，乃借得開灤股票一百萬元，以之向日商某銀行，抵借到一百萬元，恰敷應用。

於是段總司令親到馬廠誓師，公布討逆檄文，即日率軍向北進發。此檄文一經發出，各處響應，近畿各軍意存觀望者，均來附和，直督曹錕，首先率軍投効，段氏派其為西路指揮，令由西路進攻。此時據傳，京中正在授職封官，此攘彼奪，張勳上朝，衛士帶機關鎗，隨同上殿，遺老搖頭。及檄文一到，京師震驚，百官恐慌，人心瓦解。聞康有為亦已到京，見到檄文，即知出其得意弟子梁啟超手筆，長嘆不已。不旋踵，討逆軍已兵臨城下，辮子軍甚為驍勇善戰，無如寡不敵眾，軍火不繼，遂致節節敗退，張勳猶在城上，負嵎抵抗。聞由警察總監吳炳湘，上城下城十多次，一面勸城外討逆軍停止砲轟，一面勸張勳罷戰，並允保全其生命，收容辮子軍，張始屈伏，要求護送其到荷蘭使館。於是一場鬧劇，始告平息。

此次討逆之成功，如此迅速，喜出望外，事後討論，大家歸功於梁啟超大筆討逆檄文之能先聲奪人。袁皇帝時代，〈異哉所謂國體問題者〉之文一出，而洪憲解體，今則宣統已再登基，討逆檄文一發，而復辟告崩。文人之筆，橫掃千軍，殆即此之謂耶。

戰事既定，合肥派曹汝霖李思浩為代表，先行赴京，分別慰問各國公使及金融實業各界，均以合肥用兵神速，削平叛逆，未至兵連禍結，一致稱頌。合肥旋即入京，再就國務總理之職，群眾歡迎，萬人空巷。後來有人稱頌合肥「三造共和」，誠非過譽。

段氏再組新閣，外交汪大燮，財政梁啟超，陸軍王士珍，司法林長民，而以交通屬之曹汝霖，曹至是無可再辭，只得擔任。內閣第一條命令，即加入協約國參戰，各國一致表示歡迎。曹氏之參戰主張，至是方能實現。而在段氏，有討平復辟及參加歐戰兩大功績，獲得中外之盛大讚揚，實為段合肥生平最得意之時代。

曹汝霖一身三職．星相家勸早退

段內閣時代所最困難者，厥為財政，欠薪欠餉，惟賴借債度日。梁啟超雖為大文豪，而不善理財，借債無方，而各省督軍，電逼軍餉或派武員坐索，出言不遜，毫無禮貌，梁不能堪，只得掛冠而去。財長重任，無人願接，段總理以曹汝霖身為交通銀行總理，與各中外銀行往來多年，不愁點金乏術，乃商曹氏務必兼任，曹屢辭不得，於是以一身兼三要職，即交通總長、財政總長、交通銀行總理，在曹以受段氏知遇，迫於情面，不得不勉力報稱。但在他人看來，偌大肥缺，盡在其一人之手，妬羨交加，無不側目。而況謀事借錢，多方肆應，豈能盡如人意。大禍之來，早伏於此矣。曹氏到財政部就職，以原任天津造幣廠廠長之吳鼎昌為次長，二人私交甚厚，部務悉以委之。交通部有次長葉譽虎（恭綽），交通銀行有協理任振采（鳳苞），皆可信賴。每日三處辦公，尚須各處開會，到交通銀行，總在傍晚，候見賓客，多喜來交行等待，一一接見之後，方始辦公。案上公事卷帙，已高積盈尺，何能每宗細閱，只好擇要由任協理及主管陳述批辦。曹氏和靄長厚，不多苛求。若梁士詒，字燕蓀，前交行總理則較精明，一言不發，靜聽陳說完畢，始逐條指示，所陳如有漏洞，隨即指出。其精力充沛，思慮周密，真財經方面之傑出人才，因其曾任交通部五路總辦，故人稱之為梁財神，意指五路財神，深得袁項城之信任。

有一日，曹氏在行，有熟友偕一客來訪，云是星相名家。其人熟視曹良久方云：請恕直言，公今赫赫顯貴，最好急流勇退，庶可保全令名。曹不以為意，以為自己持躬清正，何致有傷名譽。星家又云：雖居顯要，而不能掌握實權。曹氏大笑云：先生此話甚準，我部中的事，皆交與次長，本行的事，全賴振老辛苦。任振采協理聞之，立即說不敢不敢，我一切事都秉承總理做的。按此星家之言，余記起有兩事，倒可以說是符合。在交通銀行，曹氏因交行曾有過擠兌風潮，乃借外債二千萬元，以防再有事故。並叮囑任協理，此款務必保留，不得移作別用，雖財政部來借，亦不得通融。後來曹氏患病住院，果聞中交兩行，又將擠兌。曹總理對人說：我行有二千萬現款準備，不必驚慌。言猶未畢，任協理趕來云：此二千萬元已於某日，為財政部借去，曹氏大怒說：我如何關照你，請你設法去擋吧。另一事在交通部，曹氏一天在外應酬，聽人說，交部與日本某銀行談好一筆小借款了。曹茫然，急回交部查問。則葉譽虎次長回說：有是有的，尚未來得及報告總長。曹問：是何用途？葉將坐椅移到曹之案前，低聲說：這是因部員太清苦，欠薪已久，想借這筆小借款，得點回佣，調劑大家，並代總長亦留了若干。曹氏聞之，大不以為然。說此事如何能做，我經手借外債，數額不能說少，若取回佣，我可小小發財，但是我有把柄落在日本人手裡，處處要受他們挾制，我還能理直氣壯和他們辦交涉嗎？譽老，你如不信，請你不妨去調查調查，至於部員清苦，應該另想辦法調劑，這筆借款，務必取消。由此葉遂與曹有了芥蒂。再有交通銀行前後任之關係，外間遂有老交通系（梁士詒葉恭綽一派）新交通系（曹汝霖一派）之稱。

此際時局紊亂，欲謀南北議和，以求統一，南方和談代表，為唐紹儀等，口出大言，不務實際，北方代表，又多顢頇，以致南北始終不能合作。段氏閣員中，有伍廷芳、楊庶堪等西南分子，亦未收效。段氏乃欲實行「武力統一」政策，頻使曹財長設法，借債練兵。曹氏心不謂然，屢勸段氏標榜和平，求得諒解；奈段性固執，且聽其左右之言，迷信武力。詎後來並未與西南作戰，反而北洋派自相火併，發生直皖之爭，結果段氏皖系失敗，此是後話。曹汝霖任財長十個月，於百孔千瘡之中，尚能做到軍政費、教育行政費、駐外使館費、留學生經費等，未曾短缺，曹每引以自慰。但已筋疲力竭，時憶及星家急流勇退之言，乃將財交兩長，硬行一併辭去，以為跳出漩渦，可以安然無事。

五四運動禍及曹、陸、章

其時副總統馮國璋來京，代理總統。不久，國會正式選出徐世昌為總統，以錢能訓為國務總理，段祺瑞早已辭職，專任參戰督辦。曹汝霖此時不兼官職，一日，忽蒙徐總統召見，勸其出山，財交兩長，任襗其一。曹以身病親老，力辭不就。徐氏正色說：你能幫芝泉忙，何以不能幫我？忝在老友，非允不可。曹氏早年，曾蒙徐世昌在東三省總督任內，奏保其才堪大用，有此知遇之感，曹氏無法不允，乃勉就交通總長。豈知曹汝霖此次上台，真如跳入漩渦，險遭滅頂。

五四運動，實在是新文化運動。其時中國民智已開，西方新文化新思想之書報雜誌，如巨浪狂流，不斷湧入。吸過新鮮空氣之徒回來，宣傳鼓吹，愛國志士，長呼怒吼，新成立之學會，新文化之刊物，紛紛如春笋之出現。進而有白話文言之爭，及「打倒孔家店」等驚世駭俗之論。同時外侮日甚，東鄰日本，野心尤大。北政府守舊腐敗，只知內戰，不思革新，而天真愛國之學生，滿腔熱血，無可發洩，一有刺激，立即爆發。乃有雄桀之徒，乘機利用，移禍江東，令學生集矢於所謂親日派之曹汝霖，舉凡日本二十一條交涉、青島懸案、巴黎和會失敗，無一不歸咎於曹，遂有五四風潮之發生，硬說曹親日賣國，再拉出兩位被稱親日派之章宗祥（時任駐日公使）陸宗輿（時任法制局長）為陪客，以打倒曹、陸、章之口號，遊行狂呼，橫行一切。若僅憑學生，頭腦簡單，不過一窩風之風潮而已。乃稍後復有人從中掀風作浪，強出主張，通電津滬，發起學生會，將此風潮加油添醋，編入小學教科書，通行天下，印入小學生之腦筋，所以曹、陸、章不白之冤，根深蒂固，百口莫辯。

當出事前幾日，我應張公權先生（時任中國銀行副總裁）之邀，赴京商談投資上海一紡織廠事。其間僅得暇謁晤曹氏一次，觀其事太冗忙，未及多談。五月四日中午，正與友人在肆小飲，忽聽說，天安門外，有學生遊行鬧事，尚未介意，後又聽說，學生聚眾甚多，將衝入東交民巷，（各國使館所在之地）為守兵攔住，改奔他處。究竟為了何事，正猜疑間，聽見街上一片嘈雜之聲，乃到窗口，憑欄遠看，遙見許多學生，搖旗吶喊，漸漸走近，則見白旗上，各有不同之標語。大意是說，巴黎和會失敗，歸咎於親日派之曹某陸某章某等語。此時街上秩序頗亂，估計學生人數約有幾千人，叫囂喧鬧，口中高喊不知何語，後聽見說找賣國賊去，我想定是去尋曹汝霖為難，頗代擔心。俟遊行隊伍過後，急驅車到中國銀行，探詢情形。公權先生云：他們三位，都在總統府，因章公使新自日本回來；徐總統午間召宴，有曹總長陸局長等作陪，料想無事。言談之間，有人來報，曹總長公館被學生搗毀，章公使正在彼處，被學生打傷，經警察救出，已送醫院。我即問曹總長如何？則答不知。

次日報紙滿載學生鬧事風潮，曹、陸、章三人在總統府，即席聲請辭職，徐總統堅不允准。同時北大校長蔡元培，亦宣言學生不可再鬧事，局面似平靜。我以私誼往同仁醫院，探望章宗祥公使。訪客甚多，章氏臥床，頭身皆紮紗布，傷勢不輕。章氏不能多與人談話，頻頻搖首，說無法紀，無公道，大家只好齊聲勸慰。至曹汝霖則聞已為徐總統接其到團城小住，地近北海，頗為幽靜，可以避囂。然聞有一日，參戰督辦段合肥亦去慰問。並說：這次的事，他們本來對付我的。現在利用學潮，累及你們，我很不安，你們不必辭職，是非黑白，自有公論云。蓋其時徐段之間，已積不相能，段之氣忿話，當然另有內幕耳。

學生風潮，至此已可告一段落，忽又相傳，學潮又起了。據傳在北大附近有一位政界名流，街頭演講，指名大罵曹、陸、章三人，親日賣國，如何簽定二十一條，如何出賣青島，如何巴黎和約失敗，皆是他們之罪，他們大借外債，扣取回佣，自己發財，不要國家，政府不辦他們，我們國民不能容忍，你們愛國青年如相信我的話，我有辦法。圍觀之學生，愈來愈多，一齊舉手附和。於是此人當場發起學生聯合會，翌日又在北大開成立會，通電上海各界，聯名電請政府，懲辦曹、陸、章。繼而各報附和，全國騷動。曹等三人，至此不能再耐，無論如何非辭職不可，徐總統亦無法挽留，只得照准。

自此之後，曹汝霖退出政壇，誓言不再與問政治，時年尚未到五十歲。後來國民政府，曾擬邀其出任駐日大使，亦經辭謝。敵偽時期，日人威逼利誘，欲其擔任偽華北政權主席，亦終未允。

再談在北大門口，痛哭流涕演說之名流，果為何人？後來打聽，原來是大名鼎鼎之林長民。林氏閩人，蓄有長髯，倜儻不群，素有文名，能言善辯，又寫得一手好字，似鄭孝胥而加入北碑，自成逸趣。留學日本早稻田大學，在校時已有聲望。其同學日人三木武吉（乃前首相鳩山一郎之智囊，非現在自民黨之三木武夫）曾向我數道其才華。回國之後，曾任國會議長，似係進步黨研究系之中堅分子，又任過段內閣之司法總長，曹汝霖時任交通總長，二人正係同寅。林氏平時，抱負不凡，自以為係日本通，而迄未能一展懷抱。大凡有才之士，往往自負甚高，而器量狹小，一有挫折，便生自卑感，而妒恨他人。林長民之為人，正是此型，其所以極力攻擊曹汝霖者，或由於此。後來林長民一直不大得意，而愈熱中，竟投到奉軍郭松齡幕中，郭以其為日本通，令其與日本關東軍聯絡，迨郭舉兵反張時，關東軍反而助張，郭遂失敗，而林亦死於亂軍之中。

事過之後，曹汝霖蟄居天津，閒談中，我偶問林長民與公有何深仇宿恨？曹喟然嘆曰：那裡有什麼仇恨，後來想起有兩件事，他未免神經過敏而生誤會。一是徐東海當選總統時，他來托我推薦為公府秘書長，我當時即說：恐未必有效，以東海數十年宦海，他夾袋中豈無人物，但我一定試試看。及與徐談，果然，徐笑說：我的秘書長，那裡用得著這磐磐大才，而發表吳笈孫矣。不料林長民反而疑我破壞他，改薦吳笈孫，我與吳向無來往，豈非笑話。又有一事，是我不好，年底他來借三千元過年，我亦答應，我事太忙，忘記在年前送交，年過後我想起，趕即送去，他竟大怒，拒而不受。我初不解，後有福建友人告我說：借錢過年為的是窮，新年送錢？閩人最忌。大概林長民以為我故意觸他的霉頭，故恨我入骨，或由於此。但過了許久，合肥被推為執政，他又加入段系，派為參政，托其同鄉曾毓雋來向我疏通，我說：事過境遷，我已不問政治，何必介意，叫他放心好了。

提起巴黎和會中國失敗之原因，不止一端，姑且不談。

另有一大大的內在原因，或國人所不知者，乃我國代表未能協力同心，以臨大敵是也。民國七年，巴黎開戰後和平會議，我國幸已為參戰國，故得被邀出席。遴選出席代表，以外交總長陸徵祥為首席代表，其他代表，則派駐外公使兼充，計為施肇基、魏宸組、顧維鈞三人，南方政府亦要求派代表，政府允之，遂由南方派出王正廷，由北政府加以任命，一同出發。此五位皆是我國第一流之外交家，而且聲譽卓著，都是賢者。但是到開會時，各人意見不一，陸總長為好好先生，三位駐外公使，對於此案以及國內上下情形，根本一無所知，王正廷久在南方，亦不熟悉此案經過，帶來隨員又不多，尤其並無深知青島交涉檔案之人。所以各代表中有主張將青島交涉卷宗，詳細研究後出席，有主張約請英美代表非公式先行討論。適日本代表大請客，各國代表欣然應邀，惟中國代表不加理會，無一人去赴宴，日人大恚。向各國代表說：大家都是參戰國家，共來會議和平？何必含有敵意，中國人態度殊費解。王正廷則一味信賴西人，不把日本人放在眼裡。殊不知日本三島，自戰勝強俄後，已成一等強國，英美豈肯為了中國，開罪日本，況且日本代表，人矮手面濶，或大宴，或小飲，各國代表都被他弄得團團轉。開會之時，日本代表各人帶有隨員，手捧大堆案卷伺候。代表發言時，總先說出根據某時某日所訂之合約，如何如何，條分縷晰，侃侃而談，其實強詞奪理，好像理直氣壯。中國代表，則雖英語流利，但對爭議內容，總是期期艾艾，不能使人動聽，說來說去，只希望大會主持公道。結果，有何公道，各國口頭敷衍，終於日本勝利，我國代表力爭無效，只得拒絕簽字。彼綠眼黃髮之流，管你簽字不簽字，既已議決，不再理會。尤其彼等目光短淺，只知現實主義，欺善怕惡，有何公道，有何正義。中國人每喜信賴西人，吃一回苦不算數，後來九一八東三省事變，亦是信賴調查團，結果，西人亦是不肯開罪日本，而將整個東北送掉，言之可歎。

三角聯盟擊破直軍．段氏任執政

段合肥自直皖之戰失敗後，退居津門，息影已久。其間經過，徐東海下野，曹錕賄選登合，吳佩孚跋扈，奉張聯絡西南孫中山先生及段系吳光新等軍隊之勢力，三角聯盟，舉兵聲討賄選。吳佩孚出而應戰，在四照堂氣焰萬丈，不可一世。豈意倒戈將軍馮玉祥，暗中已由段張加以利誘，忽由西北回師，兼程奔到北平，拘禁曹錕，並將其嬖倖李彥青鎗斃，人心大快。於是前鋒直軍大敗，吳佩孚由天津乘軍艦逃往湖北鷄公山。從此赫赫威名之吳大帥，一蹶不振。

北平則全係馮軍，由黃膺白（郛）先生為國務總理，組織攝政內閣。黃氏留日陸軍學生，相貌清癯，平時總是一卷在手，每發憂國憂民議論，辛亥革命，助陳英士（其美）先生，發動滬軍，光復漢土。歷任外交部長、上海市長等職，黃氏思想新穎，治事務求徹底，故首先修改優待清室條件，請宣統出宮，以杜復辟再起，整頓吏治，革新教育，剷除舊有積習，使人耳目一新。後來漸覺馮之行為，徒事虛偽，亦即疎馮。適合肥被推為執政，黃氏即將攝政內閣取消。其解職通電有云：「……茲者合肥段公，入京執政，老成碩德，萬眾嚮風，三奠共和，功在民國，在郛傳棧之責已完，而當軸建樹之功方始。……所望全國賢豪，輔佐執政，迅斷鴻猷，力更前轍，以銷除兵氛為要務，以確立共和為指歸，不再種循環報復之因，不再留因循敷衍之習，使內爭永絕於中國，建設開始於甲子。敬佈悃忱，伏希垂鑒。」至九一八事變後，繼之冀北偽政權成立，日人勢力深入華北，局勢危殆，岌岌不可終日。中央堅邀黃氏前往坐鎮，膺白先生初以一無把握，又以黨部不加諒解，指其為政學系首領，故一再堅辭。奈蔣先生勸以國事為重，乃臨危受命，不顧友人勸阻，甘於赴湯蹈火，毅然出任華北政治分會主席。日夜焦思，撐持危局，竭盡心力，與日本人周旋，成立塘沽協定，幸能將危險局面，維持了相當時期。終因辛勞過度，體力不支，不得不南來休養，不久終以肝病去世，時論惜之。其夫人沈亦雲女士，著有《亦雲回憶》一書，詳載膺白先生之生平經過及其與中央往來之函電，誠足為珍貴之史料。

民國十三年冬，奉張北馮及各省督軍，擁戴段合肥出來，收拾亂局。因未經國會選舉手續，不用總統名義，改稱為執政。段氏就任後，即用執政名義，發號施令。以梁鴻志為秘書長，未設國務院，各事紛亂，均須整理部署。其間經過甚多，用人行政，南北內外，各派勢力，迭有變化。後仍設國務院，以許靜仁（世英）為國務總理，財政為李思浩，教育為章士釗，內政為楊庶堪。許楊二氏，可與西南方面聯絡，一時局面似可暫定。但合肥此時因皖系失敗，實力已微，徒憑舊日之聲望，介於張馮兩大之間。張雖蠻野，尚重情面，馮則陰險，最難應付。有時張亦看不慣，乃出關不問。都中全是馮軍爪牙，衛戍司令為鹿鍾麟，警察總監為張璧，等於監視一切，索糧逼餉，常肆要挾，段氏頗以為苦。後來張馮失和，馮竟支持郭松齡起兵叛張，不意郭敗，馮乃避往西北。但北平勢力不肯放棄，嗾使學生游民，聚眾鬧事，到教育部與章總長為難。章士釗在少年時代，係革命急進分子，在上海曾為營救鄒容、章炳麟等，幾被捕房所逮，現在自己亦被學生所擾，且被毀罵。後來學生鬧到執政府，段不能堪，乃避往天津，通電下野。從此段合肥之政治生涯，於以告終。

段既下野，許世英以次，李思浩、章士釗等亦隨之離職，後來章士釗在上海重慶，執行律師業務，遇有訴訟案件，法官等多屬其門生後輩，常得勝訴。晚年心氣和平，不時來港小住，遇友贈詩，頤養天年。一次曾談及曹汝霖事，據章云：曾在《甲寅》雜誌，寫過文章，代曹辯誣。又云：「曹雖然親日，而辦交涉，日本人甚怕他。因為曹汝霖對於日本人禮貌極周，情義俱到，但言不及私。又與日本老輩人物相熟，如遇為難之事，曹汝霖往往請此輩出面主張公道。故日本來者，對於曹氏既不便進以游詞、甘言利誘，又不敢無禮強硬、肆行要挾云。」此真不失為曹氏知己之言。

妖氛滿華北・段祺瑞被迎南下

合肥下台後，奉軍入關，張作霖為大元帥，主理一切，旋張氏被日軍在皇姑屯，暗埋炸藥炸死，其子張學良繼任，與日本關東軍益不相能。時國民政府定都南京，東北易幟。張學良在北平，不回奉省，關東軍竟於民國二十年九月十八日攻佔瀋陽，是即所謂九一八事變。

斯時合肥蟄居天津，一日，忽接曹汝霖電話云：將偕吉田茂來訪。見面後，據吉田云：伊在外次任內，因與軍人不和而辭職，現將外放為駐英大使。忽聞奉天九一八事變，並知關東軍本擬再向吉林方面進襲，為日政府電止。關東軍只兩旅人，亦不敢過於冒險，曾電朝鮮總督派兵增援，亦為政府阻止。現在日本政府方面，極不願再擴大，彼意請合肥與日本西園寺公爵二人，以兩國元老之身分，出而主張雙方停戰。戰事一停，便可商議如何收拾，而不致再擴大。西園寺公爵方面，亦已商得同意，特祕密來津與段面商云。合肥極感佩吉田如此熱心，但茲事體大，不敢應允，婉言拒卻。段氏私意，後對曹說：我這元老，何能與人家真正元老相比，南京國府內並無熟友，我未便多說話，何況我們有過親日之嫌，現在中國人，誰不恨日本人，今說這話，豈不再讓人說又是親日嗎？合肥此意，曹氏連聲稱是。

在此同時，駐日公使汪榮寶亦正在忙碌。汪前在日留學時，即以品學俱優名世，現在使日，與日本朝野尤其與外相幣原相處甚洽，幣原為吉田茂之岳父，在外交界，地位甚高，向主中日親善，曾說過「日本如侵奪東三省，則等於吞下一枚炸彈」，此語散見於當時西報，認為名言。九一八事變爆發，汪榮寶即到幣原私宅商議。幣原先說張學良之不是，乃起禍之因。蓋張不理奉天政務，常年駐在北平，以致東三省中日懸案，積至三百餘件之多，日人屢請商談，皆置不理。甚至與日本要人，約好時間會晤，到時則當差回說，少帥尚未起床，翌日再去，則已進關到了北平。日本又派一與張學良甚熟之人，亦到北平，打聽得在某處，晚間趕去見面，則相見甚歡，約好明日某時，晤談公事，乃到時又避而不見，日人氣惱之極。此次關東軍即以此為藉口，攻佔奉天督署。幣原云張學良部下並未抵抗，關東軍再欲北進，政府已加制止。現在此事亟應速了，如一拖延，軍人亂來，即恐蔓延，非兩國之福。中國宜速派大員到奉天，就地交涉，將若干懸案，解決一部分，以去掉軍人之藉口。一方面當由日本政府令關東軍退讓。汪云：少壯派軍人不聽命將如何？幣原云：有西園寺老公爵在，可以服得住軍部云云。於是汪榮寶趕回南京報告。豈意外交部部長王正廷說：日本小鬼，何敢冒險擴大，已請國聯出來，為我後盾。汪急說：國聯不會有挺身仗義拔刀相助之人，而況日本軍人，最反對西人，不會聽國聯之命，再則國聯遲緩，遠水救不了近火，難得外相幣原，我可談得通，作為地方事件處理，則大事化小，可易解決。王正廷笑說：幣原我亦相熟，英美皆同情我國，你不必如此著急。汪榮寶說：失此機會，後悔無及。大約二人言語衝突，汪大怒辭職而去。後來經過多少時，遲延復遲延還要得到日本的同意，國聯所派「李頓調查團」才來華，由顧維鈞陪同先到奉天略為草草視察，回到北平。中國政府寄以極大的期待，希望其仗義執言，譴責日本，以國際間正義責令關東軍退出，賠償損失。故在北平，竭力招待。而這班調查團僅知盡情享受，醜聞四起。結果，其調查報告書變成一場無結果。

汪榮寶後來聞知此訊，心中一氣，竟以心臟病去世。其生前向有歇止脈，醫云是心臟病的根源，不可多勞，不可受刺激，而他全不注意，此次當是其心情過於緊張所致。汪榮寶之祖父，在吾邑鎮江為教諭多年，住在學宮，一邑之人皆稱之為汪老師。常到我家，與先祖先父小飲談天。

先父嘗云：以汪老師之慈祥和靄，又住學宮吉地，必有好兒孫，長於文學。果然文孫榮寶，長於文學，又擅詩詞，其著作已付梓者，有《楊子法言註釋》一書。歷使各國，所寫日記，積存數十冊，關於對外交涉，弱國外交，語多感慨，蓋亦性情中人也。

王正廷善飲健談，亦是應付西洋之外交能手。晚年常在其親家錢新之府上會晤，喜談舊事。曾告我昔使某國與幣原同參加酒會，幣原與一貴婦人周旋，自己介紹，我名叫希代哈拉（日文之音），此貴婦問，你這希字如何拼音？幣原笑說：我這希字，如貴婦人下問，我答是HI，如紳士先生來問，我答是SHI，一時眾賓鼓掌，群讚幣原之風趣。

再談華北局勢，日本浪人政客，愈逼愈緊。在通州成立冀東偽政權，以浙人殷汝耕為首領。風聲鶴唳，謠言甚多。傳聞日方欲逼宋哲元成立偽組織，宋氏堅拒。於是常有說客到天津，窺探合肥意旨，常與合肥左右，來往殷勤。中央聞之，恐其被人挾持利用，甚不放心。蔣委員長初本保定軍校學生，段係校長，誼屬師生，乃先去函通候。再議派員前往，勸其離津南下。惟派去之人，須無政治色彩，以免被人注意，有所阻撓。斟酌至再，以銀行家錢新之為最適宜。錢氏以前在北平任交通銀行協理，（總理為張季直先生，向在南通，例不到行）與合肥相熟，此時錢氏改任四行準備庫上海經理，一無政治關係。議定，錢氏赴寧，受命返滬，即以電話約我商談，囑先函商曹汝霖，得曹復函，錢乃啟程。抵津之後，由曹陪錢往謁合肥，略述來意，且云蔣先生有許多事，欲向老師求教。錢氏初意，深恐合肥不肯遽離北方。詎見面一談，合肥即說很好，很好，我這兒也躭膩了，久已不到南方，要去即去吧。隨即關照吳光新預備飛機票。錢氏如釋重負，辭出後，曹汝霖盛讚錢之措詞得體，而錢則佩合肥之爽快果斷。然當晚及第二天，果竟有人勸阻，段之公子駿良，即不贊成，幸段不為所動，聞其個性向來如此，立定主意不改，故終能成行。在飛機上，合肥對錢說：你來得正好，我已被他們攪得夠受的了。飛抵南京，蔣先生已率眾在機場候接，口稱老師，扶其登車，同到行館，晤談甚歡。蔣先生已在南京預備房屋，擬請段長住，段意欲住上海。翌日，合肥先往中山陵，獻花圈致敬，肅然良久始退。然後由蔣先生所派之人及錢新之陪同赴滬，借住陳調元之舊宅。房屋寬敞，樹木甚多，頗為幽靜，段甚安之。一切供應之外，月致用費兩萬元，合肥以為太豐，在寧曾與蔣先生說：用不著這許多，蔣先生說：老師自己用不了，可分送舊部，聽說許多人都很清苦，合肥乃同意。後來合肥自己只用幾千元，餘數分送各人，如曹汝霖、李思浩等，均在其內。合肥舊屬，確多清貧，如梁鴻志以當代詩宗，為官數十年，而一貧如洗。迨上海淪陷，只好嘆失節事小，餓死事大，而投入偽政權，卒致身敗名裂，實貧窮之所致也。

合肥在滬，意境尚稱安適。常約圍棋名家顧水如先生，到府對奕，或則八圈衛生麻將，消遣而已。所來往者，舊屬如李思浩、梁鴻志、段運凱（合肥之姪）等人外，錢新之、周作民不時去探訪，曹汝霖、吳光新則往來津滬，因曹吳均有家眷在天津也。越年餘，合肥在滬，竟一病不起，臨終有遺書致蔣先生，殷殷以國事為重，勸其各方團結，力主和平，共禦外侮。又以舊部曹汝霖、吳光新二人相托，望加照拂云云。蔣先生派員來滬，料理喪事，政府飾終典禮，甚為隆重。小站諸英之身後哀榮，要以段合肥為最矣。

抗戰軍興，政府西遷，金融機構亦隨之離滬，分駐港渝。李思浩亦避地居港，周作民則來往港滬。是年十二月八日，日軍自廣州出動，攻佔港九，搜捕重慶份子，我等金融界無從逃避。錢新之、杜月笙等，先於十一月赴渝。周作民十二月二日由滬乘輪，於六日抵港，乃與李思浩亦同遭此劫，共被羈禁於香港大酒店，即現在皇后道中建大廈舊址，至則同難者多半熟友，人人垂頭喪氣。拘捕我等者，為興亞機關，首領岡本大佐，能說中國話。問他為何把我們關在此處？他總是好言相慰。周作民常是埋怨自己，不該來港。惟許崇智較為舒服，因其與岡本同學，不時同他出外午飯，並陪他打網球，但是最後仍送回拘留。賀德鄰（前北政府財政總長）精子平術，算張彬人（競立）某日可以先獲自由，果然，如期張彬人先放出。同人驚羨不已，紛紛請算，則又並不靈驗。張彬人係日本東京一橋高商學校出身，與張公權同學。初入中國銀行任總發行，為中國銀行鈔票上簽名之第一人。後調交通部，任會計司長，對鐵路會計制度貢獻至多，年八十在港逝世。

我等被關，不審不問，一連數月，苦悶不堪。忽然我被岡本發覺能說日語，原來是李蔭南（前廣東信託銀行總經理）於無意中說出。岡本於是命一少尉，天天帶我出外，搜尋重慶分子。彼有名冊地名，按圖索驥。其時市上無一交通工具，只好到處跟著走，疲累不堪，自恨從前有車坐慣，現在落得受苦。但是我後來亦能走走，並能跑山，即是那時所練成的。到了人家，日兵廣東話比我好，讓他去問傭僕，幸而人家多已逃避，否則將疑我引鬼上門。二三日後，我與此少尉漸熟，乃引到我家，饗以酒食，各事乃得通融。我即借此做點好事，友人家無米者送米去。剛生小孩無奶吃，買不到奶粉，乃到牛奶公司，係軍管理，取一箱牛奶，著一小兵送去。反正有此少尉一起，到處可以取物。有友間道往內地者則給以現鈔食物，同時分點美鈔與此少尉，彼見是美鈔，亦頗樂受。再後我竟探得岡本拘留我等之用意，原來想利用我等一班人，在廣州再來一個偽政權，好在文經武緯，人手齊全，效土肥原（製造滿洲國者）影佐（製造汪政權者）之所為，可與華東華北兩偽組織，分庭抗禮。我回去報告各同人，皆為驚愕。而岡本亦漸來談，微露此意，眾皆婉拒，或言衰老，或以病辭。又過數天，一日，岡本談後告別，走出房門不遠，李思浩竟拍案大罵，高聲說：我輩年將就木，清白之躬，寧可殺頭，不能被利用。此語岡本想必聽見，知不可強，始於次年四月，以軍用飛機送我等返滬。同行者周作民父子，唐壽民，顏惠慶，林康侯，李思浩及我，餘為日本人，臨行顏惠慶忽因病緩行。在港上午十點起飛，天熱如盛夏，午後約四點抵滬，天雨又如寒冬，以後只許在滬自由，不能越雷池一步，仍不時召集談話，名曰聚餐。李思浩每次均賦詩紀實，用恭楷寫送各同人以資紀念，迴思前塵，恍如隔世。

北洋怪傑徐樹錚

高操叟

在北伐完成以前的北洋政府裡，有「小徐」之稱的徐樹錚（大徐是徐世昌），在段祺瑞當權時是炙手可熱的人物，也是一個傳奇性的人物。他縋騎走漠北，將已告獨立的外蒙古重新歸入中國版圖的壯舉，在當時的人心目中，幾與張騫班超定西域相等。

徐樹錚字又錚，其學業受自庭訓，自幼至長，未從他師，其封翁老名宿也，最鍾愛徐，徐天資聰穎，讀書過目不忘，六七歲時，即有神童之目。十五歲後，為文宏博恣肆，詞賦亦驚才絕豔，老輩歎為弗及。顧徐生有大志，不肯日試帖括，食餼後，即絕意舉業，結婚未久，私攜衣物數事，制錢數千，背其家人，遄赴濟南，上書項城（按：即袁世凱），洞論時事，項城大賞之，交段合肥（祺瑞）擢用，時項城巡撫山東，合肥則為北洋陸軍第三鎮統制也。合肥旋畀以總文案職務，此為徐發軔之始。①徐在文案室內，嘗一手握筆，一腿支椅上，口唱戲詞，手批公牘，合肥見而笑之，時加規勸，然其所辦公事，未或有誤，信用甚專。徐默察時勢，知軍事將興，蓄志入軍籍，每日軍書之暇，輒短衣荷槍入操場，與兵士同操，合肥知其志，白於項

---

① 這一段經過，根據徐樹錚先生哲嗣徐道鄰教授編述之《徐樹錚先生年譜》第一四五頁所說，則是：

當袁世凱在山東巡撫任上的時候，先生去投奔他。可是只見了一位朱道員，結果話不投機，憤然而去。

先生投奔世凱不成功，卻意外的碰到了段祺瑞，從此確定了他一生事業發展的路線。

城，撥官費送往日本士官學校肄業，仍留其總文案原差，徐遂由文士一變為軍人，而其才文武兼資矣。

徐之為人，雖似生龍活虎，其心地實忠厚，且極風雅。初至濟南時，年甚少，眷一妓，而窘於資，友人戲之曰：「若能賦梅花詩二十首，我等當為撮合。」徐援筆拈韻，一夕而成，頗為一時傳誦。後雖屢掌政權，手握重兵，其風情猶不減當年也。

徐平日手不釋卷，雖公務極忙，每日亦必讀書一小時。民國六七年間，其車中常置《文選》一部，問之曰，吾正溫〈兩都賦〉，作文而不熟讀漢賦，氣息不能深厚，近實無暇讀書，特假途中片刻之間，一補功課耳。徐購書甚多，不講板本，嘗曰：「買書為讀也，若當古董陳列，有何意味；且一部宋元板，可抵尋常板若干部，多費錢反不能多得書，是殊不值，吾生平講實用，不尚虛文，買書更應如是也。」

徐學問淵博，惟不工書，雖腕力剛健，下筆輒乏潤氣，其行書尤甚，識者多慮其非福壽之徵，有人勸其稍稍留意，以為字雖小道，頗可以覘人福澤，徐深謂然，而終不能改。徐書雖不工，絕無俗韻，筆力堅硬，尤肖為人，天賦固極厚也。徐又工篆刻，渾樸入古，三十以後，以從政少暇，又患目疾，遂不復為。其平日所用印章，多係自鐫。

徐初辦正志學校，係在彰儀門大街，賃屋授課，越二年，始購地於阜成門外，建築校舍，地初購成，捐款未集，不能遽建房屋，乃先築圍墻，已興工矣，尚短數千金，無處騰挪，徐忽與貴人博，連日大勝，總計博進約萬餘元，乃盡撥入建築項內，而圍墻遂成。②

---

② 民國四年，徐樹錚在北京創辦「正志中學校」，根據《徐樹錚先生年譜》第一六八頁載：

徐三十以前，豪於飲，白蘭地可連進兩瓶不醉。民國元二年間，其豪如故，然徐並非酷嗜杯中物者，特於賓朋滿坐，絲竹盈耳時，藉以發舒意氣，家常則滴酒不入唇也。又喜拇戰，每戰輒勝，心靈手快，氣又壯旺，同人多畏之，不敢與抗。一夕邀朋儔十餘輩，飲於燕春園，先拇戰，繼則對飲，徐一人與合座十餘人輪流角逐，且值盛暑，不覺酩酊大醉，伏身案上，昏迷不醒，乃召館中侍役以藤椅舁之上車，復由二友伴送回家，經一日夜，始漸清醒。自是以後遂斷然戒酒，十年來遇有應酬，偶一舉杯，從未盡量，雖豪情不似當年，此亦足見其做事之有決心也。

徐素健飯，食物不擇精粗美惡，常戲謂人曰：「除生鐵外，吾腹中無不可容納而消化之。」夏日與同人聚飲，必購酸梅湯一壺，中浸以冰，且飲且傾其酸梅湯與酸鹹葷膩之品雜然並進，同人多驚駭，共勸之，徐不顧曰：「在我無妨。」然亦從未生病。

三次長大參案③，徐居其一，當時議論紛紛，以為將興大獄，迨經徹查，肅政史所參各節皆無實據，此案遂結。風聲正緊時，徐閉門謝客，搜輯諸家評點《古文辭類纂》，用五色筆手自謄寫，並以所見加批於上，日書數卷始已，雖溽暑不輟，案結而書亦成。其後出資刊印，風行一時。徐嘗笑謂人曰：「肅政史惠我良多，不然我斷無閒成此書也。」

先生離開陸軍部後，這是他久忙乍閒，就用全刀辦他的「正志中學校」，一來這早就是他的心願，二來也是一種「韜晦」之術。

③民國四年轟動一時的「三次長大參案」，是當時北洋政府中一次大政潮，根據《葉遐菴（恭綽）年譜》第四十七頁說：段祺瑞長軍政，梁士詒長財政，及前內閣總理熊希齡三人，皆不贊成帝制（按：即袁世凱稱帝一事）……於是三次長參案以起：參陸軍次長徐樹錚以脅段，參財政次長張弧以脅熊，參先生（按：指葉恭綽，時任交通次長）以脅梁，以徐親段，張親熊，而先生親梁也。

庚申（民國九年）徐自東交民巷逃出時，係由某外人以箱盛之，搭火車赴津，徐體魁偉，悶置箱數小時，比啟箱，已汗流浹背。人問徐如何？徐曰：「我沿途正默溫崑曲也。」其遇事故示鎮靜，大都類此；然自恃太過，乃其大病④。徐遇險最多，如日本之地震，法國之飛機落海，皆生死當前，卒得倖免。民國六、七年間，徐與諸要人在第一舞台觀戲，有刺客數人先至包廂認明座位，然後取出炸彈，間不容髮之際，為警察識破，當場拿獲，起出炸彈，始未演成慘劇，徐始終不動聲色，至戲終始去。彼嘗謂手槍炸彈，皆無如我何；不料一至廊房，竟臨絕地，設非平日自恃太過，何至如此哉！

徐一生毀譽參半，毀者較譽者為多，徐亦自知。其在滬與人論文書中，有「四海知名，一身叢謗」之語，實不啻為自身寫照也。徐才氣過人，能五官並用，嘗於案頭堆滿公牘，手不停揮之時，仍能一手握電話機與人談話，一面對屬員區處公事，無或舛誤，且公事隨到隨辦，案無留牘。無論毀譽如何，此才實不多見。洪憲帝制發生時，徐反對甚力，厥後形勢日急，乃思最後之忠告，一夕不告人知，赴其所辦之正志學校，扃門作書數千言，親自繕寫，上之項城，痛陳帝制之不可為，並將中外大勢，各省情形，以及所有兵力軍實，詳細比較，反覆陳述；是時雖未改元，而稱謂已改，覲見都行跪拜之禮，徐書中不便仍稱總統，而又不願改稱陛下，乃稱之為大元帥，以元首本兼陸海軍大元帥也。呈遞時又恐以禮節遭忌，乃默揣項城將由內宅赴辦公室時，預

④民國九年五月，吳佩孚自衡陽撤兵，七月十四日，直皖戰爭爆發，十九日段祺瑞下野。根據《徐樹錚先生年譜》第二七七頁中說：
　　戰事失敗之後，先生和其餘幾位「禍首」，除了李思浩之外，（李單獨逃往華俄道勝銀行）全都躲到東交民巷日本兵營裡去。

至府中，鵠候道旁，俟項城行至中庭，鞠躬以上。項城收受，留中兩日，於其所陳不可各節，濃墨加圈，原件發還；雖未能因此一書，遽爾挽回，項城對之特加注意，於此可見矣。

徐任西北邊防軍總司令時，練兵五混成旅，平日操演之外，兼講文事，令各旅官長士兵，月作策論一篇，由徐命題，作成彌封送京，彙齊親目批閱，雖間亦請人代看，而甲乙仍徐定之，佳者略有薄賞。總司令部亦有設講堂，徐每日講《孟子》約一小時，各職員均須上堂聽講。嘗言軍人不讀書不識字乃是大病，吾練兵必從根本入手。他人多謂徐多事，徐則謂極有意義也。徐於司令部中職員名稱，亦力求其古，某老輩嘗謂他人患讀書少，徐患讀書多，言頗有味。

徐向不迷信風水命運之說，其八字亦從不告人，有詢其年歲者，必少報一二歲，惟恐好事者為之推算也。有人謂星命之學，傳之數千年，必有其可傳者在，未可一筆抹殺，徐輒笑之。庚申前二年（按：即民國七年），徐之太夫人將安葬，須合其八字，以定山向，不得已始寫出，旋復銷而藏之。某君精相法，於廣眾集會時見徐，細揣其相，歸告人曰：「徐明年必敗，敗必再起，生命絕無危險；然後年實一大難關，恐難避免也。」有以此言告徐者，徐曰：「我並非不迷信，特以所處地位，關係重要，部下如是之多，我欲以八字請人推算，人謂運氣好，部下必生驕心，人謂運氣壞，部下必有怠志，驕足以僨事，怠足以敗事，有一於此，則軍不能治矣。」

徐飲食有節，每日兩餐外不食他物，惟於瓜果則甚嗜之。十三年夏間，由滬赴大連轉車赴奉，登岸見售香瓜者，其大倍於尋常，亟擬往購，為同行某君勸阻，乃覓旅店休息，甫入門，即命侍役往購，先食數枚，然後進餐，餐畢赴車站，尚餘香瓜九枚，不忍拋棄，攜之登車，某君勸其車中切勿再食，以防腹疾，徐漫應之，車開後笑問某君索小刀，某君心知其意，不便強勸，姑以小刀與之，徐遂坐車中大啖不已，且時時告某君曰：「又盡一枚矣！」不移時而九枚香瓜，全入徐腹中，某君一路頗躭心，恐因而致病，徐乃若無其事，抵奉後，且笑某君為無用也。

徐一次由奉乘船赴津，先期命隨員購票，屆時其所欲乘之船，適不開行，隨員不加考察，即為另訂一船，不知此船到津不停租界，乃在中國地停泊也，徐素好強，比以奉省要人送行者多，雖心知不妥，不肯明言，以示弱於人。船抵津埠，徐從容下船先行，岸上列警察，徐故高聲覓洋車，命拉至楊廳長公館，楊即警察廳長楊敬林，由碼頭至楊宅，必走租界經過，徐即下車付錢而去。事後對人言，此事頗險，所以揚言雇車之楊家者，藉掩警察耳目，彼等縱略識面貌，匆促間必不疑我為某人也。

徐素精崑曲，且善吹笛，去年海外歸來，至南通訪張嗇翁（按：即張季直），為唱大江東一折，悲壯蒼涼，聲裂金石，識者已知其非佳讖，蓋大江東係關壯繆單刀赴會事也。嗇翁作詩書贈之，有「將軍高唱大江東」之句，厥後輓聯輓詞，屢屢道及，此老誠多情哉！徐出京前一夕，即十四年十二月二十七日，頗思高歌一曲，留別京中故舊，特邀吹笛名手某至其寓所，並約紅豆館主同唱，忽喉啞不能出聲，自疑受寒，連飲白蘭地酒兩杯，其啞愈甚，無已取笛吹之，其聲艱澀而哀厲，且斷續不成腔調，遂亦戛然而止，坐客為之不歡，徐亦頗覺掃興。不謂自此以後，大江東竟成廣陵散矣。遇難第三日，張嗇翁致電政府，有「締結未深，識為國器，誰賊來歙，孰殺鄭僑，為國為公，悼茲良士」等語，附記於此，以見輿論一班。

民初霸才徐樹錚

林光灝

路旁鬻字為段祺瑞賞識

民國初年，北洋政要，才氣縱橫，文武兼資者首推徐樹錚。徐樹錚，江蘇蕭縣（銅山）人。生於清光緒六年庚辰（一八八〇）十月初九日。有奇才，為段祺瑞之心腹股肱。據曾與徐氏共事之總統府已故副祕書長黃伯度先生生前語筆者：清末，袁世凱署山東巡撫時，段祺瑞隨武衛右軍開防濟南，偶出遊，見一少年著單衣，於寒風中坐道旁，為人作大字，體勢不凡，詢其姓名，則徐樹錚也。問何故至此？以投親不遇對。繼覽其所為詩文，大賞異之。贈銀二十兩並綿衣一襲，旋招置左右，使典書札，其契合蓋自此始。

光緒三十四年戊申（一九〇八），徐樹錚由段祺瑞保薦，東渡日本留學，入日本陸軍士官學校攻習步科（與楊蓋誠、陸光熙、朱熙、周應時等同期畢業），返國時，於宣統二年庚戌（一九一〇），任江北提督段祺瑞之軍事參謀。三年武昌首義，段祺瑞奉署湖廣總督，旋接替馮國璋所統轄各軍，駐防湖北孝感，徐樹錚任段祺瑞之總參謀，權傾一時。

當武昌起義時，清廷為挽救其垂危之命運，起用袁世凱為內閣總理大臣，詎知袁世凱掌軍權之後，乃另懷「北制滿人，南制民軍」之陰謀，以圖從中取利，授意段祺瑞，於元年一月二十六日率同前敵各路將領姜桂題、張勳、曹錕等四十餘人，聯合通電請求清帝迅即退位，早改共和國體，該電由段祺瑞領銜，徐樹錚亦以總參謀官聯署。其電有云：

雖祺瑞等公貞自勵，死生敢保無他，而餉源告匱、兵氣動搖，大勢所趨、將心不固。一旦決裂，何所恃以為戰？深恐喪師之後，宗社隨傾。彼時皇室尊榮，宗藩生計，必均難求滿志。……故敢比較利害，冒死陳言：懇請渙汗大號，明降諭旨、宣告中外，立定共和政體。

出任北政府陸軍次長

清帝受脅迫不得已於民國元年二月十二日宣布退位。國父於是讓大總統職位，由袁世凱繼任，改組內閣，任段為陸軍總長，徐樹錚為軍學司司長。三年五月，總統府政事堂成立，段仍任陸軍總長，調徐樹錚為將軍府事務廳廳長，旋升陸軍次長，當時徐樹錚年僅三十歲，為次長中之最年輕者，當時閣例，每部僅設次長一人，陸次原為蔣雨岩（作賓），段祺瑞因激賞徐樹錚，特請增設陸次一席畀之，其受段祺瑞特達之知，益可概見。

徐樹錚崇拜德國派之軍事學典，謂軍人當重風儀。當時陸軍部官員，多沿滿清兵部舊習，以峨冠博帶為文，徐樹錚嚴禁之，限令一體軍服，且不得乘坐人力車或馬車，校尉以上許自置馬，每日乘騎到部，馬資無著，則各發銀幣五十圓，月給芻秣如數，部員得款，多不購馬，徐樹錚或傳令點驗，則臨時雇馬以應，一時陸軍部前喧騰有如馬市。

民國五年六月，袁世凱帝制失敗，羞憤而死，黎元洪承繼大位，段祺瑞任國務總理。十三日，徐樹錚繼王式通（字書衡、山西汾陽人、進士出身）為國務院祕書長，乃以專擅跋扈，輕視黎黃陂，遂引起府院之爭，段祺瑞憤而去職，黎元洪竟召辮子軍入京拱衛，乃釀成復辟之禍。六年七月，段祺瑞擊敗張勳，復任國務總理。徐樹錚亦回任陸軍次長，十一月，段因川、湘軍事失利，辭國務總理及陸軍總長，由王士珍繼任，徐樹錚亦隨之去職。七年三月，奉軍入關，設司令部於軍糧城，徐樹錚以奉軍副司令名義權宜行事。六月十五日，徐樹錚以計誘騙炳威將軍陸建章至津，而後以「莫須有」罪名，擅予殺害，種下他後來「廊房」被殺之禍。

籌邊專使經營蒙疆

民國八年己未（一九一九）五四運動後，國內和談重開，南北暫告停戰。北政府改「督辦參戰事務所」為「督辦邊防事務處」，編西北邊防軍，徐樹錚正苦無所施展，適俄國內部革命，西伯利亞一帶亂黨蠭起，外蒙迭受侵擾，且民國二年外蒙獨立，原係受俄人嗾使，至是頗思內嚮，徐樹錚遂仿終軍請纓故事，自請防邊，六月，總統徐世昌（菊人）特派其為西北籌邊使，經營蒙事，徐樹錚尚以權力未足，復要求畀以西北邊防總司令名義，然後建節出關。其時外蒙以俄國亂黨侵擾益甚，擬向我國乞援，由總理巴特馮領銜呈請取消自治，徐樹錚乃飛電北京，獻「擒縱」之策，請予慰撫，值駐庫倫辦事大員都護使陳毅亦有電報到京，政府遂明令加封外蒙古呼圖克圖汗為外蒙古翊善輔化博克多哲布尊丹呼圖克圖汗，以示褒獎，並照會駐京俄使及通告駐京各國公使，並任徐樹錚為冊封專使，恩華、李垣為副使馳赴庫倫，外蒙古乃於十一月正式宣布撤銷自治，重歸我國版圖。徐樹錚以大功告成，於廿一日動身回京覆命，行前（二十日）特別演劇招待蒙古官民，並專電報告北政府：

北京西北邊署。×密，抄呈大總統，國務院，段督辦，各部鈞鑒：

樹錚現定明早啟程還京，蒙官府多員到署送行，頗向樹錚作親切懇摯之談，晚間邀請蒙官及各使，又各軍隊連長以上官佐快讌，仍以演劇娛賓，並閤街通告，撤去衛兵，無論漢蒙商民，貴賤貧富，概許逕入。見觀劇者至形擁擠，樹錚當眾宣言，本晚之聚，所以慶祝蒙疆撤治。久聞活佛官府及各路蒙旗，抱定此意，今竟不待商酌，決然行之，具見愛國之殷，愛蒙之切。而以送呈之責，責之鄙人，是鄙人之於此事，關係極切，故慶祝尤虔。為國家及蒙疆慶，為惠臨諸君慶，且為已身慶也。復致謝到此廿餘日，諸荷愛勉。鄙人現在所欲考察，佐將來施設之事，均獲指以南針，俾後日得循率而行，盡我棉力，是諸君之賜，不僅鄙人一身，而鄙人乃適當其衝也，是以敬謝之。誠以鄙人到此未久，而各方士夫，相遇極歡，儼同舊友，匆匆南旋，尚有走別未晤者，雖不久輒將復來，而快愉究難自示，想惠臨諸君，亦有同此感者，別後當函電相訊，不能寂寞也。樹錚言此，重在第一意，當蒙人之贊其自請，蒙既安心，而無論何人開放入覽，計必有各國諜者混入其中，可為我國代播也。

謹此陳報，統祈鈞察

樹錚 制

哿（二十）二

國父譽為陳湯、班超

徐樹錚返京後，除向北政府報告並通電全國外，十一月廿四日，又上電報告在上海之國父孫中山先生。國父於接電後，立即覆電賀其功績，並藉機勸其協助恢復國會，轉圜大局，原電如下：

北京徐樹錚先生鑒：

比得來電，諗知外蒙迴而內嚮，吾國久無陳湯、班超，傅介子其人，執事於旬日間建此奇功，以方古人，未知孰愈。自前清季世，回裔攜貳，幾於日蹙國百里，外蒙糾紛，亦既七年，一旦復歸，重見五族共和之盛，此宜舉國歡欣鼓舞之不已，然還視閭閻，頌聲寂然不作，此無他，內部之關係，過於邊陲，心腹之憂患，重於指末故也。國於天地，恃法律而存在，自國會被非法解散，而民國基礎動搖，連歲戰爭以重累我四億人民者，至今未艾。北方恃權者徒以使三五武人政客，得遂其利益之要求，天下遂可無事，此不惟蔑視民意，其不通乎法治之本原抑已甚矣。故文以為今日轉危為安，撥亂反治，無過於依照約法，使國會恢復其自由之職權，即外交之失敗其遺害於國家之生存者，亦可由是而矯正消滅。夫治國而反以亂之，愛國而反以害之，此非智者之所為也。睹其失敗因循覆轍而不能改，非才勇之士所宜出也。今我國民莫不集矢於賣國之行動，而曩之與接為構者，豈果抱此不仁之心，抑豈更無自拔之路，惟不知訴之於法律國會為根本解決，則禍終不息，而責無所逃。文與執事夙昔未嘗通一介之信使，今乃電及，其或予我以盡言之機。而執事或亦觀察國中之政象，而愁然有不安於心者，文因敢白其所見，執事能立功於國境，何必不能解罪於國民？大局轉圜事在俄傾耳。不然，內憂未寧、外患方亟、臥榻之側，可為寒心，執事雖勞，能保不為他人作嫁衣者。而誰敢為執事賀。專復，即企鑒察。

孫文

此電經各報全文登載，引起黨人凌鉞抗議，國父批覆：「徐收回蒙古，功實過於傅介子、陳湯，公論自不可沒。」（原批見《國父批牘墨蹟》第九五頁）實則自是年七八月起，段系已逐漸與國父趨於接近。因為在北方，直皖兩系，正是壁壘分明，而在南方，則國父久為桂系所排擠。直桂既已聯盟，則段系與國父接近，自是極其自然之事。

車至廊房遭人殺害

民國九年庚申（一九二〇），北政府任徐樹錚為遠威將軍，開去籌邊使職；至西北邊防軍總司令一缺，著即裁撤。其所轄軍隊，由陸軍部接受辦理。十四日，直皖戰爭爆發，徐樹錚為段之總參謀長，方以偏師戰捷廊房，而西路全軍覆沒之報已聞，危急之夜，徐樹錚尚擬孤軍一逞，終亦莫如之何矣。戰爭結果，直勝皖敗，段旗瑞通電下野，北政府於十九日下令懲辦徐樹錚等，由於徐樹錚避居日本使館兵營，至弗克緝辦。後由日人祕密護送至津赴滬。

民國十一年壬戌（一九二二）九月，徐樹錚由滬經浙，潛往福建延平，促旅長王永泉與粵軍許崇智（汝為）聯絡合作，裡應外合驅走閩督李厚基。十月二日，通電設立「建國軍政制置府」，自任總領，迄遵奉國父及段祺瑞為領導，俟擁戴二老踐尊位後，即奉身以退，並限李厚基於二十四小時內退出福州。戰事發生後，李軍敗退。十月十七日，徐樹錚偕同許崇智、王永泉進入福州。十八日，任王為「福建總撫」，旋又改任總司令，以林森（子超）為省長，分理軍民事宜。閩局粗定，徐樹錚於十一月二日離閩返滬。

民國十三年甲子（一九二四），段祺瑞入京任臨時執政。翌年一月四日，特派徐樹錚為考察歐美日本各國政治專使，至十四年乙丑冬十一月返國。斯時京津局面混亂，適孫傳芳倡五省聯防之議起，對徐樹錚頗為不利，段聞其晉京謁候，曾去電囑其暫緩來京，惟徐樹錚不以為然，遂於十二月十九日乘順天輪赴津轉京。謁段祺瑞密陳政治方略，並定於二十九日離京返南方，段祺瑞忽在案頭得一書。緘封甚固，啟視，則「樹錚萬不可南去，去必死。」寥寥十字而已。段祺瑞急令當時公府記室黃伯度追阻之，徐樹錚方束裝待發，閱箋笑曰：「何人沮我，我豈信此讕言。」卒不聽，仍乘專車南下，專車至廊房，卒遭馮玉祥嗾使其部屬張之江捕殺，事後由陸建章之子陸承武（按：陸承武曾留學日本，民國二年八月，陸建章奉令成立警衛一、二兩團，以示武任警衛第二團團長。民三，入陝圍剿白狼後，其父為陝督，陸承武為陝西督署衛隊團團長。）通電，自承為其父陸建章復仇。或曰：「所謂仇者偽也。」徐樹錚死，京師無人敢走哭者。薄棺尚在海上蕭寺中，南通張季直曾撰一聯輓之，句云：「語讖無端，聽大江東去歌殘，忽焉感流不盡英雄淚；邊材孔亟，正薄海西征事大，從何處更得此龍虎人。」（按：徐精崑曲，且善吹笛，海外歸來，曾至南通訪張嗇翁，為唱大江東一折，悲壯蒼涼，聲裂金石，識者已知其非佳讖，盡大江東係關壯繆單刀赴會事也。故聯中及之。）對徐樹錚一生馳逞風雲，頗致慨悼。而於其收回外蒙一事，亦有稱許。徐樹錚泉下有知，或亦許為知己之評呢。

有子跨竈為父復仇

民國三十四年乙酉（一九四五）徐樹錚哲嗣徐道鄰在渝，時任行政院政務處長，茹恨近二十年，矢復父仇，曾於十月間呈請辭職。十一月三日，具文分別呈向北碚重慶地方法院及軍事委員曾控告張之江與馮玉祥以殺父之罪。張之江時任中央國術館館長。終因逾刑法告訴時效（十五年）而被駁回。若徐道鄰者庶乎不忘其親，而徐樹錚可謂有子跨竈矣。茲摘錄其訴狀於後，狀云：

為抱恨二十年，父冤未雪，懇將殺人犯張之江拘捕到院，依法偵查，按律論處，以伸法紀事。竊先父諱樹錚，於民國十四年冬，自歐美考察政治經濟回國，到北平向政府述職，不知何故？遭當時野心軍閥之忌，同年十二月廿九日，專車去津轉滬，冀就考察所得，編述報告，不料行抵張之江駐防之廊房，先聞歡迎聲音，旋有張之參謀長持張之名片登車，口稱「張司令請徐專使下車」，時先父在京勞頓，擬請張司令來車晤談，該參謀長聲色俱厲，飭馬弁挾持先父以去，同行隨員，均被驅逐下車，先父到司令部後，即被幽禁一室，遙聞有人打電話稱。「徐樹錚已拿到請示……」先父隨從褚君即要求見張司令，不許，旋褚君等均被押入馬柵，約一小時後，突聞槍聲數響，咸垂淚相向，不敢出聲，時為二十九日午夜。……乃復施其移花接木手段，於謀殺之翌日，竟自天津招來陸建章之子陸承武，迫其承認「為復父仇，故將徐某殺害」，並通電各報，大肆其辭。……假借陸承武之一紙通電，以洗刷其本人謀殺國家命官之殺人罪行，寧非異事；且陸承武何人？竟能令號兵高吹歡迎號音？又命參謀長持片上車請客，且公然至司令部中殺害政府要員，謂非該司令張之江之事後假借陸某名義，冀圖掩蓋自己罪行，其誰信之？……

徐道鄰德國柏林大學法學博士。曾任駐義大利大使館代辦，銓敘部典試司長、行政院政務處處長，中央大學，同濟大學教授。臺灣政府（魏道明主席任內）祕書長，臺灣大學教授。已於年前在美逝世。

徐樹錚辦理外蒙撤治經過

劉安邦

邊防與籌邊

民國七年秋天，段祺瑞所領導的督辦參戰（第一次世界大戰）事務處之下，成立了一個西北邊防籌備處，由徐樹錚任處長，作為把「參戰」改為「邊防」的一個準備。邊防籌備處成立後，剛巧遇上俄國內戰，共黨奪取政權，使外蒙古有心內向。

外蒙古的獨立，是帝俄策動外蒙的哲布尊丹巴於辛亥年（一九一一）陰曆十二月廿八日在庫倫登基，號稱「大蒙古國」，年號「共戴」。滿清時代由於國勢孱弱，無力照顧；民國成立，一切正在草創，遂予帝俄以可乘之機。民國二年十一月廿二日，中俄聯合聲明，中國正式承認外蒙古的自治權，並允許不將軍隊派駐外蒙古及安置文武官員，且不辦殖民。民國四年六月七日中、俄、蒙三方又共同簽定了一個《恰克圖協定》，重申中俄聲明文件中的一切條款。到了民國六年，由於俄國內亂，失掉了對外蒙古的控制，逐漸引起了日本的垂涎，八年春天，日本利用布里雅特人謝來諾夫和蒙匪富升阿來策劃組成一個包括布里雅特，內、外蒙古及呼倫貝爾的大蒙古國，在日本控制之下。主持這項工作的，是日本駐庫倫武官松井中佐。松井和布里雅特人的會議及宴會照片後來被中國參謀本部得到。這時，外蒙古的許多王公鑒於獨立的失算，又怕日本乘機侵佔，所以醞釀重新歸屬中國。

外蒙的內向，給徐樹錚一個發揮野心的好機會，徐樹錚是一個極有政治野心的人，北京局勢的混亂，使他不能施展抱負，而他一舉一動又容易引起政治風波，剛好他擔任西北邊防籌處處長，正遇上外蒙古內向問題，因此他便於八年四月十七日提出了《西北籌邊辦法大綱》，六月十日經國務會議議決照辦，六月十三日政府特任他為西北籌邊使，六月廿四日又命他兼任西北邊防軍總司令。

當時北洋政府的總統是徐世昌，非常贊成派徐樹錚籌邊，以調虎離山，因為他留在北京搞風搞雨極為不妥，倒不如請他向邊疆發展，少一個麻煩。

西北籌邊使的官制於七月十八日公布，其職權如下：

一、政府因規畫西北邊務，並振興各地方事業，特設西北籌邊使。

二、西北籌邊使由大總統特任，籌劃西北各地方交通、墾牧、林礦、硝鹽、商業、教育、兵衛事宜，所有派駐該地各軍隊，統歸節制指揮。關於前項事宜，都護使應商承籌邊使籌助一切，其邊事長官佐理員，應併受節制。

三、西北籌邊使辦理前條事宜，其有境地毗連，關涉奉天、黑龍江、甘肅、新疆各省，及其在熱河、察哈爾、綏遠各特別行政區域內者，應與各該省軍政最高長官及各都統妥商辦理。

四、西北籌邊使施行第二條各項事宜時，應與各盟旗盟長扎薩克妥商辦理。

五、西北籌邊使設置公署，其地址由西北籌邊使選定呈報。

六、西北籌邊使公署之編制，由西北籌邊使擬定呈報。

籌邊方案

徐樹錚於奉命後所擬的《西北籌邊辦法》大綱全文如下：

謹略者：

日前籌及西北邊事，奉飭擬具辦法大綱，陳候核奪。

查西北一帶，東自車臣汗，西至阿爾泰，北自俄界，南抵察綏，綿亘千餘萬方里，地面遼闊，悉屬蒙旗游牧之區，居民稀少，諸業未興，且地主之名與權，屬國屬人，亦未分明制定。故在任事之人，非堅抱開創之志，忍艱耐勞，剛柔互用，難期有濟。在政府為事擇人，亦非委以專責，假以便宜，終必勞而無獲。況值國帑耗虛，一切資力均待平空籌集；稍緩須臾，又慮為鷹虎所吞噬。此謀國者所由早夜徬徨攘袂急起者也。惟同此五味，而烹調之法，人異其術。樹錚所言之辦法有當與否，不敢必人以共計，而默為審察，固覺此事不辦則已，辦則所舉者，皆不容不視為要圖者矣。

一、名義須先須也。事權限於名義，名正然後言順，名正言順事乃得成。此項名義不可太虛，太虛則無從假手；亦不可太實，太實反招窒礙。似宜明令特派西北籌邊使，庶幾虛實兼賅，進退可以自如，而不嬰內外之忌嫉。如再以明令普告，謂現擬裁兵，預籌安頓，故特委專員布置墾務，則軍民心安，遐邇信仰，尤稱妥洽。

一、權限須即制定也。凡事權限不清，最難收效，名義定後，似應擬定官制，申明系統體制，及與境內之都護，都統，佐理；接境之督軍省長等如何聯接，咨交國會議決公布，庶有條理可尋，且預杜臨事之牽掣。

一、鐵路最為急務也。事業之難易，文化之通塞，商務之盛衰，兵備之厚薄，無一不恃交通為脈絡。西北荒漠無垠，人多游牧，因之交通絲毫不暢。然其地極目平曠，無高山大河之限，間阻沙漠，繞避甚易，修築鐵路，殊非難事。計自張家口，直抵滿洲里，約千五百里；自歸綏經賽爾烏蘇，過庫倫，直抵恰克圖，約二千餘里，賽爾烏蘇過烏里雅蘇臺，科布多，再折而出阿爾泰，以入廸化，直抵綏定，共約五千三、四百里；烏里雅蘇臺入唐努烏梁海千餘里。均屬不可少之幹徑，誠宜亟力籌築，以便推行他業。財力足則同時併舉，不足則次第興修；計日程功，不難署券以待。一俟俄亂告平，再商由恰克圖北修，與俄路相接，更有裨商務。

一、汽車可先通行也。鐵路綿延萬餘里，非歲月間所可竟事，應先籌設汽車公司，按照鐵路脈絡，分投往返，再佐以遙站馬車及駝馱等，緩急相輔，周轉商貨，庶幾商務靈活，商業自盛，而稅收亦必日有起色。

一、墾牧可即布署也。西北地曠人稀，天候嚴寒，且前清禁例重重，是以民眾不樂往。今宜力振墾牧各業，沿鐵路兩旁，漸次墾闢，蕃殖牛羊諸畜，馬匹尤屬重要。易草萊為沃壤，洵指顧可期之事。蓋西北各地，雖間遇沙漠，而草原極廣，甚宜耕牧，縱河瀆有不甚貫通之嫌，而茂草蕃殖，足證地面以下水泉不深，鑿井引溝汲灌，亦易措手。

一、礦產可即採掘也。西北礦藏，號稱富饒，阿爾泰、唐努烏梁海、庫蘇、古爾泊附近，及喀喇沁、鄂多斯各部，有金銀銅鐵鉛各種，質美量閎，外人垂涎已久，他如煤炭碱石等，數亦不尠，且率浮出地表，開採並不費工。

一、商貨可資流通也。西北物產不如內地繁衍，然動植各物運至內地銷售者，頗屬大宗，而內地之貨運售者，亦極不少。交通一便，貿易當易旺盛。

一、兵備宜有布置也。近日蒙旗不靖之風傳，未必盡屬情實，而軍人政客遂多挾策干時，請速興師鎮勦。竊謂無名之兵，非計之得，蒙人多猜而好小利，易結納，與其突增多兵，俾相驚懼，或至生心自衛，勾結外援，反滋紛擾，實不如早日興辦工商墾礦各業，俾知親附，各業稍具規模，即行陸續增隊，藉資保護，不惟節省兵費，政府財力得紓，實屬馭邊正道，邊心益安，斯邊防賴以固永。

一、教化宜急布行也。有清以來，蒙部內屬，迄今約三百年，率以愚蒙焉策，實大背人情天理之正。此後欲蒙邊日見親洽，即非力整教化，勸諭興學，不易為功。惟蒙雖頑魯，驟迫以漢文漢語，殆無不掩耳卻走者，似宜先以漢人學蒙文習蒙語入手，無論官民商吏，同事練習，成效稍著，情交日親，彼中漸知蒙文蒙語之不愜於用，自將有有心者，學漢文漢語，屆時因勢利導，則不待強求，自易牖廸。

一、禮俗宜漸移易也。前此蒙漢之隔閡，固由交通不便所限，而禮俗不通，實又為交通不繁之大原，而孕百病之根，加以前清禁例，不准漢人攜眷漠北，不准漢蒙通婚，於是相阻益遠，共此一國，而儼成絕俗。為今之計，似宜明令撤去一切禁例，准其攜眷通婚，即令驟難暢達，而官吏員役以及墾耕商礦諸人，均得攜眷而往，寄居日久。家室多往來之情，婚姻不待勸而合，久之則禮俗同歸一致，畛域庶可盡泯。

以上諸事，無一非當務之急，而舉辦之先，又無一不待鉅額之款。果能切實舉辦，預計三四年，自可有贏之利；十年之後，則更無窮。惟目前母金，何自而出，謹請借箸籌之。

一曰發公債，資信證；一曰設銀行，行鈔票。二者相依為用，缺一不可。公債之額應視最先築之一路所需若干以為衡，各路孰先孰後，儘可由我自便。惟由綏至恰，宜提前趕辦，以其有外約牽制，不早扼定，必起爭端，此路一定，別路更無他慮也。

此路共計二千餘里，每里需兩萬餘元，以公債票面計之，約預發行五千萬元，方能敷用。可名之曰邊業內國公債，指定用途，即以邊業保證。現雖艱於銷售，然正不必急售，只藉此昭示興辦各業，信委專員之確據，姑以暫押二三百萬可矣。

另設一邊業銀行，准其發行鈔票，招集商股，可得三四百萬元；另以債票所押，至少六百萬元易集也。六百萬元之實資，發行鈔票千一二百萬元，流通必易，恃此鈔票，再益以隨時聯絡之小股，則汽車馬車各公司及墾牧採礦各業，不數月均可蔚然而起。

及時著手路工，信譽必益昭著。路工一開，即可以收回債票，切實發售，是步步為營之策，穩而無失。政府但選一沉幹有為之人，畀以名義，假以事權，證以信託，儘可聽其自然，待時而獲矣。

或謂西北多外蒙之地，路礦諸業，均有俄約為祟，恐多枝節，而抑知毫無足慮，俄約謂外蒙之路，中國可自築，已款不足，應借俄款，此時俄亂方殷，若向彼借款，不啻惡謔嘲笑，故以已款為宜；內國公債，全係內款，俄人絲毫不得妄干。外蒙之礦，俄得任意開採，係俄庫私約，我國萬不宜承，奈何引以自縛？且即以私約論，亦無不准我國採礦之說，不足置疑也。樹錚反覆審竅，計之已熟，有無可採，伏候鈞察。

樹錚謹識

「內向」的醞釀

當西北籌邊使新命甫下時，北京派駐庫倫的都護使陳毅，正和蒙古王公交涉撤消自治的問題。陳毅字士可，湖北人，是滿清中興名將陳湜的孫子，張勳復辟時被任為「郵傳部侍郎」，復辟失敗，逃出北京，在黃村車站被捕，當地駐軍剪去他的辮子，叫他具結，永不參加復辟才放他走。民國六年八月他被任命為都護使。

外蒙古的政制是王公管政，喇嘛管教，界限分明；迨自治後，活佛哲布尊丹巴為政教領袖，於是喇嘛專權，王公受排斥，只因喇嘛有俄人為靠山，可以為所欲為。迨俄國內亂，無力兼顧，王公乃發動撤消自治，其目的不是在歸附中央，而是在恢復前清的舊制，藉以重掌政權。代表蒙古王公集團來和陳毅接洽的，是外蒙古自治政府中的外務總長車林多爾濟。

陳毅和車林從八年一月中旬商談撤消自治問題，一直沒有具體的發展。到了八月四日，庫倫大會開會，王公喇嘛之爭益烈，王公們為了重掌政權，決心犧牲自治，故授權車林與陳毅具體磋商，雙方決定了兩項原則：一、恢復前清舊制，五部直屬駐庫大員（以代替活佛）。二、設置地方自治議會，由王公組織之（以排斥喇嘛）。以上的協商和條款，均係祕密進行，俄人及喇嘛毫不知情。

陳毅把交涉情形電告北京政府，國務院於八月廿一日提出閣議討論，當時對於條件內容並無任何意見，不過認為在程序上必需由外蒙王公先用全體名義呈請政府恢復原制，然後政府根據外蒙的請求再與磋商條件。國務院根據這個意見訓令給陳毅，陳卻沒有辦到，只是繼續和王公們磋商條件，同時敷衍政府說外蒙古希望先以非正式商妥協商各項條件，才能安心撤消自治。

陳和車林商妥的條件，於十月一日派秘書黃成序把條件草案送到北京，這就是外蒙善後條例六十三條，其中重要的事項如下：

一、中央政府無論何時何事，不能更改外蒙原有之分盟分旗制度。各盟旗沙畢，盟長，將軍，扎薩克，高卓特巴等原有之管轄治理權，永遠照舊，中央政府並不得施行殖民事項，將蒙旗土地改歸他人所有。

二、設駐紮庫倫辦事大員一員，烏、科、唐、恰，各設參贊一員，幫辦參贊一員。正副人員，必須一蒙一漢，並且輪流更換（如第一任漢正蒙副，則第二任蒙正漢副），而漢員必須以文職為限。即在北京之蒙藏院，其正副總裁之一，亦必須以外蒙王公任之。

三、中央在外蒙駐軍，其計劃布置及額數，由駐庫大員及幫辦大員會同商定。遇有緊急事項，增派軍隊，事定仍須撤回。

四、內地人民建築房屋、經營商工等業，以及開墾、種菜、伐木、割草，必須先取得該管扎薩克之許可。

五、開發礦產、興辦鐵道、電報、郵政，必須由駐庫大員及幫辦大員會商辦理。如必須借用外款，並必須先得外蒙地方議會通過，始得辦理。

實力派的反對

陳毅和外蒙古王公們的交涉有一個最大的阻礙，就是陳毅所選的對象根本沒有力量，外蒙古自治政府的一切，完全操縱在喇嘛手中，而外蒙古人民的偶像是哲布尊丹巴活佛，也就是自治政府的領袖，活佛只信賴喇嘛。現在陳毅和王公商量外蒙古撤消自治就是對抗喇嘛，王公們想藉北京政府的力量來推翻喇嘛，喇嘛既然有勢力，當然不會輕易就範的，所以成功的希望不會太大。

陳毅想透過王公去說服喇嘛，又透過喇嘛去說服活佛，可以說只是一廂情願；而王公們又不斷供給陳毅錯誤情報。八月十九日陳毅給北京外交部電報說：「至喇嘛方面，王公既願，彼必無詞。且活佛亦久向中央，殊無可慮。」九月廿六日陳又有電報說：「喇嘛方面，經王公竭力疏通，亦全體通過，冊封一事……復經回稟活佛，亦奉允許。」可是這封電報發出後的第五天，十月一日，哲布尊丹巴活佛卻寫了一封致徐世昌總統的信，叫墨爾根堪布等五個喇嘛於十月九日帶到北京，信內略云：「今突由中國駐庫辦事大員陳毅，提出取消自治……並提出所擬六十餘條前來……於是本外蒙大眾，咸以單獨破壞協約……徘徊猶豫，本哲布尊丹巴呼圖克圖汗，亦多憂慮，寶深不安。」這封信很明顯的看出活佛是不同意六十三條的。

哲布尊丹巴接著又於十月廿四日給徐世昌第二封信：

大總統鈞鑒：

頃據庫倫陳都護使聲稱，給予請求取消我外蒙自治公文，並編造蒙古以後遵行條件六十餘條，與各賽特私室傳觀會議等情。本處當以如果大總統知悉此事，宜暫候如何平定謝米諾夫所招之亂黨，並招集本蒙古各王公扎薩克會議，解決內患等情，函至大總統去後，今蒙古各扎薩克大致尚未到齊，間有來者，不但不願取消自治，希望仍舊存在，即庫倫所有眾蒙古喇嘛民人所屬人等一聞知此舉，亦議論沸騰。據此以觀，非惟本外蒙各官民等，咸稱仍舊保存舊制，難於迫其遵從。即取消自治之舉，亦非出自我蒙賽特等之本意，只係陳都護使授意，藉邊患未平宜取消自治等詞，迫令出此。

本呼圖克圖汗至再思維，我外蒙不惑謝黨諂言，一意恪守三方協約，保持自治；今復違反協約，請求取消自治，實多不合之處。而庫倫陳都護使對於此案，異心不息，反根據與各賽特私議事件，不體眾議，再三勒迫，近日益甚，由應在買賣城駐紮之防兵內，撥出支隊，分駐逼邇庫倫學經及喇嘛等地點，擅佔外國商人房院。似此種種滋事情形，委實有拂眾意，鄙心殊抱不安。深信前此我大總統密諭親王朝克圖爾巴達爾胡之仁諭，為此列舉情形，密請鑒核。特派薩密廸巴克什諾門罕北勒崗禪呼圖克圖達木唐巴札爾，前去與我大總絲獻帛請安，懇將在我邊地內人地不宜之陳都護使立予調任，自治官府仍舊存留有效。若是，則黃教益形尊重，逐漸擴張，永昭仁慈。中華大國與外蒙古之睦誼，益覺敦重無極矣。

謹呈

哲布尊丹巴特派地位僅次於他的嘉亨尊活佛，親持這封信送往北京，嘉亨尊於廿六日啟程，十一月一日到京。

三巨頭的矛盾

哲布尊丹巴既然表明瞭反對撤治的態度，於是陳毅和王公們只好片面進行了。王公們決定單獨具名遞送一件呈文，由陳毅於十月二十九日、三十日電達北京。這時的王公們已勢成騎虎，在外蒙的自治政府看來，王公們這項向北京政府請求撤銷自治，無異是外蒙自治政府內部發生了政變。

北京方面，這時的國務總理是靳雲鵬，他在收到陳毅專人帶來的六十三條後，立即召集各部開會商討，並於十月廿日電告陳毅說：「徐籌邊使日內赴庫，撫視所有軍隊，對蒙方面並無直接任務，蒙事仍由都護使完全負責，以明權限。」

在段系中，靳雲鵬和徐樹錚是不合的，因此靳內閣當然不願意見到徐樹錚在蒙事上立功。陳毅以為外蒙撤治交涉，始終是自己一手搞成，當然不願徐樹錚干涉，所以陳當於收到靳閣廿日來電後，立即覆電詢問國務院：「前送條件，徐使曾否得閱？」

徐樹錚當然知道這個密約，所以他於十一月一日電告北京，對於六十三條件表示有「七不可」；同時要求待他召集一個會議研究後再作決定。靳雲鵬對徐電大為反感，提交國務院會議時，靳認為此案已經閣議通過，就唯有決定去作，不可出爾反爾，自損威信。並且對徐要召集籌邊副使等開一個會議，認為籌邊會議只可在邊防範圍內討論問題，而外蒙撤消自治案，已經政府交給陳都護專辦，就不必他人越俎代庖；至於後果如何，等辦理後再說，縱有不便，再行取消也沒有損失。靳且指示照他的這番意見電告陳毅。

原來，陳毅的秘書長黃成垿携帶六十三條密件到京，徐樹錚尚在北京，黃到後六七天，陳毅有電給徐樹錚說：「黃成垿有秘要務赴京，到時祈面晤。」可是黃成垿由庫倫動身時，陳毅又曾囑咐黃避免見徐，不要讓徐知道此事，所以黃在北京儘量避免見徐。有一天黃在國務院碰到徐，黃不知陳毅有電給徐，所以見到徐時支吾其辭，只是說這趟是因私事請假赴奉天，陳都護囑就近到北京來催隊伍。

徐樹錚於十月二十三日由北京啟程赴庫倫，動身前一天，往謁徐世昌，大徐問及小徐有關外蒙古撤治事，小徐答稱沒有見到原案，大徐即令他向國務院秘書廳去調卷，卷調來後，原來是陳毅送來的秘件，上面有外交部所加的簽註。徐因係奉總統命令，所以携帶該件北行，十月二十九日抵達庫倫。陳毅並不知道他送去北京的全案已在徐樹錚手中，所以對徐尚支吾其詞。而徐則於十一月一日電告北京反對這份條件，認為七不可。

這件案中，陳毅不希望徐樹錚介入，是認爲已成的功勞不願徐分享；國務總理靳雲鵬則因與小徐有夙怨，自不願見小徐立功，所以搞得非常複雜。

小徐的七不可

陳毅可能是個糊塗蛋，他根本不懂利用王公和喇嘛之間的矛盾，達成政治上收回外蒙主權的目的，他只是很呆板的和車林商討辦法，所以《外蒙善後條例》簡直就是陳毅幫忙蒙古王公向中國「爭取」自治，而不是「撤消」蒙古自治。當時外交部對這個六十三條的批評是：「如就條件全文加以研究，則名義上政府雖收回統治之權，仍屬有限制。外蒙雖有取消自治之呈請，而按之條件，自治之精神與基礎仍屬照舊存在。……至於對俄國各條……則俄國在外蒙一切利益，並未因之受有損失。」

徐樹錚也於十月一日向政府就此條例作如下的建議：

> 陳使所擬外蒙撤消自治善後條例，中有不妥之處，擬俟恩副使不日到庫會同熟商，昨經陳明在案。茲先將管見所及，及連日採訪蒙人言論，陳情鑒核。
>
> 查原件共六十三條，其紕類之大而顯著者，約有數端……
>
> 蒙在元金之際，雄武甲歐亞，而一蹶不振，極於今日，病在宗教限嚴，人口不昌，又土地屬人私有，不能以政規法令，使民服習，逐漸昌盛其事業，利棄於地，日即窮困，所謂窖金而食脫粟，政府亦無如之何也。治蒙之要，既欲導之富庶，被以文化，即不得不漸有興革；縱不宜強拂舊習，要必預留相機因應地步。此項條例乃舉其歷來錮疾，更從而護以重障，是不撤自治，尚可於中國領土名義之下，因勢利導，權宜措施，既撤之後，反無術可進以文明。是曰堅固蔽之障，不可二也。所貴乎撤消自治者，非食乎其名也，貴乎政府獲設治之實耳。今則政權統於中央，不過首條中籠統語，而餘數十條皆增重蒙古王公把持之力。或慮深言之蒙人不應，故姑從其情以誘之，然後施以強力，以期得志。抑知國家行大政，胡可詐騙從事？伊古以來，又豈有詐騙而能久者？是曰乖輕重之宜，不可三也。撤消自治之後，關稅如何改定？財政如何整理？農商礦業如何振興？一未計及；但言王公扎薩克喇嘛歲俸唸經等費，率由政府支給。樹錚誠愚，不知從何處支給？若曰取之於蒙，則蒙民既須供應中央，而喇嘛王公之權存在，自必照舊供應，以蒙民之困苦，寧忍更

令增此輸納乎？若曰取之帑儲，則今日帑儲之窮，自顧且不暇，何暇顧蒙？恐今日制定條例，明日即失去政府威信，蒙情乃他向矣。且帑儲即有餘力，亦無輦金而購漏卮之理。是曰戾財政之情，不可四也。……。夫誘掖蒙人撤消自治，美名也；展闢地力，濬發民智，美事也；得名而有益於事，美之美者也。若徒騖虛名，而不審其於事有礙，非謀國之至者也。樹錚料理軍事而來，本不願妄有瀆議，惟邊防所寄，亦不應懈職責，專志一意，惟以國家疆域蒙民利樂為念。謹用略陳所懷，上煩聰聽，如有百分之一稍可採納，擬請飭下陳都護使及各副使另擬簡括條文。

其條文大意，在樹錚愚見，以為政財大權，由政府斟酌情形選員督理，遇事與王公扎薩克商酌妥洽，然後施行。宗教榮典，政府一意優崇，有加無已；王公喇嘛歲俸以及地方經費，由政府從優核給，所有封冊榮典，一概照舊。地方安危，一律由政府保護，外交一律由政府交涉，寥寥數條足矣。蓋文字愈繁，罣漏愈多，各種意見，愈見叢雜，將來阻梗愈無限量。不如統括言之，蒙心尚可獲安，而無阻於啟化之計也。

師武侯擒縱

小徐在庫倫，於十一月六日見到了哲布奪丹巴活佛。十一月十日和陳毅談到六十三條件問題，陳還是吞吞吐吐。小徐曾有電給徐世昌，報告當時情形，電云：

頃陳使面約樹錚明晚到署商酌蒙事條文，屆時當約集李恩兩副使，並率諸旅長其祥，楊參議志澄同往商，庶免一二人偏見難洽。如慮人多洩密，樹錚可以軍法處之。

查陳使原擬條例定稿之初，樹錚即有所聞，渠遣秘長黃某甫到京，亦即知之，因未來見告，故亦不過問。黃到六七日後，陳使忽電樹錚，謂黃有秘要赴京，到時祈面晤。詎黃晤時，躊躇其狀，閃爍其神，吞吐其詞。詢其有何秘要，則云無他事，因請假赴奉，故都護囑便道一催隊伍耳。樹錚更笑而遣之。樹錚啟行前一日，謁大總統叩辭，奉詢及撤治條例事，飭取閱研考。歸向院秘書廳借得外交部簽註原件，即携之北行。途次，日夕審核，頗悉利弊所在。意到庫陳使必以見商，故早作準備。又來時，本望以籌邊事業，問諸陳都護及各副使，公共計籌，明年開春，即可興辦。一備國家另設官額，一使外約之官，潛移蒙化，漸致為民治之區。於行時亦經陳明大總統鑒核，奉諭「甚好，問陳為助，自是善策」。故停車之即夕，即取治蒙條例秘案，傾誠相示，而渠始終意殊不屬，略與談及撤治事，其閃爍吞吐，亦與黃同。樹錚不便再言，是以電陳意見，擬俟李恩兩副使到後，公共商酌。嗣知陳使接政府中人秘授意旨，屬其不須以條文相示，意在勾結一二蒙員，自行分報辦理。

查樹錚自到庫之日起，一言一動，每日必電陳政府鑒核，事因所見所聞，或所意揣，無不分析明白，自問無負於政府，無負於道義。樹錚在外之將，權宜甚大，豈好為馴謹哉？只以歷年來國家威信，不出都門，天下蔑視者多，故欲率為矩式，納人以軌物耳。今再敬陳管見，祈賜察照。

東電陳請核示之原議七不可，及條文大意，既奉鈞院公電，大總統諭許為卓識遠謀，明晨公議時，自當抱定此旨，和衷商洽。又條文中有與籌邊使官制職權攙越者，概予削去，然後責成陳使妥辦；如不能辦，即請責成樹錚妥辦，辦妥後仍移交陳使坐承其功。樹錚亦本邊使職權，力自圖之。樹錚只重國事，決不以榮枯毀譽介意。總之，西北籌邊使為外蒙已定之官，官制及其職權，為國家已定之法律，命令不得有所變更，速發亦屬無效。樹錚承命守職，一日不離職，一日即暫死守吏職之義，無論外交，無論蒙情，無論土地，均應負其全責。明日卸職，即可幅巾騎驢，逍遙湖上；今日未去職，即絲毫不容人侵犯，故作侵犯，即是破壞法律。民國以法律為保障，破壞法律即是破壞民國，即天下之公敵，雖有周親，亦必讎之！樹錚忝為國將，與國同休戚，保法律即保國家，皆天職中所有之事，可不儀使及制而已也。

謹電陳鑒核

制樹錚灰（十日）

徐樹錚抵庫倫後立即發現陳毅處理外蒙撤治案抓不到重點。徐的特點最顯明的是：一、一才氣高，能把握問題重點；二、恃才傲物，不易與人相處。這兩個特點在庫倫都充分發揮出來。他認為陳毅言過其實，所以他於十一月十一日給北京政府的電報就直率的指出：「陳使言過其實，急切功名，而心思不能沉細；自覺明於萬里，其實蔽於目前。其人真實何如，樹錚不敢斷言，惟心目中見為如此，故實不敢盡情信任……」同時他不理國務院的指示（不許他過問蒙事），而專斷的自行把這事抓過來處理。十三日他給北京政府的電報中便明白說出他的決定：「……然敢斷言，經年累月，亦非渠（陳）所能了。蓋渠判事不切，物欲蔽之，初步已蹈荊棘，糾纏不清，此時若樹錚撒手不管，則立即中止耳。如此中止，聽取國家損威失重，非樹錚所忍出也。……鈞電志在撤治，請坐待撤治可也。前電言定否只在三五日內，現布置已定，不煩一兵一矢，一發而中，幸之幸也。發而不中，樹錚箝口結舌，息影南歸，靜俟陳使辦結之日，敬領溺職之罪耳。」

在這期間，他不只是強奪了陳毅的交涉權，同時他也對外蒙統治者哲布尊丹巴發動攻勢。他給北京政府的電報敘述各情甚詳：

> 昨晚活佛派人請讌，伊東不如禮，當經拒出。另派蒙總理兼內務長巴特馮王來請，亦經嚴詞面數活佛之非，婉詞深慰巴王之老而多勞，並告以活佛多病，死期不遠，囑其為黃教自愛，渠深領感而去。然其人頗具邱壑，亦頗諳外邦情勢，撤治事，多向此人身上加工，定可得手。語之陳使，極以為然。陳使即囑向喇嘛一派示威；樹錚言邊事興，兵事通，不外恩威並用四字，而用恩用威，先後彼此，頗費斟酌。以撫蒙而論，蒙性多猜，威則不易近，故必先恩以結之；恐其久而易視也，然後威以折之。蒙無實力，必悚而就範；再待以恩，以結其心，則不思勾結外援，乃永無反側矣。武侯擒縱遺法，可師其意，而稍變通之，以策久遠，非僅今日計也，陳使亦以為然。此非空言所能了，必時時留意，事事經心，乃得緩緩入手耳。樹錚能否自行其言，仍盼廟算樞謀，隨時督誨，俾獲成效。謹用陳明，伏祈核察。
>
> 制樹錚
>
> 元（十三）

擒賊擒王

徐樹錚施出他的混身解數，向巴特馮大施壓力，其間經過可於十一月十四日他給北京政府的電報中詳載：

活佛前最重要者四人，一總理兼內務長巴特馮多爾濟，一大沙畢商卓特巴，一綳楚克，一棍布，均最高之喇嘛，活佛惟其所左右，王公皆側目而視。王公之贊允撤治，名為情般內向，實與喇嘛爭權，事成權歸王公，政府無大便利。陳使前擬六十三條，雖不適用，確曾煞費經營，而喇嘛從中牽掣，活佛雖大開會議，皆喇嘛令王公分謗之策。蓋會議時，活佛並不質詢可否，但問汝輩不以為然耶？則王公什人而九高聲應諾而散會矣。陳使雖欲速定，而明知喇嘛為祟，無術制之；又過聽王公之情，益忤喇嘛不敢相近，牽掣愈力。此樹錚所謂「聽信陳使自辦，即經年累月亦不得定」也。

樹錚察知此情，擒賊應先擒王，王公可暫從冷淡，一意向喇嘛市好，俾知依附，然後濟以恩威，期遂吾計。本意與陳使協同妥辦，奈每與晤談，稍反喇嘛，渠即苦口向樹錚代王公求情，一若樹錚與王公有深仇大恨不能相容也者，故前電有「不敢盡情信任」之說也。自嚴諭岱青王綳楚克後，迭向喇嘛中人日加灌溉；又深知巴特馮因前充商卓特巴為活佛所奪，又年輕者皆封親王，而伊只有王銜，心中亦多不平，且現任總理，手執政柄，其人又頗諳外事，可諭以利害，故專意結之以信，感之以情，每於大議場中，當眾極與謙下，尊以老輩，譽以清操，諷以活佛多病，可接其任。看操之日，示以軍規之嚴，軍容之肅，兵士放假觀劇，苦樂與共，俾知軍心之固，期可入我彀中，連携與談，皆謂現公與喇嘛相持不下，非黃教之福，宜勸活佛立功自固，勿久執迷。其實活佛應否，全惟此四人是視，而四人之中，巴年最長，位最高，活佛信任較薄，故屬其盡力以自託於中央，樹錚亦許以全力相輔，巴甚感戴。數往謁佛，往來三數日，佛仍推宕不應，託詞非待會議，即聲言外交有關。昨晚遂與勒限，謂外交有中央政府在，會議無可待，活佛向來辦事不待會議，今不能獨待，我只責求活佛與執事兩人意見，他有異言，我自當之。執事如此高年，不憚奔走，以謀黃教之安，而活佛罪惡已極，尚不肯發一言，徒令喇嘛假威福以禍王公，王公不平既久，必思報復，爭亂相尋，則黃教已矣！黃教去，蒙古必如散沙，則外蒙已矣！是執事有愛外蒙愛黃教之心，而活佛持之以釀亂也。外蒙為國家領土，我為外蒙長官，有彈壓地面之責，不能坐視，請往告活佛，明日速應則已，不應當即拿解入京，聽政府發落。巴又稍以俄人及蒙兵為言，意在謂如是必致驚恐地方。樹錚謂即有驚恐，是昏佛使然，非我之咎。然執事至此，詢為此言，意令傾佩，真黃教之主也。渠許再往面佛力勸；更略談其不平之事。樹錚許以事定後，王銜立可冊真，併其弟皆雙俸。渠更約明晚再見。今晨獨坐默念，萬一佛再不應，安能逕行拿解？當即坐罪彼四人，責以不能善輔活佛，姑作拘禁之狀以恐之，再圖別策，庶剛柔相濟，而不損國家之威。

正自籌酌，巴忽匆匆而來，握手告語云：昨晚別後，連夜面佛，痛陳利害，繼之以泣，佛感悟，遂允撤治。惟言陳使偏袒王公，所擬條件，決不願用。又前三音諾顏之死，佛之野子襲封，出自陳使指使，而彼今輒舉之以為佛罪。加汗增入京，佛曾耑函令謁大總統，請撤換陳使，故今日之事，佛不願其與聞，亦不願他喇嘛王公預其事，且由樹錚與彼換交商定條件，具呈政府可矣等語，並縷舉活佛懇代維持往事數件。樹錚以機不可失，遂許以今夜偕其謁佛面商，決不令佛有失體面，或喇嘛王公有何不均。巴稱謝而去。臨行又堅請守密，深盼定後再告他人云云。俟議定後，詳電馳報。

局勢急轉直下

徐樹錚一方面對巴特馮施壓力，同時也準備要求政府逕行明令撤銷自治。他的做法完全是霸道的，因為他有兵在庫倫，所以敢為所欲為。

十一月十五日是決定關鍵的一天，陳毅和車林交涉了十個多月而終歸破裂的撤治問題，竟在這一天解決了。其間如何急轉直下，可以從徐樹錚給北京政府的三通電報中看出。

徐電一：

北京西北邊署。〇密。抄呈大總統、國務院、段督辦、各部鈞鑒：

寒（十四）日到巴特馮寓所儀商條件，因仍為去喇嘛權利，樹錚堅持欲定條例非簡略不可，詳細辦法可另訂辦事章程，或不定條例。但由佛率眾具請撤治，一切辦法統待另商，或派人隨樹錚入京詳定。渠狡展良久，逼之去謁佛。樹錚尋又嚴詞誥諭，謂禍蒙之罪，不在佛而在喇嘛。寬限一日，夜晚須解決，否則拿解者不止一佛，執事雖老，亦當隨行。渠情狀極畏懼，大約一二日內，可見定奪矣。

制樹錚
冊（十五）

徐電二：

北京西北邊署。〇密。抄呈大總統、國務院、段督辦、各部鈞鑒：

冊電計達，今日巴特馮召集喇嘛王公全體會議，議定先由活佛蓋印，率眾具呈自請撤治；一切條件辦法，概從另定。飭人來求，今晚不必再逼，日內定即辦妥。樹錚允以不逼，但仍須從速辦結，由活佛派大員隨樹錚入京，覲謁大總統致賀云云。恐其夜長夢多，故必嚴促其速定也。謹此報呈，伏祈察核。

制樹錚
冊二

徐電三：

北京西北邊署。〇密。抄呈大總統、國務院、段督辦、各部鈞鑒：

冊二陳報蒙員會議情形，並求樹錚今晚不必往逼，係都護派人來告，謂蒙員託其轉達。電發後，有人詢巴特馮何以會議未散，匆匆先歸？答云：昨徐公限定晚六時晤面，故早歸待之。樹錚即往晤，始悉所定辦法稍有不同，都護是傳聞之辭。活佛簽名蓋印，向無此例；由官府各部長簽名蓋印，聲敘會議公決，活佛允准，請為代陳政府。查清室遜政，亦由太后諭內閣與民國大員交接，並非帝后自須具名。夜郎雖小，帝制自娛，佛不具名，亦於外無嫌，慨然允之，並致昨晚鹵莽歉意。其公文旦夕即定也。謹此陳明，伏乞察核。

制樹錚

刪三

兩天後，外蒙古自治政府準備了兩份請願的取消自治呈文送給都護使和籌邊使，請求代轉呈中國政府。

明令撤治

外蒙自治政府請求撤消自治的呈文，全文如下：

外蒙自前清康熙以來，即隸屬於中國，喁喁向化，二百餘年。上自王公，下至庶民，均各安居無事。自道光年間，變更舊制，有拂蒙情，遂生嫌怨。迨至前清末年，行政官吏穢污，眾心益形怒怨，當斯之時，外人乘隙煽惑，遂肇獨立之舉。嗣經協定修約，外蒙自治告成，中國空獲主權之名，而外蒙官府喪失利權。迄今自治數載，未見完全效果，追念既往之事，令人誠有可歎者也。

近來俄國內亂無秩，亂黨侵境，俄人既無統一之政府，自無保護條約之能力。現以不能管轄其屬地，而布里雅特等任意勾結土匪，結黨糾夥，迭次派人到庫，催逼歸從，擬行統一全蒙，獨立為國，種種煽惑，形甚迫切。攘奪中國宗主權，破壞外蒙自治權，於本外蒙有害無利，本官府洞悉此情。該布匪等以為我不服從之故，將行出兵侵疆，有恐嚇強從之勢。且唐努烏梁海向係外蒙所屬區域，始則俄之白黨，強行侵佔，拒擊我中蒙官軍，繼而紅黨復進，以致無法辦理。外蒙人民生計，向來最稱薄弱，財款支絀，無力整頓，槍乏兵弱，極為困艱。中央政府雖經擔任種種困難，兼負保護之責，乃振興事業，尚未實行。現值內政外交處於危險已達極點，以故本官府窺知現時局況，召集王公喇嘛等屢開會議？討論前途利害安危問題，冀期進行。咸謂近來中蒙感情敦篤，日益親密，嫌怨悉泯，同心同德，計圖人民久安之途，均各情願取消自治，仍復前清舊制，凡於扎薩克之權，仍行直接中央，權限劃一，所有平治內政，防禦外患，均賴中央竭力扶救。當將議決情形，轉報博克多哲布尊丹巴呼圖克圖汗時，業經贊成。惟期中國關於外蒙內部權限，均照蒙地情形持平議定，則於將來振興事務及一切規則，並於中央政府統一權，兩無牴觸，自與蒙情相合，人民萬世慶安。於外族共和，共享幸福，是我外蒙官民共所期禱者也，再前訂中蒙俄三方條約，及俄蒙商務專條，並中俄聲明文件，原為外蒙自治而訂也，今既自己情願取消自治，前訂條件當然概無效力。其俄人在蒙營商事宜，將來俄新政府成立後，應由中央政府負責另行議訂，以篤邦誼而挽利權。

十一月廿二日，徐世昌以大總統身分發布明令，接受外蒙自治官府的請願。令云：「核閣來呈，情詞懇摯，具見博克多哲布尊丹巴呼圖克圖汗及王公喇嘛等，深明五族一家之義，同心愛國，出自至誠。應即俯如所請，以順蒙情。所有外蒙博克多哲布尊丹巴呼圖克圖汗應受之尊崇，與四盟沙畢等應享之利益，一如舊制。中央並當優為待遇，俾其享共和之福，垂於無窮，本大總統有厚望焉。此令！」

功德圓滿

徐樹錚不同於陳毅的，是他懂得用權術來處理外蒙問題，針對王公、喇嘛和活佛的弱點各個擊破。他在十月十八日給北京政府的電報中，把他的權術說得非常清楚，該電全文如下：

北京西北邊署，◯密。抄呈大總統、國務院、段督辦、各部鈞鑒：

巧電計蒙鑒核。外蒙撤治事，意見糾紛，久議未決，今乃不附條文，慨然而定，殊為始料所不及。查此案陳護使往復磋議，已歷半載，其中煩瑣諸點，參奪呈部調查案可知。而聯絡商蒙，奔走誘說，恩李各副使勸導外路王公，功勞均不可浪，樞府計已鑒及，無庸樹錚代為告敘。

查王公輩首鼠兩端，欲爭回喇嘛已侵之利權，則一面向陳使具請，又恐為活佛所害，則一面又聲言不願撤治。喇嘛輩憑藉活佛，招權納賄逼人，恐撤治後失其所依，則蔑王公之葦弱，力蠱佛聽，俾擔允行，而外仍飾詞。自樹錚到庫，察知此情，遂陽與喇嘛示好，俾相信附。樹錚領兵之人，又與高圍連成一氣，威望具矣，自為喇嘛所趨，謂可藉以抵陳使而制王公也。王公輩見喇嘛有恃，愈不得不堅附陳使以自固，不慮再有渙散。樹錚乃得一意摶浣喇嘛，餂之以恩，則好語緜緜；臨之以威，則詞稜霍霍，俾其形神顛倒，莫知何意。然後猝入本題，責以蠱佛逢惡之罪，並斥王公遲回卻顧，不知利害。樹錚借國鉞，秉督辦神猷，手握重兵，恐喝無智無力之蒙人，譬揚刃以嚇家兒，丈夫所羞出。徒以案久不決，國家將有損威失重之虞，遂不惜出此下策。前電布置略定，即指此而言，不圖僥倖一發而中也。然非陳使操縱巧妙，即有策亦屬無隙可乘；非高團軍隊坐鎮在先，即有威亦難倉卒使成。是事功之立，全出陳使高團之力；樹錚經營擘劃，盡在日後，未嘗注意目前，何敢引為己幸也。迭次電文稍有不滿陳使者，比因院電別有感觸，故何憤激之詞，非與陳使有所芥蒂，統祈核諒。

制樹錚
巧（十八日）二

十九日，還發給國務院一個電報：

北京國務院鈞鑒：

治密。刪電敬悉。承獎，慚無以副。現與蒙官府商定，不用條文，先請撤治。陳恩李三使，均極贊同，前電計邀鈞察。連日上陳電語，不無激烈，比因別有感觸，不覺夾雜在內，鈞院德量含宏，犯而不校，尤深愧謝，仍盼代陳，併抄轉段督辦及各部鑒及。

制樹錚
諫（十九）

載譽凱旋還京

徐樹錚的籌使署總務廳廳長王蔭泰，在外蒙撤治談判中也出了不少的力，不過他的貢獻不能見於官書。據說哲布尊丹巴有一位弟媳婦是當時庫倫的活躍人物，人還長得不錯，由於她能常常接近活佛，所以在政治上便頗有力量。王蔭泰當時算是一個美少年，又是徐籌邊使身邊的紅人，所以這位蒙古貴婦和王之間便傳出了羅曼史，而傳說徐且令王透過這位活佛的弟婦向活佛活動撤治，活佛最後同意撤治，最大的影響力還是他這位弟婦的勸告。

大功告成後，小徐要返北京復命，十一月廿日行前特別演劇招待蒙古官民，有電報告北京政府：

北京西北邊署。〇密，抄呈大總統、國務院、段督辦、各部鈞鑒：

樹錚現定明早啟程還京，蒙官府多員到署送行，頗向樹錚作親切懇摯之談。晚間邀請蒙官及各使，又各軍隊連長以上官佐快讌，仍以演劇娛賓，並闔街通告，撤去衛兵，無論漢蒙商民，貴賤貧富，概許逕入。見觀劇者至形擁擠，樹錚當眾宣言，本晚之聚，所以慶祝蒙疆撤治。久聞活佛官府反各路蒙旗，抱定此意，今竟不待商酌，決然行之，具見愛國之殷，愛蒙之切。而以送呈之責，責之鄙人，是鄙人之於此事，關係極切，故慶祝尤虔。為國家及蒙疆慶，為惠臨諸君慶，且為己身慶也。復致謝到此廿餘日，諸荷愛勉。鄙人現在所欲考察，佐將來施設之事，均獲指以南針，俾後日得循率而行，盡我棉力，是諸君之賜，不僅鄙人一身，而鄙人乃適當其衝也，是以敬謝之。誠以鄙人到此未久，而各方士夫，相遇極歡，儼同舊友，匆匆南旋，尚有走別未晤者。雖不久輒將復來，而快愉究難自示，想惠臨諸君，亦有同此感者，別後當函電相訊，不能寂寞也。樹錚言此，重在第一意，當蒙人之贊其自請，蒙既安心，而無論何人開放入覽，計必有各國諜者混入其中，可為我國代播也。謹此陳報，統祈鈞察。

制樹錚

哿（二十）二

小徐是十月廿九日抵達庫倫的，十一月廿一日動身回北京，廿四日榮耀而凱旋的抵達北京首都。在他一生中，這是最光輝的一頁成就，僅僅短短廿二天，他不費一兵一卒，一槍一彈，完成了外蒙重歸版圖的工作。

小徐返京後，除了向北京政府報告，同時有電報報告在上海的國父孫中山先生（十一月廿四日）。國父也於廿六日回電祝賀他的成就，略云：「比得來電，諗知外蒙迴心內向。吾國久無班超傅介子其人，執事於旬日間建此奇功，以方古人，未知孰愈？自前清季世，四裔携貳，幾於曰蹙國百里。外蒙糾紛，亦既七年，一旦復歸，重見五族共和之盛。此宜舉國歡忻鼓舞者也。」

這個賀電，還引起了黨人凌鉞的抗議，國父批覆：「徐收回蒙古功實過於傅介子陳湯，公論自不可沒。」實則自本年七八月起，段系已逐漸和國父趨於接近。因為在北方，直皖兩系，正逐漸壁壘分明，而在南方，則國父久為桂系所排擠。直桂既已聯盟，則段系和國父接近，是極其自然的。

梁士詒也有賀函給小徐，內云：「冒雪北征，保國安邊，苦心遠識，令人傾倒」云云。

專責治蒙

十一月卅日，國務院會議裁撤庫倫都護使署，調都護使陳毅為豫威將軍，外蒙事務交由籌邊使署全權處理。十二月一日北京政府明令派徐樹錚督辦外蒙事宜。二日特派徐樹錚為外蒙活佛冊封專使。副使為恩華、李垣。十五日段祺瑞率領高級軍官百餘人在保和殿舉行歡送大會。十六日徐世昌在懷仁堂召見，命他攜帶七獅金印，授給哲布尊丹巴。

冊封活佛的全文是：「外蒙古博克多哲布尊丹巴呼圖克圖汗，贊助取消自治，為外蒙謀永久治安，仁心哲術，殊堪嘉尚，著加封為外蒙古翊善輔化博克多哲布尊丹巴呼圖克圖汗，以昭殊勳。此令！」

十二月廿七日，西北籌邊使兼冊封專使徐樹錚抵達庫倫。這次來蒙因為是冊封專使，所以受封外蒙官民的熱烈歡迎，外蒙官府喇嘛以及軍商紳庶都郊迎十里，庫倫百姓夾道相迎，街肆一律懸旗致慶。

九年元旦舉行冊封典禮，冊封大員都從廿九日起，先期齋戒三日，表示重禮而尊佛。元旦這天的冊封大典舉行；莊嚴而隆重，小徐志得意滿。北京政府並於這天發表明令授徐樹錚勳二位。

於是徐樹錚便展開他的抱負，悉心治理外蒙古，為了爭取蒙人的信心。他一到蒙就命令在外蒙經商的山西人要和蒙人誠實交易。原來那時外蒙的貿易，多是掌握在山西人手中，山西人常利賒用帳方式來引誘蒙人，就是不要現款交易而把他們喜歡的東西先買去，規定一個時間歸還，蒙古人因為可以不用現款即可取到其喜歡的東西，於是需要的也買，不需要的也買，山西商人因此生意鼎盛；蒙人交易都是用羊代替貨幣，如果價格議定了是一百頭羊到了年底償還期屆，山西商人就到蒙人那裡去牽走一百四十頭羊，蒙古人問為什麼要多牽走四十頭羊呢？山西商人說：「羊是要生小羊呀！當時的一百頭羊，現在多生四十頭不是很公道嗎？」蒙人老實，一想也有道理，就給他們牽去，其實這是不合理的，一百頭羊不需要餵養，不到一年，要增加四十頭羊的利息，實在是欺負蒙古人。徐樹錚一面勒令山西商人不許如此盤剝，又令蒙人不得賒欠，免負擔重利，即使賒欠，也不許到付帳時支付或索取額外的羊隻。

同時徐還設立邊蒙銀行，總經理是李祖法，發行的鈔票是以駱駝隊為圖案。並且在可以種菜的地方種植天津大白菜。在此以前，外蒙根本沒有蔬菜吃。為了開發外蒙地下資源，徐並特從德國聘來一位化學教授巴爾台從事長期的調查，以擬就開發計劃。

倘若徐樹錚專心一志治理外蒙，以他的才華和魄力，不消幾年一定有大成就，可惜他志不在此，心有他屬，所以不久情形又變了。

徐樹錚、靳雲鵬鬥爭目擊記

薛觀瀾

民國初年段祺瑞手下有哼哈二將，即：靳雲鵬與徐樹錚是也。二人皆段之門生。清季即皆在段幕當要職。靳雲鵬山東濟寧人，乃小站陸軍兵官學校砲兵科畢業，當時校長即段氏。宣統年間靳隨雲貴總督李經羲赴滇，任雲南講武堂堂長，辛亥年改任段氏之第二軍總參議，從此一帆風順，由第五師長而山東督軍、而陸軍總長，遂登閣揆之席。

徐樹錚江蘇銅山人，有奇才，段任江北提督駐節清江浦時，徐上萬言書，段大悅，聘為家庭教師，以授駿良（段之子）。徐懷大志，赴日學習軍事，歸後即任段之第二軍總參謀，權傾一時。鼎革後佐段氏為陸軍次長與國務院秘書長。因其鋒芒過露，久不得遷，最後獲任西北籌邊使，稍伸其志。故論官階則靳高於徐，若論威權則徐大於靳也。

按民初歷屆總統之中，袁世凱、徐世昌皆厭惡徐樹錚，當年袁項城欲免徐職，段竟當面與袁頂撞，生平只此一次。嗣後徐世昌免徐之職，立即引起直皖戰爭。黎元洪尤恨徐入骨，徐會硬拉黎元洪之手，使其蓋總統印罷免內長孫洪伊。馮國璋則畏徐如虎。民八，待靳組閣得段保障之後，馮始敢進京。惟段合肥對徐，始終寵信磐桓，「不可一日無又錚」（徐字又錚）。觀瀾常說，吳佩孚目無曹錕，夏壽田事事迎合袁世凱，楊宇霆只知服從張作霖，惟有段祺瑞與徐樹錚之關係，基於段知徐之忠藎，故能彼此內心合作。徐之敢言敢作，如下所述，頗多駭人聽聞者。靳（雲鵬）王（揖唐）之輩何能辨此！

段公館裡兩位師爺

靳雲鵬魁梧奇偉，方面大耳，眇一目，人稱「靳瞎子」。此人高視濶步，滿身驕氣，仍有清季官僚結習。老段薦渠為國務總理時，曹錕與張作霖正在聯合倒段，蓋曹張二人都想做副總統，皆不能通過於安福系國會，因此遺恨於段。靳雲鵬當時既懾於直奉兩系之實力，又與老段政見不合，故為環境所逼，漸與安福系為敵。

徐樹錚身材不高而微胖，膚色白皙，體格壯健，兩目睒眒，雙手如棉。徐又恂恂儒雅，無官僚架子，豐神明秀，喜與文人為伍。平日發音甚輕，口才極佳，他視僚屬如子弟。觀瀾忝掌記室，他還教我詩詞崑曲，一切推誠相見。但是他辦事積極，時或鋒芒逼人，此因處在末流虛車的濁世，欲求生存，不能不講縱橫捭闔的一套。他在周遊列國之後，曾經自我檢討一番，他的鋒芒實已蕩然無存，然在直皖戰爭之前夕，他是段系中之激烈派，靳雲鵬則為溫和派的首領。由於當時時局動盪不定，激烈派一旦失利，溫和派即告抬頭，故靳徐二人鬥爭甚烈，永無停息。

民八，北京府學胡同段邸，實為太上政府所在地，此時靳任國務總理，不能見諒於段。徐任西北邊防軍總司令，乃徐一生最得意時。此一段時期，靳徐二人天天到府學胡同，靳見段在下奕，即悻悻然退出。徐見段在下奕，每在一旁觀棋，伺機進言於段。段固視靳如學生，並不客氣。視徐則如家人，「又錚！又錚」不絕於口。段夫人亦不避靳徐二人，呼為「靳師爺」、「徐師爺」，十分親熱。

參戰督辦太上政府

瀾按馮國璋與段祺瑞失和，由於廣州護法政府之成立，當時北政府方面，段欲訴諸武力，馮則主張議和，此即北洋軍閥分裂為直皖兩系之契機。觀瀾以為段之征湘，無可非議，良以湖南為北方之門戶，當時北京政府決不能容其落於南軍之手。段之錯誤在於取銷張勳復辟之後不能迎黎元洪復大總統職，而其更大錯誤則在廢止舊約法而召集新國會，禍國殃民，莫甚於此。蓋段氏征湘之舉，實無異吞一炸彈，吳佩孚以區區師長反抗中央，竟在前線與敵媾和，使段不得不辭首揆之職。無何，徐樹錚情急智生，他並不請示於段，即潛往關外，與關外王張作霖促膝而談，願以步槍二萬五千枝為壽，關外王大喜，徐遂親率奉軍入關，且任奉軍副總司令。段大吃一驚，召徐至京，痛罵一頓，然在皖系此舉實一還魂金丹，段之威望，由是而告恢復矣。至民七年三月廿三日段再組閣，以靳雲鵬為陸軍總長，由於徐之反對，不能到部辦公。段以張志潭為國務院秘書長，張有「北方才子」之稱，係靳唯一助手。由於徐樹錚能操縱安福國會，張志潭遂不得通過，結果徐薦其屬員方樞為秘書長。

民國七年秋，徐樹錚所一手包辦之安福國會推出徐世昌為大總統，段欲推舉曹錕為副總統，但奉張表示反對。徐世昌亦授意舊交通系梁士詒周自齊等，欲留此席以畀南方領袖岑春煊，段遂不能履行前約，是為直皖戰爭之伏線。東海既任元首，馮（國璋）段（祺瑞）乃約定同時下台，惟段仍任參戰督辦，對內可調動軍隊，對外可直接借款，關於參戰事項，不必經過府院，故有「太上政府」之稱。段在暗中進行個人建軍運動，利用日本軍械借款以訓練參戰軍，前後成立三師，以曲同豐、魏宗瀚、陳文運為師長。翌年改稱邊防軍，又以徐樹錚為西北邊防軍總司令，成立四混成旅，號稱精兵，段欲借此為武力統一之資本。

督軍索餉無法無天

惟徐世昌上台後，即公然主和，同時督軍團亦改變作風，專以索餉為事，以致無人敢做國務總理。當時武人索餉之手段，形形色色，曹錕僅索五十萬元，其弟曹銳以茶碗怒擲靳雲鵬。張作霖則巧立名目，威嚇財部，在京扣押庫藏司長李光啟。靳雲鵬因索餉三百萬元毆擊財長龔心湛，龔為皖系之糧台。吳光新以一張牌輸去二十四萬元。皖督倪嗣冲與吳光新推牌九，倪氏竟以「天九」吃吳之「天槓」，此款即在吳之軍餉項下扣除之。張作霖最喜打牌，因靳雲鵬每賭必輸，輸後可在交際費項下出帳者也。

龔心湛以財政總長代理國務總理，因無法應付索餉之風潮，堅欲辭職。於是徐樹錚天天坐在國務院中，不讓龔辭。延至民八年九月一日龔氏上辭呈，當日曹錕與張作霖即分頭保舉靳雲鵬繼任，此乃皖系最不景氣之時節，奉直兩系正在聯合倒段。徐世昌與馮國璋亦在合力反段，吳佩孚則在前線請撤兵。由於當時學潮餘波未已，全國不滿於段，段因銳意訓練邊防軍，故作讓步如次：一、邀請馮國璋進京，段並不反對舉馮為副總統。二、令曹錕約束吳佩孚。三、以靳雲鵬為總理。

按靳雲鵬與張作霖為兒女親家，此乃綦關重要之因素。曹錕又為靳之弟子，靳與吳佩孚王占元同鄉，靳之得力助手張志潭係直隸豐潤人，親直系而恨徐樹錚，靳之目的為團結直皖兩系，進而促成南北雙方之和議。由於直奉主和，故靳有一套全國名流圓桌議和之計劃，蓋靳只重武力，故一面結納張作霖，一面敷衍曹錕，而對段則貌合神離，以為段氏欲保人望，非去小徐（指樹錚）不可。靳尤看重吳佩孚，吳最反對西原借款與以王揖唐為北方議和總代表。當時靳為吳佩孚之應聲蟲，故對引起直皖戰爭，靳雲鵬要負相當責任。

章太炎大罵靳雲鵬

徐樹錚雄心虎虎，早有改革北洋軍隊之計劃，用是大刀濶斧，借外債、練新兵。按其計劃乃以武力統一全國為經，而以取締派別鬥爭為緯，一經一緯，實以力捧段祺瑞為最大前提。就予所知，徐最藐視曹錕與靳雲鵬，而夙器重楊宇霆與吳佩孚。伊嘗念念不忘於欲楊宇霆脫離奉軍而為己所用。伊嘗力爭於段，應以湘督一席畀吳佩孚，不應任命「巧言令色」之張敬堯。民七徐至衡陽見吳佩孚，認他是「真正打手」。歸語於段，段則以「太老師」資格，視吳蔑如也。惟吳後來以下犯上，以敵為友，徐亦認為此風斷不可長。徐且認為靳雲鵬以首揆地位，公然響應吳佩孚，此乃叛師賣友之行為。靳雲鵬實為段氏所一手提拔者，渠任國務總理時，仍兼參戰督辦公署訓練處處長之職，因與該署參謀長徐樹錚不協，請辭處長，段不准。一日。西北籌邊使以咨文一件送往參戰公署，落於張志潭手，張是靳雲鵬的內線，原封不動呈上段督辦，段見來牒是平行的咨文，跳起腳來大罵徐樹錚。徐速趕來，段乃拒諸門外，徐誠惶恐，特召倪嗣冲從蚌部進京，為彼解圍。此乃靳徐鬥爭之高潮。厥後靳薦張志潭為國務院秘書長，安福國會向來支持徐樹錚，張遂不得通過。靳憤甚，揚言解散國會。靳實無此權力，不過負氣而已。徐聞之，即自庫倫趕回作護法宣言，意在掀風作浪，不利於靳，桴鼓相應者有當世樸學大師章太炎，章氏以通電罵靳「搗亂國會，擅簽中日軍事協定，以日本軍官訓練參戰軍……誤國之罪，浮於諸子。」實則章所攻擊者，豈靳一人之罪哉。

徐樹錚威震外蒙古

靳閣原定周自齊為財長，因周不能通過國會，只得改用李思浩。靳恐張作霖反對，特以閣員名單示張，求其諒解。徐樹錚聞之乘機進言於段曰：「翼青（雲鵬字）太不尊重法律，他把閣員名單先求軍人同意，這是違法而又不近人情，教後來做總理的怎麼處？」此話搔著處，段聽了大罵靳雲鵬，段說：「此例萬不可開，我不許他這樣胡鬧。」從此段端著老師的架子，靳只能悻悻然忍受之，這是觀瀾親眼目睹的官場現形記。

瀾按：章師太炎對於西北地理歷史，瞭如指掌，故在民初，袁項城會特任章太炎為西北籌邊使，章師欣然就道，抵庫倫，大受都護使陳毅之奚落，怏怏而歸。現今徐樹錚又以西北籌邊使名義遠戍外蒙，當時靳雲鵬以為徐氏能遠離北京，總是好事。又想徐赴外蒙實與充軍無異，其愚不可及也。矧於此時外蒙已宣布自治，且與北京政府脫離關係，徐之失意，無待蓍蔡矣。詎料外蒙之行，適予徐氏以翻身機會，蓋徐不動聲色，突以軍用汽車數百輛，載軍由張家口逕駛庫倫，浩浩蕩蕩，蔚為奇觀。維時外蒙王公從未見過自動之汽車，今見疾駛如飛，大軍猝至，莫不面面相覷，氣已餒矣。但徐從容下車，寬帶輕裘，未服軍裝，隨從官員只有褚其祥、王蔭泰、宋子揚等寥寥數人，徐則滿面春風，與蒙古王公掬誠相見，宛若素識，毫無架子。於是緊張空氣，一掃而空，外蒙之人齊聲歡呼，願受安撫，唯命是從。此非徐之故意做作，蓋徐個性如此，徐之手度如此，實在邊疆方面立下大功。是故中山先生稱許徐樹錚與許世英為段幕中之巨才。瀾按民國八年十一月十七日外蒙古取消自治，吾國政府若能繼續施行懷柔，何致以外蒙斷送於蘇聯乎！

紅得發紫的籌邊使

先是，徐以西北籌邊使兼任西北邊防軍總司令，徐所要求，簡述如次：一、發行邊防公債。二、蒙、新、甘、陝邊境，一概歸徐節制。三、創設籌邊銀行。四、開辦墾牧公司。又仿四省經略使曹錕先例，授徐銀質獅紐大印，重二斤有餘。又仿東三省巡閱使張作霖先例，由徐組織龐大行署，張作霖見徐排場大極，羨慕之至，遂請段發表渠為東北邊防軍總司令，與徐之西北邊防軍總司令遙相輝映。瀾按：外蒙取消自治後，北京政府下令，命徐督辦外蒙事宜，畀以全權。徐善領兵，軍紀甚佳，西北軍共有四個混成旅，徐在外蒙駐軍二混成旅，旅長褚其祥與高在田。尚有兩個混成旅，仍駐廊房洛陽，用以監視曹錕與吳佩孚。

民國八年徐樹錚威鎮庫倫，仲冬之月回京一行，頓成天之驕子。一日，愚在府學胡同伴段下奕，得見徐穿淺藍色上將制服，帽綴白纓，自庫倫回京謁段。徐仍儒者氣息，並無威猛之姿，此番段對他十分客氣，停奕與他長談，此乃從來未有之事。按徐與庫倫都護使陳毅不能合作，靳雲鵬致函於徐，內稱「邊境之事，既由陳使主辦，請籌邊處在旁協助，勿引糾紛」等語。徐乃對段大發牢騷，徐說：「翼青來函用『執事』二字，太瞧不起人。」段加以慰藉，一星期後，即循徐議將庫倫都護使裁撤，同時段用壓力使靳對徐前倨而後恭。徐將回庫倫，段親率軍官百餘人在保和殿舉行「歡送徐籌邊使大會」。此時徐樹錚紅極，徐世昌總統在懷仁堂召見，賜以金錶與大禮服，命他帶七獅金印，轉授活佛。徐樹錚求將赴庫官兵照關內餉加四成發給，徐世昌當面批准。

吳佩孚是最大本錢

此為徐樹錚一生最得意時，靳雲鵬則垂頭喪氣，表示消極。此因段以參戰督辦名義批閱各省軍事要電，使閣揆形同虛設。民九年元旦，下令贊揚段祺瑞參戰之功，亦非靳所願意。當時湘人驅走張敬堯，汴省武人亦有反對趙倜之表示。段命靳內閣發表吳光新督汴，徐世昌卻拒絕蓋印。徐蓋同情直系，逐漸不受段之調度，使靳更難應付。尤其「軍師」張志潭反皖，環境使靳與直系結合，靳最重視吳佩孚，吳亦反對以吳光新為河南督軍，誠恐其歸路被阻塞，故吳提前撤防，隱為直皖大戰之導火線。段對靳雲鵬不發表吳光新督豫命令，大表不滿，靳遂辭職。徐樹錚主張以遺老周樹模代靳，惟曹錕與張作霖暗中支持靳閣，靳又銷假視事。

瀾按：西北邊防軍之成立，是曹錕、張作霖對段氏離心之契機，亦即後來直皖戰爭之根由，直系想趁邊防軍三師與西北軍四混成旅訓練未精而摧毀之。張作霖最貪，奉系乃看中皖系從德日兩國採購之槍炮，垂涎已久。至民九年春，曹張聯合倒段之勢已成，只待打硬仗的吳佩孚回來。先是張其鍠奉譚延闓之命說吳佩孚於零陵，吳暗中已與湘軍約定，等候湘軍接收其防地。段乃致電責吳曰：「該師長軍人也，服從為軍人天職，然，爾將何以馭下。」五月吳佩孚從衡陽撤兵，回至保定，即在京漢線上部署戰事。據予所知，吳師數月未發餉，吳佩孚初因開拔費無著落，有難色，廣州軍政府爰於一月三十日議決先撥三十萬元，接濟吳之軍餉，尚有三十萬元，俟吳開拔離湘時發給。直系此類作風，令人深曠太息！曹錕說：「子玉是我最大本錢。」但同僚卻皆呼「吳傻子」，輕之厭之。吳本風流，今變道貌，絕嗜好，避賭博，軍紀佳，治軍嚴，吳既回來，曹乃組織八省聯盟，使靳閣不安於位。徐世昌遂以海長薩鎮冰代理國務總理，但靳氏缺未動。

直皖大戰終於爆發

張作霖以調人自居，暗在「京奉」「津浦」據點增兵布防。張問曹錕曰：「三哥！邊防軍兵力比你大，械精餉足，你有把握嗎？」曹最天真，張最狡猾，曹答：「子玉說有把握，就是有把握，好在咱們倆打他一個。」實則此時奉軍尚不堪一戰，皖系實在敗於吳子玉一股傻氣。是年六月十九日張作霖應徐世昌之召至京，他的胆量我們不能不佩服，他到府學胡同謁段，段提「徐樹錚、吳子玉同時免職」之建議。惟張作霖所言，全部偏袒曹吳，段不能忍，最後暗示「你得早出京，莫干預我事。」先是，徐樹錚竭力主張，乘張來見，加以處置，段堅持不可，徐說：「此時已非打不可，宋襄公之仁，適足僨事耳。」段仍不許。故段送張作霖，直至大門口，張亦引以為異。段雖內心忿極，一路走在張前，以體翼衛張作霖。此時我在北京，知道得很清楚，我以為徐計可行也。

徐世昌見直奉兩系已正式結合，遂循曹張之要求，下令免徐樹錚職，改任遠威將軍。段大怒，由團河入京，在將軍府召集緊急會議，逼徐世昌下令免吳佩孚職，曹錕革職留任。於是曹、張、吳三人聯名宣布段之罪狀，並請日本嚴守中立，段乃組織定國軍，自任總司令，徐樹錚為總參謀長。七月九日奉軍開始派兵入關，十四日直皖戰爭爆發，皖系兵力本甚雄厚，計有邊防軍三師，西北軍三混成旅，又第九第十三兩師。段以宿將段芝貴為前敵總司令，守中路，此乃重大失策。以徐樹錚指揮東路，在楊村一帶抗奉軍。以曲同豐指揮西路，在長辛店一帶拒吳佩孚。此皆戰略錯誤，輕重倒置。誠以張景惠之奉軍最弱，若以皖系最強之徐樹錚力戰直系最強之吳佩孚，雙方皆發砲，則勝負之數未可預卜。結果徐無用武之地，西北軍之重砲盡落奉軍之手。

奉直聯軍進駐南苑

雙方接觸之後，徐樹錚在東路節節勝利，據廊房、佔楊村。西路則吳佩孚抱速戰速決之心，將山砲密布第一線，曲同豐在涿州高牌店之間被圍，吳大醉，衝進司令部，生擒其師曲同豐。於是皖系主帥段芝貴未赴前方即逃走，奉直聯軍進駐南苑，最後徐亦不支，皖系全亡。後之馮玉祥所率官兵即為西北邊防軍之化身，所以乙丑年我在廊房被囚，馮部非但未下毒手，反而處處加以迴護。

戰事結束，靳雲鵬躊躇滿志，復任國務總理。徐樹錚逃入日本使館，旋赴上海進行「孫段張」三角同盟以倒曹、吳，恩恩怨怨，可稱徐樹錚畢生之傑作。至民十四年底，徐氏同觀瀾至北京吉兆胡同晉謁段執政，段徐密談三日，徐雙目盡赤。今且回溯直皖之戰結束後，段祺瑞仍居團河，不肯逃走，硬是好漢。曹、張既得勝利，遂舉行天津會議，國務總理靳雲鵬與兩湖巡閱使王占元亦並加入會議，張作霖神氣十足，他在開會前手指吳佩孚而問曹錕曰：「這是何人？」此時直奉雙方正在分贓，已有化友為敵之意，能無令人咋舌乎！

天津演出「群英會」

吳佩孚瞪大眼睛，以戰勝者自居，好像《華容道》一劇之關羽，他主張遷段於湯山而優禮之，段尋赴津。張作霖則發言最多，精神抖擻，以舉足輕重自況，活似《轅門射戟》之呂布。於是苦了曹錕，忙對雙方作揖打躬，正如《黃鶴樓》之劉備。張作霖氣極了，他說：「沒有我，叫吳子玉跟徐樹錚比比看！」他對記者說：「吳是區區師長，全國有百十個，我只能與曹商談大事。」張作霖又對日本記者說：「吳佩孚主張召集國民大會，我不能讓他胡鬧。」最後奉張攢眉不快，對曹錕說：「三哥！子玉今天一個建議，明天一個主張，你要約束他少開口，少出鋒頭為妙。」曹錕唯唯，私下關照吳佩孚鎮靜些。當日報端載稱天津會議為群英會，毫無疑問地這是一齣好戲。但奉張是主角，曹錕配角，王占元掃邊老生，吳佩孚耳子武生，靳雲鵬是蔣幹，因彼親奉，被直隸省長曹銳辱罵一場。他本屬皖系，結果則院系大受其累。又按張作霖之女嫁與曹銳之子，這是一齣《探親相罵》。不久靳母做壽，靳點第一鬚生余叔岩演《打鼓罵曹》，直系份子大表不滿。厥後王占元因武昌兵變而被逐，吳佩孚繼任兩湖巡閱使，就此打破直奉兩系之均勢。至吳佩孚反對奉張所支持之梁士詒內閣，則直奉之戰箭在弦上矣。

靳雲鵬一生受知袁世凱

安可仰

靳雲鵬是山東濟寧人，右眼外斜，時人以「斜眼」呼之而不名。星相家說這是大貴之格。他是袁世凱小站練兵的時候，在山東招募的一個「備補兵」。靳氏有屋漏不欺的精神；又碰著了個喜歡觀人於微的長官，既無倖進，也無越級，一步一步的，登峯造極，官至國務總理，為近代歷史上，絕無而僅有的一個例子。其恒毅堅忍的本色，可作行伍楷模；愚忠贛孝的故事，更是傳為佳話。

四口的家庭安貧知命

在當年「募兵」制度的時候，有句諺語是：「好男不當兵。」什麼是「好男」呢？就是那些有地位的、有飯吃的、和不受人卑視的、不受人欺壓的人……。反之，不識字的、無恒產的、貧苦的，自然是受人卑視、受人欺壓、凌辱的了……，而這些也都是屬於可當兵之列。沒有投軍以前的靳雲鵬，也就是不折不扣的屬於可當兵之列的。

清末，平均地權，雖經國父手創，那時候卻並未實施，始終是耕者無其田，而有其田者不能耕。貧無立錐的「壞」人，就是有其田者的奴工。他們胼手胝足？辛辛苦苦，常年小心謹慎，祝禱著不要遭到辭退或解雇。每日、每年、或終身所求者，惟有一飽。世襲貧窮，歸於天命。

靳雲鵬，世貧、少孤，老母、幼弟、弱妹，四口人的家庭，兩個人吃閒飯。幼弟雲鶚，就是後來官拜上將、屢膺封疆的靳薦帥（雲鶚字薦青），幼時有膂力，推小車沿街賣水及代人搬運貨物，一天勞力，一天果腹。雲鵬學的是染布匠，有很少的資本，簡單的設備，除了個人溫飽外，還可以事母贍妹。知命安貧，相依為命，本可以平平靜靜的活下去？但是他們一家人，樂善好友，來往的人，都是窮朋友，吃吃喝喝，借借補補，經常不斷。當染匠那有餘錢呢？就把代人加工的布賣了，幫助了朋友。這已經是無可挽救的紕漏；誰知福無雙至，禍不單行，二弟雲鶚的小車，載著兩大木桶水，走在那坎坷的石頭路上，震動噴濺出來的水，打濕了過路人的衣衫。這人是誰呢？是當地縉紳孫尚書的兒子，穿的是冠紗長衫，手執羽扇，隨行健僕兩人，看見主人衣衫被污，不由分說，將雲鶚拳打腳踢，揍了一頓，並且說：「小心你的狗命！」說完揚長而去。雲鵬正在為自己的紕漏發愁，再看見弟弟受此侮辱，乃決定三十六計，走為上計。

在烟台製煎餅賣豆腐

兄弟倆用小車載著母、妹，力大無窮的兩個壯漢，披星戴月的潛至濟南縣，決定重操舊業，求個溫飽。老大各處張羅，代人加工染布；老二仍就原有小車推水，本可以維持生活。想不到，老二在濟寧被長衫的權紳打了一頓以後，刺激過深，餘悸猶存，第一天推著小車出街，就看見了很多穿長衫的人（省會所在地，穿長衫，就是常禮服），都是昂頭濶步，威風凜凜，認為隨時都有招禍挨打的可能，嚇的掉頭就跑。回到家裡，誓不再作賣水生意。同時，雲鵬也犯了神經衰弱的病。因他在濟寧，就有「斜眼染匠」的雅號，到了濟南，顧主們仍均以「斜眼染匠」呼之。叫者無意，聽者有心，本是有捲逃前科在案的人，忽然間有人喊他，禁不住毛骨悚然。於是再作計譯，仍以遷地為良。家庭會議決定，到關外（山東人叫下關東）賣苦力求生。

徒步走或是坐風船下關東的，烟台是必經之地。他們母子一行四人，到了烟台，找了個雞茅店住下，靳老太太看了看烟台的情形，居然變更計劃，不再前進，就拿出她的看家本領，自製小米煎餅、黃豆豆腐出售，竟然大發利市，供不應求，除溫飽外，且有餘錢。靳老太太豁達慈祥，街坊鄰居，一致稱讚，在隔壁旅店裡，駐著個招兵委員，最愛吃她的煎餅和豆腐，看到靳氏兄弟，孔武有力。就說：「為什麼不去投軍，可能博個一官半職，也免得被人欺侮。」這就是靳氏兄弟投軍的動機。

勉強准以備補兵入伍

受盡了骯髒氣的靳氏兄弟，蓄意投軍，原非一日，但以老母幼妹的生活問題為慮，現既受到鼓勵，乃決定報名投軍。隔壁旅店的招兵委員，自然准予報名。可是到了「總招募」點名覆核時，給靳的批諭是：「五官不正，著即除名。」靳在懊喪之下，懇求原來委員幫忙，極力再保稱：「靳除眼斜外，體力品格都好，且督帥（袁世凱）對於山東新兵，特別好感，擬請一併帶至小站一試。」

當時的袁世凱，對於新兵，必得一一過目。當點名點至靳雲鵬時，對他的籍貫、體格均表滿意，惟對眼斜，似有惋惜。再三咨嗟之下，決定准以「備補兵」入伍。備補兵是不出操、不上講堂的，但馬廄、廁所的掃除，移污抬重的負荷，都是他的專責；殘羹賸飯，是他的享受。當一輩子備補兵，最好的不過補個伙伕；能成正式兵者很少。

雲鵬當了備補兵後，他就老老實實的執行他的勤務，直屬長官及有關同事，都稱道他勤樸不偽。那一個專喜窺察隱密、觀人於微的北洋大臣（袁世凱），每有暗巡，不論任何笨重骯髒的事，靳總是從容踏實，毫無厭煩的去作。稍有休息，就手捧《孟子》一本，反覆默誦。經年暗巡，經年皆然，袁已大起注意，而靳不覺也。

百發百中成了神槍手

有一天，靳雲鵬的棚頭（現在的班長）跑來，拍著他的膀子說：「老靳，給你道喜呀！大帥的手令，已下達營部，提升你為正式三等兵……。」

從正式兵當起，每日的操場、講堂，靳都有很好的表現，這是意料中事；最驚人的事，每次打靶，百發百中。因為瞄準時，必然瞑左目，睜右目，以求中心；大多數的人，對於一瞑一靜的動作，往往失去平衡，毫釐之差，也就移動了中心的目標。而靳卻得天獨厚，不瞑而瞑的左眼，不睜而睜的右眼，氣平心靜，一觸即發，一發即中，竟成了神槍手焉。因此，由三等兵而升二等、而一等、而副目，不轉瞬而掌正目。他又有《四書》底子，對人治事，一本正經，不到半年，竟官拜准尉司務長。

這時候的靳雲鶚，也去當了兵，家眷僅有母妹兩人，把她們接到小站附近的一個村子裡，公餘、假期，回到家裡團聚，享天倫之樂。每月餘剩餉銀，足可養活母妹。且她們都是受過貧苦，不願安閒，仍然要做老生意：攤煎餅、賣豆腐，倒也有賺無賠，生活過得安定愉快。

公共母親公共姑奶奶

雲鵬做的是起碼官？也有他的一群好朋友，更有些阿兵哥的部下。於是除了煎餅、豆腐的顧主外，還有些經常的座上客，不但吃了不拿錢，隔幾天還要想辦法敲雲鵬個竹槓，老太太自家的雞蛋、豆腐為基本菜外，還得添滷菜、高粱酒。他們都對老太太喊大娘，對靳妹，喊妹子，衣服破了找她們縫，襪子破了，穿在腳上，翹起腿來，就讓她們補。有一次老太太說：「孩子，要常洗洗腳呀，我給你補襪子，好臭呀！」這些人到底是誰呢？當時是靳的同事或部下，也就是後來的督軍、大帥：如王占元、張懷芝、張懷斌、齊燮元、盧永祥、田中玉……等。

招募制度的時侯，本來是「壞人」才當兵的，但是像靳雲鵬這樣，他有骨肉的依靠，有家庭的溫暖，又有老太太的慈祥豁達，雖然不是富而好禮，但豆漿、油條、縫衣、補襪的人力物力，尚不成問題。於是其他的光桿們誰不來親近呢。由是，靳的家，就成了他們的家；靳的母親，也就是他們的母親了。

他們這一幫人，對靳老太太的崇敬和依附，不獨在當兵的時侯是如此，就是以後離開小站，有了成就以後，也莫不如此。無論個人或團體，遇有糾紛或爭論，到了不能解決的時候，就得到靳老太太跟前去理論，一經評斷，無不服服貼貼，絕無異議。老太太或有缺席，靳大妹（眾人的靳大姑奶奶）馬上就代理執行職務，決斷能力，更勝於母，恩威有加，兩造無不折服。「公共母親」、「公共姑奶奶」也好，這是在雲鵬關係圈子內，人們所送的兩個雅號。雲鵬一天一天的發展，關係圈子一天一天的擴大，這兩個雅號在小站範圍內，是沒有人不知道的了。

我們先要知道，靳老太太和靳大姑奶奶都是不識字的，也沒有任何憑仗，不驕橫、不潑辣，而竟能感動折服眾人，就是由於有個品學兼優的好兒子、好哥哥，作著外在的配合，才提高了媽媽妹妹的地位和榮譽。反之，靳的四平八穩，有功無過的前進，也是因為有個好母親、好家庭，而造成表裡相符的事實。

堅定了袁世凱的信心

靳雲鵬由准尉司務長，不旋踵而少尉、中尉、上尉。接著保送保定武備學堂，當學生期間，學術與操行向無出其右者。以第一名畢業後，即以管帶（現在的營長）仍派小站服務。這時，雖然改變了環境，老太太和妹妹還是照作煎餅和豆腐生意。靳曾動母親說：「兒作的官，雖不算大，衣食總沒問題；你老人家，不必再作小生意，一是辛苦了一輩子，應該享點清福；一是再作窮生意，顯的兒子不孝，也不好看，怎麼當首長帶人呢？」

老太太一聽之下，勃然大怒，哼哼一聲冷笑，雲鵬就撲通跪下了，俯首靜聽老太太教訓。老太太說：「當了管帶，忘了染匠，就是光想好看，忘了難看；教我享點福，不作窮生意，就是裝著孝，實在是不孝。你這些想法，當不了好首長，作不了長遠的官，少不了難看，這就是裝著孝，其實是大不孝。」

雲鵬大磕響頭，痛哭流涕說：「兒記住了，知道了，再不敢忘了！」

袁世凱對靳家母子的純潔正大，早已有深刻的印象，又聽到了這一段感人的磨房訓子消息，更為感動，於是改扮成了一個副官模樣，戴著墨晶眼鏡，裝成過路姿態，進了靳家煎餅鋪，吃了一頓煎餅捲豆腐，談了些直魯豫的家鄉話。他母女那付樸實無華的動作，絕不像有個管帶的門戶。問她有沒有兒子？兒子作什麼事？回答說：「有，當兵呀！」

靳受袁的「知遇」，已經有年，再加這次私訪考驗，就堅定了他一生的信心，更知道「忠臣出於孝子之門」實在是的論。不幾日，袁就將靳提升標統（相當現在的團長、中上校階級），調營務處（參謀處）辦公。靳既虔心於舊學自修，文事和韜略，都很有成就，更加上老太太的嚴格教訓，泯除了一切的幻想慾念，惟有埋頭苦幹。這時侯他承辦的公文，大半已是北洋機要案件，袁之能知人善任，由此可見。

平平庸庸一生唯謹慎

「天下無難事，只怕專心人。」雲鵬做事，竟專心到連堂堂乎的靳大姑奶奶，他的妹妹出嫁，小站的大小官員連袁世凱都知道了，而他竟不知道。其實袁世凱早就諭飭總務處，已有包辦式的安排，連老太太也不讓她過問。粧奩的考究，已夠華貴了；所有受過吃喝縫補之恩的關係人物，應該怎麼辦呢？都是精心設計應用的實物，琳瑯滿目，自不待言。結果是，把新郎家的四合套房子，鬧了個滿坑滿谷，仍然是容納不下。老太太怎麼表示呢？她自己作的繡花荷包乙對，每個裡面裝上「光緒通寶」銀元一枚，作為陪嫁。後來在天津有個燈謎諺語是：「靳老太太的陪送（兩荷包）。」雲鵬又是什麼表示呢？就是站在老太太身邊，執行大舅子任務而已。

靳雲鵬作一輩子官，受到袁世凱三十多年堅定不移的信任，由最低而至最高，循級而上，一步不缺，沒有受過處分，沒有間斷起伏？以至國務總理。可以說是史無前例的人物。但他一生的事業，充其量只有說平平庸庸，按步就班而已。說得好一點，是「一生惟謹慎」罷了。他一生的偉大表現，就是段祺瑞作第二路總統官的時候，靳任總參議（即參謀長），段依為左右手。促請滿清遜位第一個通電，是段的領銜，幕後完全是靳的運用與操刀，這是他一生歷史上，最輝煌的一頁。再就是日寇盤據華北的時候，他的份量和利用價值，不在吳佩孚以下，敵偽的威嚇利誘，不能動其心；慇勤獻媚，又難搖其志。並貼「閉門謝客」四個大字於門額，使漢奸更覺羞慚；敵人益加敬重。

四色禮物袁親自點收

他的太夫人不識字，口頭交代：「一輩子不要忘了是窮人出身；再濶了也不能娶兩個老婆。」他就製成母訓：「貧窮不能忘；富貴不能淫。」高懸中堂，奉行不違。這位了不起的老太太，對於「貧窮」二字，一輩子永矢不忘。袁世凱每逢請她吃飯，她必然帶著四色禮物，並用禮單晉呈那是：

雞蛋十個。豆腐四塊。
煎餅六斤。滷菜一罐。

這寫禮單的秘書卻有妙筆，把它寫成了：

吉子十個。都福賜快。
堅兵祿金，賢才一貫。

世凱親自點收，即席大嚼，賢主嘉賓，至為感人。

靳太夫人一生不忘貧窮，固然是她的美德，但凡是與她有關係的人，不論貴到什麼地位，也得一律不忘貧賤。袁世凱不是因為她能教育好兒子而崇敬她，是因為她能影響上上下下的一切人等而崇敬她。當年給靳當兵的或一同當兵的那些好朋友，雖然是日漸高貴，吃小館打牙祭，老人家並不限制；倘或浪費，就會與靳雲鵬同樣的挨一頓罵。

是太窮人不是太富人

張懷斌是個很愛虛榮的，高升了旅長之後，帶著護兵馬弁，拿著貴重禮物，來看大娘。老太太一概謝絕，並且說：「你留著這些錢，差事垮了的時候用吧；或是寄一點給你老媽媽、醜老婆花。」一把個新貴旅長罵了個頭暈目眩，只說：「大娘！記住啦，不敢啦。」

凡是當年的窮朋友，無論高貴到什麼地位，來看大娘，必然穿上粗布衣服，携帶實用禮物，於是得到一句：「你這孩子有出息。」

物質方面是如此，精神方面亦如此。陌生人相見，容氣的稱呼、行禮如儀無所謂；若是熟人相見，喊她一聲「太夫人」，她就說：「你以前喊我大娘，是兩個字，為什麼多浪費一個字喊我太夫人？浪費是小事？俺是個太窮人，乍聽見一聲太富人，好像挨罵。」就是連袁克定兄弟們，也是照喊大娘不誤。北洋系督軍團那些人物？固然都是雲鵬的一把窮朋友，可是位極權高的時侯，不受長官約束，不顧法令制裁，而就是怕這位目不識丁的老太太教訓，這其中的道理是絕不簡單的。

望陽格局乃極貴之相

靳老太太晚年，在天津定居，每年必回濟寧一趟祭祖，山東境內的官吏，都是接送如儀。尤以田中玉在山東督軍任內，靳老太太路過濟南的場面，更是熱烈和偉大。老人家到濟南來，舊地重遊，要到各處玩玩，最想念的是估衣市街江家池。她說：「那是當年一家四口潛來濟南的故居。為什麼要住這個地方呢？就是江家池的水甜，利於我出豆腐，也利於雲鵬染布，更利於雲鶚推水賣。當初計劃是很好的，可是濟南市面上，穿長衫的人又太多，就把雲鶚嚇壞了，這才跑到烟台去了。」江家池兩間小房，雖然另有人住，湫隘如昔，老人家唏噓徘徊，不勝今昔之感！

靳雲鵬到晚年，家住天津，經常芒鞋竹杖，優遊於山水園林之間。有一天，和一個清癯道裝的人相逢，這人自我介紹：「我是個日本道士，名叫青木中吉，對人相有精確的研究？願奉一相，不索酬。」靳即敬領。那道士的開場白是：「你先生出身寒微，位極人臣，福德相全，善始善終。中國學說，是獨具『隻眼』；日本相箴，為難得『望陽』。」靳的斜眼，日本相書上的專門名辭是「望陽」格局，就是北面天皇的時候，不必轉瞬，就可看見太陽，乃是極貴之相。青木由吉是日本的名相士大哲學家，說完相評以後，問及姓氏，才知道是靳雲鵬。靳固一笑置之。而凡是研究命相的人，到今天，仍然津津樂道，斜眼是大貴之格，有例證可考。

民國一怪「馮玉祥」

薛大可

北方軍閥的末期，出了兩個怪物：一個是關岳自命的吳佩孚；一個是倒戈將軍馮玉祥。那位吳關岳是山東一個村秀才出身，生長在孔子的故鄉，讀了一點五經《四書》，原應當以孔子自命才對；但是他在半途裡作了軍人，便以關羽岳飛自命，一時有關岳將軍的雅號，彼亦居之不疑。可惜他那位老上司曹錕，庸碌無能到了萬分，那裡比得上劉先主呢！

況且這位吳關岳，自經一戰而打倒了腐壞不堪的段祺瑞以後，便虎據洛陽，高視濶步，目空一切，又招來了二次奉直戰爭，被倒戈將軍暗中一箭，殺得片甲不留。從此以後，他便以岳飛自命，聲言不投降、不走外國、不入租界。這便是他在失敗以後所採的三不主義。後來日本人佔領了華北，他依舊住在北京，也不走動，也不投降，想在日本人的鐵蹄之下，做一個南山射虎的故將軍，終於為日人所忌，藉醫治牙疾的機會，暗令日本醫生，注射毒針，將他送上西天。他一生作風，可稱笨伯，但是硬骨頭硬到底，也算是難得的了。

接見部下有特別儀式

至於提到這位倒戈將軍馮玉祥，那就怪而又怪了。綜其一生行徑，他的堅忍刻苦，好似臥薪嘗胆的越王勾踐；他的倒戈反覆，好似三姓家奴呂布；他的偽裝偽善，好似未得志的王莽；他的陰險詭詐，好似曹操司馬懿；他的左傾形式，好似史太林；他的右傾形式，又好似希特勒。不但其一生行徑，怪特之至，即其臨死的一幕，亦復異常驚險，令世人發生了不少的懷疑與揣測，真不失為傳奇式的怪物！

我初次與馮玉祥見面，是在他舅父陸建章宅中。我與友人顧巨六，正和陸建章談話的時候，見一位粗眉大眼身著灰色粗布武裝的大兵，昂然而入。陸建章躺在坑上，抽他的大烟，全不理會。惟顧巨六則起立招呼，並介紹云：這是馮旅長。余亦只照例點頭而已。及與顧巨六同車返寓，乃語余云：這個大漢子，叫做馮玉祥，現任混成旅長，駐紮廊房，他是陸建章的外甥，其人雖為粗魯武夫，而肯與兵士同甘共苦，好似有作為的軍人。由是，這馮玉祥三個字，稍稍引起了我的注意。其後馮玉祥駐兵南苑，張紹曾任北政府總理，馮以部屬，常到張宅，我亦以新聞業務，偶至張宅，數數與馮晤談，因此對於這個怪漢的為人，漸漸認識清楚，並聽得曾與馮玉祥共事的呂鈞、蔡達生，言其軼事甚詳，留在後面，細細敘述。今先將馮氏舅父陸建章的為人，略說一點：

俗語云：「外甥多似舅」。馮玉祥雖不完全似陸建章，但其同為怪人，則是一模一樣。陸為淮系軍人，出身行伍，前清末年，曾任山東曹州鎮總兵官。曹州為《水滸傳》梁山伯所在的地方，向有盜藪之稱，時袁世凱為山東巡撫，委陸以治盜之權，陸於是大施屠伯手段，數年之間，強盜是殺完了，但是良民百姓，也不知被殺了幾萬幾千！由是大為袁世凱所賞，後來袁氏做了總統，便挑選陸建章做了軍政執法處處長。袁氏所用的特務頭子，實為趙秉鈞，陸建章則為其爪牙，一時有殺人魔王之稱，可見馮玉祥的怪模怪樣，其來有自。

北方軍閥的師旅長，無不以暗減兵數，為發財妙計，名之曰「吃缺」。獨馮玉祥任混成旅長時，其作風即與一般旅長大大不同。按照當時編制，混成旅稱為獨立旅，不受師長管轄，兵額不過四千人。而馮玉祥則私自擴充，至有六七千人之多，足見其作旅長時，即抱有非常的野心。其統率軍隊，利用耶穌教為麻醉工具，在其部下的將官士兵，一律強迫入耶穌教，馮玉祥在軍中，便取得主將兼主教的雙重資格。馮氏接見部下，有一種特別儀式，部屬進謁時，先行立正，馮氏則叫口令云：「你有幾個父親？」部屬則答云：「有三個。」馮又問云：「那三個？」部屬則又答云：「上帝、大帥、生身父母。」必先舉行這種儀式，方可說到別的事情。這種淺薄口號，雖似乎可發一笑，然對於未受教育的愚昧士兵，亦不無幾分效果。當時馮的士兵，確乎風氣特別，非常服從，所到的地方，絕不騷擾百姓，與普通北軍部隊不可同日而語。

馮李結合兩個大媒婆

馮玉祥一生披掛偽裝，作偽到底，尤其出身行伍，胸無點墨，以為天下英雄，皆是小巧小偽做成的，固不足道。惟馮氏以偽裝手段，施之於下級兵士之中，表示其同艱共苦之作風，往往有古名將所不及的地方。馮時常一人親至兵士帳中，視之如家人父子，見兵士們方坐地而食，便告兵士云：「好極了，我正餓了。」即加入飯團，粗飯青菜，吃一個飽，兵士們皆以為大帥果與我們同艱共苦！又有時同兵士出外，見馬方拉尿，他便呼渴極了，即以兩手捧馬尿而飲，連聲呼曰：「佳佳。」兵士見之，皆以為大帥真能吃我們所不能吃的苦啊！這等方法，為馮氏對於兵士們慣用的小詐術，久假不歸，馮氏一生，遂化成一個完全的偽裝人。

古昔時代，不知有近代的國家觀念，將軍隊視作私人所有物，遂有楊家軍岳家軍等等稱號。馮玉祥出身行伍，雖抱有一種出風頭的野心，那裡知道甚麼國家、甚麼主義。其組織軍隊，完全視作一種私有物，可以沿用古來的名稱，稱之曰馮家軍，亦無不可。馮氏自以由行伍出身，他的部屬將官，非行伍出身的人，不肯錄用；並且非出身馮家軍的人，莫肯重用。至於由學校出身的軍人，至多不過任以參謀等職的虛名，決不假以兵柄，其意必須隨我多年，飽經馮家軍的訓練，方能放心。故馮軍的高級將官，如韓復榘、石友三、宋哲元輩，莫不是在馮軍當過士兵的人，但到了後來，韓、石之流，羽翼已成，莫不各據一方，不再聽馮玉祥的號令，馮玉祥只好閒居泰山，書空咄咄。蓋因他的部下，既未受高深教育，不知甚麼叫做道德信義，他們看見他的大帥，倒來倒去，心習已成，一旦羽毛豐滿，皆欲倣效他的那套本事，出出風頭，又誰肯服從到底呢？

後來向共黨靠攏的女政客李德全，是馮玉祥的配偶，在未與馮玉祥結合以前，原充北京青年會女幹事。這個婦人，雖是一個極喜活動羨慕虛榮的女流，未必便看上了這個粗眉大眼的老兵，他們兩個的婚姻結合，實有兩個大媒婆，為之撮合作成的，這兩個大媒婆，就是黃郛與王正廷。這兩位先生，往年在北方軍閥末期中，大為活動，一位做外交總長，一位做督辦，皆是以拉攏軍閥，作他們的做官資本。那個時候，馮玉祥統率五六萬軍隊，駐紮北京城外的南苑，聲勢赫赫，炙手可熱，馮為清教徒，有基督將軍之稱，王正廷亦為清教徒之一，黃郛雖非教徒，而其夫人，卻是信仰耶穌教的，由是黃王二氏，便利用宗教關係，從中撮合，完成了馮李的婚姻大事。黃王二氏因此能在北閥末期中，活躍一時。

驅逐溥儀發了大洋財

北方軍閥的末期，軍事失去重心，政治沒有組織，簡直成了一群昏小子的胡鬧世界。這個時候，有演全武行的，則為張作霖吳佩孚一流；有演丑角戲的，則為馮玉祥一流。張吳一班軍閥，是硬紮硬打，在戰場上見過勝負。馮玉祥則一生從未打過硬仗，總是倒來倒去，爭取便宜。據說倒戈次數，大大小小，不下五六次，而其中最緊張的，要算是明附直系暗通奉系一幕最為精彩。當奉軍發動報復戰爭，向關內進攻，吳佩孚出馬抵擋，自當山海關一面的正路，而以馮玉祥抵擋熱河一面。馮玉祥在路上遲遲乎行，沿途修築車路，異常認真，蓋馮氏與奉系早經聯絡好了，所以修路者，特以準備倒戈時，軍行迅速，馬上可以奪取北京耳。而曹錕、吳佩孚，睡在鼓中，毫無感覺。馮玉祥準備完成以後，便率領所部，於夜間潛回北京，將一個賄選總統曹錕，包圍於睡夢之中。而奉軍同時數路向關內進攻，由是吳佩孚遂陷於前後被攻的苦境，殺得片甲不留！這個關岳自命的吳佩孚，被馮玉祥暗中一箭，半世英名，收拾得乾乾淨淨，軍閥們的鬥爭，固無順逆之分，而馮玉祥的倒來倒去，未免過於陰險了！

馮玉祥在帶兵的時期，穿粗布農，吃糙米飯，兵士的實際數額，遠遠的超過規定額數以上，所領軍餉，全數發給於部隊，未聞有貪污名聲。後來據外國報章所載，中國人在美國銀行存款最多的，共有九名，而馮玉祥的大名，居然高高列在第二位，豈非奇聞怪聞麼！不知這種記載，自有其來由的：你們記得馮玉祥在北京曾演過一次驅逐溥儀出宮的迫宮戲劇麼，那裡知道這一舉動，並不是為了要剷除滿清皇室的根株，而另有一種目的，換一句話說，這一舉動，不是政治目的，而是經濟目的。因為滿清皇室，宰制中國三百年，皇宮中所積存的古董玩器，周鼎殷盤，歷代名人字畫，以及名貴珍寶，不知其數。會有幾位想發古董財的政客，對馮加以慫恿，馮遂憑藉武力，將溥儀驅逐出宮，溥儀只得單身逃避交民巷的日本使館，所遺下的古董，除將少數中下品，放在古物保存所外，其餘珍貴名品，則全為馮氏所得，那幾位事先慫恿的政客們，亦分給了一小部分。後來這些古董，均運往美國及英法諸國出售，由是馮玉祥便由軍事家，一變而為古董商了。美國報章並曾給馮玉祥加上古董商的雅號。後來那幾位政客所得的一部分古董，由蕭某運法國出售，經過某小國，並曾被扣留一次，報章亦有記載，不過年代久了，今日詳知其事的，想已無多人了。馮玉祥後來因部下各幹各的，雖已消滅完了，但在美國的資產，確實不少，馮氏曾一度前往美國，聞亦由於要安置此項財產之故。後來馮氏死在蘇聯輪船之中，這筆大財產，不知落在何人手裡。

李德全密謀拆散鴛鴦

馮玉祥為一個清教徒，應當遵守一夫一妻制才對，他抗戰時在重慶的時候，曾發生一次反宗教的變愛史，足見他的宗教信仰，並不堅強，更足證明他平日的裝模作樣，全為偽托。緣他的舊部韓復榘，有甥女某女士，到重慶想謀點職業，不斷的出入馮氏之門，馮以六十老翁，一見傾心，發生戀愛，經其妻李德全的嚴厲反對，不能挽回馮氏的痴念頭。李氏乃哭訴於在重慶的馮氏舊部，諸舊部乃共向馮氏提出抗議，謂大帥如此行為，顯然違反宗教信條，將遭世人唾罵，我系將不能在軍政界立足了。

馮氏聞之，怒曰：「我不要做官。」部下諸人，亦怒曰：「你老不要做官，我們卻要吃飯，你老不要以一個女子，來犧牲多數部下。」馮氏雖經部下集體抗議，然痴心猶未改移。由是李德全乃與部下密謀，以威力脅迫那女子離開重慶。那女子到了湖北的老河口，又為馮氏派人接回，後來李德全與部下，不知用了何種方法，那女子竟不能在重慶立足，一對老少鴛鴦，終於被拆散了。白香山詩云：「天長地久有時盡，此恨綿綿無盡期。」假令馮玉祥懂點文學，讀到這兩句詩，當發生無限的感慨！

馮玉祥對於部下進謁時，有三個父親口號儀式，業已寫在前面，他對於自己的兒子，亦有一種特別口號儀式，早晚看見兒子必問他云：

「你的祖父是做甚麼的？」

兒子則答曰：「做瓦匠。」

再問兒子云：「你的父親，是做甚麼的？」

兒子則答曰：「當大兵。」

再問兒子云：「你要做甚麼事？」

兒子則答云：「我要做瓦匠，當大兵。」

觀此等口語，與其平日布衣粗食的作風，似乎近乎左傾一流。其實並不如是。他自以為出身工人家庭，要極力做一個出頭人物，以洩其幼年貧困之憤，並非迷信甚麼牛克斯馬克斯的。察其平生個性，與其謂為模倣史大林，毋寧謂其為模倣希特勒。總之，馮氏是一個畢生不滿現狀的人，他在北方，不滿於北方的同袍；他到了重慶，又不滿於重慶的當局。見了勢力比他大點的人總是對他不滿的，抗戰中在重慶的時候，有時白晝提了燈籠，在街上行走，有人問他：「白晝提了燈籠做甚麼？」他則答云：「我在黑暗中求光明。」當時重慶當軸，對他這些做作，只好視而不見，聽而不聞而已。

我所見的馮玉祥

劉汝曾

世稱倒戈將軍又稱基督將軍的馮玉祥（煥章），一生矯揉造作的怪異行徑，實在多之又多，屈指難數。筆者在抗戰前只知道他是一個雄據中國西北部河南、甘肅、陝西、綏遠、寧夏一帶的所謂國民軍的統帥，民國十五六年左右，坊間有種大張印刷精美的「國民要人玉照」羅列了百數十位各省督軍、督辦、省長、總司令、內閣總理、總長等各色人物的相片出售，其中，就有馮玉祥，穿的陸軍大禮服，胸前褂上不少勳章，手握指揮刀、頭戴鶴頂帽，胖胖的好威風。我那時還是少年，看到這些叱咤風雲的人物，曾想進一步瞭解他們的是非功過，但是苦無適當的介紹他們的書籍可供閱讀。

抗戰軍興，我首先參加了「八一三」上海之戰，那時淞滬戰區稱為東戰場，三個月後，才改稱第三戰區，由顧祝同上將任司令長官，當日東戰場的司令長官則是由委員長蔣公自兼，而由馮玉祥副委員長代理。

我有一天在上海郊區戰地上，初次見到這位高大肥胖的馮老總（國民軍對他的通稱），那天，他穿著一身灰布軍服，腳綑布綁腿、腰間束條士兵小皮帶，沒有佩階級也沒有任何證章符號，如果不是我早已看熟了他的相片的話，一定認為他是個鄉巴佬，或者是個大蠢人！

由於戰局的變化，國軍逐步作戰略上的轉移，政府也由武漢遷到四川重慶來了，我也輾轉來到陪都，于役軍事委員會政治部，該部設於重慶的兩路口，有天早晨，我和同事張克生少校前往就近街上吃豆漿，我們在行進中，迎面有輛矮而小的腳踏車，疾駛而來，上面坐的是一位大胖子當時正是冬天，坐在腳踏車上的人，又穿了一件類似女裝的斜襟大棉袍，腰間還繫著一條布腰帶，驟看之下，真是碩大無朋，活似一位巨無霸，而又偏偏騎輛像玩具般的小型單車，模樣之怪，見者捧腹，原來，這位怪模怪樣的騎士，竟是鼎鼎大名的四星上將馮玉祥呀！

馮玉祥在重慶，是住在兩路口的什麼新村裡（已忘記），中央組織部也在裡面，我因為時常去組織部探望張厲生（少武）部長，因而常常看見這位馮老總，最初只不過是彼此望望，沒打招呼，無巧不成書，有一次，我拿著兩罐九九九香烟去組織部送給祕書饒振常先生，當我正穿過花園走道途中，恰恰和馮老總遇個正著，他停步注視我手裡的香烟，向我發問：你這是什麼？我說是英國三個九香烟。我乘機補上一句：副委員長要不要？他說：我不吸烟，謝了。就此再沒說下去，我向他敬個禮，各自走了，在邇後的日子裡，彼此見到面便聊了起來，問我姓甚名誰？在那裡做事？什麼階級？來這裡找誰？我的國語，素來說得不好，馮老總一聽就猜我是廣東人，從此他見到我總是叫我「廣東劉先生」！

大約是民國二十八年的夏天某日是上午八時半，我去重慶美豐銀行領取匯款，這時銀行雖然還沒到上班時間，因為人們怕中午有空襲警報，所以很早就擠來好多人，有的是存錢的，有的是取款的，熙熙攘攘好不熱鬧，在人群中，我赫然發現馮老總也雜在那裡，他看見我，很機警地眼手並用，示意我不要和他打招呼，當時，我下意識以為在人潮中他不要我說出他的身分，免得處境尷尬而已，之後。由於他做出一件驚人的事，才否定我的估計是錯誤了！

原來，這天美豐銀行，有位職員奉調要到外縣分行去工作，他就利用那尚有若干時間才上班的空閒拿出一本紀念冊，在櫃枱裡要各同事題些詞句或是留下通訊地址，馮老總看在眼裡，一到適當的時機，出聲了，要那位調職的人，把紀念冊拿給他（現場那些人，好似都不認得他是馮玉祥）登時就題了「前程遠大、努力去做」八個字。上款寫著××同志，下款直書馮玉祥，還押年月日，這樣一來，大家便知道他是大人物了，於是全銀行的大小職員，甚至還有顧客，都拿簿冊紙張，一窩蜂地湧上前來，要他題字，馮玉祥不嫌麻煩的問清姓名，逐一照題無誤，寫好了的，有人想順手拿走，但馮老總都不予放行，頻呼慢著，等會自然會給你。

經過一陣忙亂之後，銀行上班的時間到了，沒有人再求墨寶了，這時馮老總提高著嗓門，向一位女職員說：請妳拿個算盤來，並指示她，把各人要他寫的字，計計大字幾個，小字幾個，當這位女職員按照他的吩咐計算好了，馮老總又大聲說：你（妳）要求我馮玉祥寫這寫那，我都一一辦好了，現在我臨時定下我賣字的價錢來，大字每個算兩元，小字每個減收一元，你（妳）快拿出錢來，把字取去，免得躭誤上班時間。如此一來，直使他（她）們面面相覷，啼笑皆非，即使想不要那幅寫好的字還不行呢！一會錢收齊了馮玉祥卻把它交給銀行，叮囑滙交全國慰勞總會，以作慰勞前方將士之用，事後，我跟著馮玉祥出來，他在大門口還問我：「這樣做對不對？」我報以會心的微笑說：「對。」

聽說還有一次馮玉祥在重慶鄰縣什麼地方（好似係江津縣）正是市纏熱鬧的當兒，他突然叫軍警把一條街市，將前後攔住，暫時不讓人走動，他就將市民手指上戴的金戒子和士女們手腕上的金玉手鐲，一律懇求大家取下來，寫張收條，簽上經收人馮玉祥的單據，將之收下統交慰勞團體，慰勞前方將士去了。但這件事我未親見，只是傳說得活龍活現，但以馮玉祥言行來判斷，十不離九是真有其事。

我有次問過馮玉祥您為什麼乘小單車？他卻反詰我：你覺得不對勁嗎？我說：你這麼高大，而單車卻那麼小，看起來不太調和。他說，我血壓高，騎大的單車生怕跌交，而且騎上去，馬上就有點心跳，覺得不舒服。我又說；怎不坐汽車呢？他帶點教訓似的說：

「你知道現在一滴汽油一滴血嗎？」

記得，有回在武昌珞珈山，由於馮玉祥的神神經經，而害慘了一位善良純樸的鄉下人，事情是這樣的；那時（大約民國二十七年冬）陳辭公（誠）和我們都在珞珈山武漢大學辦公（武漢大學已他遷），有次在這裡召集重要會議，由委員長親自主持，馮玉祥也參加，會議之後即在會場晚餐，當時剩下很多菜飯，開會的軍政要人都分別離去了，馮玉祥竟一時心血來潮，到街上叫了一位鄉民來，請他吃飯，這位鄉民進來時，是由馮玉祥親自帶領的，雖戒備森嚴，竟也順利通過，可是這位鄉民正在飯桌大吃大喝之際，馮玉祥卻因事離開了，等到鄉民吃飽之後，舉步出門要回家時，卻被守門的衛兵截住了，轉解衛兵司令室，嚴加審問：問他是怎樣進來的？私自潛入高級軍事機關來幹什麼？是那裡派來偷竊情報的？一連串的問話，弄得這位鄉民頭暈腦脹巴巴結結的一句話也回答不來，驚惶失措之餘，只在喃喃地說：一個大胖子帶我進來的，他請我到裡面吃菜吃飯呀！衛兵司令問他：那個大胖字是誰，叫什麼名字？鄉民還是答不上來，衛兵司令認為事態嚴重。乃將這位來歷不明的鄉民加以扣押，這件事情，直到第三天，才弄清楚，原來是馮玉祥的傑作。

馮玉祥殺害徐樹錚的原因和經過

江平

近閱徐道鄰教授為其先君又錚（樹錚）先生所述年譜，其中第三二四頁，對又錚遇難經過，雖然力求詳盡，終因缺乏完整資料，以致對又錚的被害原因，既缺乏有力佐證，也就無法作到正確判斷。這樣寫來，不但會給世人一種撲朔迷離之感，甚且給後世留下「燭影斧聲」之疑。筆者於民國八、九年間，曾在先生麾下的西北軍中任過一段初級幹部，當時對他的學問才識，備極敬仰。後來他在廊房遇難之時，我又適在張之江（子岷）的部隊裡擔任軍職，故對他的遇難經過，頗有所知。惟所知者，僅限於局部片段之事，無法作有系統的具體敘述。及民國三十年，在一偶然的機會中，得遇當年張之江的參謀長張秉乾（鉞）先生，從他的敘述中，不但說明這件慘案的前後經過，更說明瞭徐氏被害的動機與原因。特為錄出，聊供道鄰先生參證。

馮張交惡中的徐樹錚

要知道又錚先生被害原因，必先瞭解當時國內紛爭情形，和各方的恩怨因果。遠在民國十三年，直（以吳佩孚為首）奉（以張作霖為首）兩系開戰以前，段祺瑞（芝泉）馮玉祥（煥章）張作霖（雨亭）即祕密成立一個三角聯盟，其主要目的為合力倒吳，並約定：「事成之後，擁段為臨時執政，張作霖所轄的奉軍仍舊退回山海關以外，不再過問關內之事。國家大政，均由執政主持，軍人不得干預。」不料吳敗後，奉軍長驅入關。張作霖首命李景林（芳辰）為直隸督辦，同時命張宗昌在天津四郊收集直系潰兵，大事擴軍。馮玉祥睹此情形，大為氣憤，在天津會議席上，面責張作霖不應背約寒盟。張不但不予接受，且反唇相譏曰：「直軍之敗，全是奉軍力戰之功，裂土酬庸，乃理之當然。你馮某只是投機取巧，因人成事耳。於今能分得一杯殘羹，即應知足，何得多事嘵嘵！」為了此事，雙方鬧得劍拔弩張，大有兵戎相見之勢。

實則此時的馮玉祥，羽毛未豐，外強中乾，只是虛張聲勢，想達到討價還價之目的而已。但甫經上台的段執政，卻誤以為真，甚恐雙方果真打了起來，則自己剛到手的臨時執政，勢非隨著垮台不可。乃極力從中調停，答允任馮為西北邊防督辦，使其部下得向西北各省發展。同時也允許張作霖的奉軍，得沿津浦路線向南發展。這樣一來，使得雙方各奔前程，才獲得暫時相安。於是馮玉祥就命其心腹鹿鍾麟為京畿衛戍總司令，控制住華北的政治中心——北京，布下一個挾天子令諸侯的政治局面。同時命其所轄國民第二軍胡景翼南據河南，其國民第三軍孫岳則佔據河北省的保定以南和大名一帶。緊接著又派他嫡系大將張之江、李鳴鐘、馬福祥、劉郁芬、及孫連仲等，分據察、綏、寧、甘等四個省區。張作霖自也也不肯甘居人後，即命張宗昌、楊宇霆、姜登選等分兵南下，佔領了山東、江蘇、安徽三省。這是十三年十一月後至十四年八月以前的軍事形態，也就是馮、張爭雄所佈的棋局。

自楊宇霆和姜登選進入蘇、皖後，因其所率的奉軍，多屬驕兵悍將，與當地人民處得感情很壞。浙江督軍孫傳芳認為有機可乘，乃號召馬聯甲、白寶山、馬玉仁、陳調元等一般蘇、皖宿將，以驅逐客軍為名，向楊、姜二部進攻。不料楊、姜率領的七、八萬大軍，絲毫不曾抵抗，即偃旗息鼓而退。不到兩月工夫，孫傳芳即掩有蘇、皖兩省之地。於是他聯結蘇、皖、贛、閩、浙五省，自稱五省聯軍總司令，開府南京，兼領江蘇督辦，儼然成為東南最大的軍事勢力。按說楊、姜所部奉軍，雖然紀律較差，卻皆是久戰勁旅，若認真與孫軍一決雌雄，雖不能穩操勝算，也絕不至一觸即退，讓孫傳芳白撿偌大便宜。細究起來，其中卻有一段內幕。

原來在七、八月間，孫傳芳尚未舉兵攻蘇之前，馮玉祥即以聯歡為名，邀請奉軍驍將郭松齡到北京觀操，暗中互相勾結，合力倒張。當時約定：「假如江、浙發生戰事，馮即出兵冀、魯，截斷姜、楊兩軍歸路，將之聚殲於江淮之間；同時郭松齡揮師出關，一舉而佔領東北三省。」他們此一陰謀倘得如願實現，則馮玉祥必將稱雄一時，無人與競。不巧他的計劃，竟被張作霖料破，當即密電楊姜二將：「倘孫軍大舉來犯，即刻全師北歸，切勿與之力戰！」因有張作霖這一道密令，孫傳芳乃得兵不血刃，不戰而勝。

也是事有湊巧，正當孫傳芳醞釀攻蘇之前（是年八月），又錚忽從國外發回一道：「反對楊宇霆督蘇」通電。及至楊、姜兩部不戰而退，就有人附會著說：楊、姜之退，多半是受到又錚那一通電的影響（又錚年譜三二六頁，第七行也說，又錚這一個通電，等於三個師的兵力）。其實楊、姜二人，乃是奉命而退，又錚的電報，只是適逢其會耳。如果又錚一道通電竟有如許力量，則他不但幫了孫傳芳一次大忙，而且也挽救了張作霖和整個奉軍一次厄運。因為奉軍若不及早撤退，而在大江之濱與孫軍力戰不休，則馮、郭二人的陰謀，勢必同時爆發，那時，不但南下的奉軍，會遭到全體崩潰的絕境，就是張作霖的「東北王」寶座，也非易主不可。

馮玉祥眼見蘇、皖兩省的奉軍安然北返，自己與郭松齡原定的計劃全部落空，一方暗自焦急，認為良機難再；一方感到驚奇，探索奉軍為何撤退？想來想去，想到徐樹錚的反楊通電上面，即刻拿出那一通電，反覆研究。細察電文措辭，不但沒有對楊貶斥嗔責之語，且含有忠告諷示之意。尤以：「懸軍遠戍，得不償失；變生肘腋，噬臍何及。」等句，那裡是在反對，分明是在向楊宇霆提示警告？要他及早回軍哩。於是越看越疑，越疑越恨，就暗暗蓄下殺徐之意。此外他又想起七年以前（民國七年）徐樹錚任奉寧副總司令時，正是楊宇霆以奉軍總參議身分，代張監其軍，及徐、張之間因軍餉發生齟齬時，幸賴楊宇霆從中疏解，才得無事。徐、楊既有這段關係，足證徐的通電純是對楊一番善意。因此殺徐之心益堅。但此時又錚身在國外，只好日後再說。眼前的張作霖，既對自己存有戒心，卻需及早圖之。乃趁楊、姜北撤之際，又和郭松齡商訂了第二步倒張計劃。雙方約定：「於楊、姜二督，回經灤州時，由郭松齡乘機圖之，而併其軍，然後倒戈出關，實行倒張。馮之國民第二軍岳維峻部。則進駐豫東一帶，山東取監視態勢，使張宗昌不敢妄動。駐在保定、河間一帶的孫岳部隊，則對天津李景林取監視態勢，以減免郭軍後顧之憂。馮之主力部隊，則控制於京郊附近，為各方策應，必要時，即別以一軍進佔熱河，以便東趨瀋陽為郭聲援。」計議已定，即分頭準備。

未幾，楊、姜兩部奉軍已陸續開抵冀東，楊宇霆為人機警，在奉軍之中素有小諸葛之稱，他早就對郭松齡存有戒心。及至行經灤州（郭軍防地），郭親到車站歡迎，兩人晤談之際，見郭形色詭異，愈覺可疑，郭一離去，他就下令開車，倉皇逸去，因此得以倖免於難。姜登選沒想到郭松齡的突變，放心大膽的乘專車到達灤州，郭松齡鑒於楊宇霆的逃走，這回不敢大意，將姜登選提下車來，當場槍斃，並收其餘眾加以編併。接著發出通電，數說張作霖的罪狀，聲稱尅日揮軍出關討張。不過他新併的楊、姜部眾，加上他原有的軍隊，為數不下十萬人，想要應敵作戰，卻非指顧間所能臧事。就在此時，原駐保定之孫岳，因垂涎直隸這一大好地盤，今見奉軍自相分裂，認是天賜良機，未及徵得馮玉祥同意，就發動所部向附近李景林的駐軍進襲。依孫岳的估計：李景林全部兵力，只不過四個師，而他自己則有七萬多，奪取天津如反掌耳。不料李軍雖少，戰力卻極堅強，孫岳幾次總攻，皆遭擊敗，窘迫之下，只得急電馮玉祥乞援。馮以郭松齡尚未開始行動，本不想在此時與李景林開釁，而為維繫個人在國民軍的領導地位，卻不能對孫岳坐視不救。乃勉強命察哈爾都統張之江兼前敵總司令，指揮京畿駐軍，與李景林大戰於京津中間的楊村一帶。戰爭的開始，約為十二月十三左右。由於李軍的堅強抵抗，馮軍急切不能獲勝。郭松齡雖已發動倒張的軍事行動，馮玉祥卻抽不出兵力予以援助。及郭軍被阻於瀋陽西郊無法前進時，馮玉祥始於十二月二十一日從綏遠調來宋哲元一軍騎兵，經多倫、錐子山直趨承德。他雖然軍行甚速，三天就佔了承德，但同月二十四日，郭松齡即敗死於瀋陽附近之白旗舖。這時張之江仍與李景林相持於楊村附近，勝負未決。又錚是二十三日抵達天津，以鐵路交通為戰火所阻，只得向英國領事借了一輛汽車，繞越戰線，入京復命。就在又錚晉京後第三天（十二月二十六日），張之江已攻克天津，李景林帶著部分殘軍往山東投靠張宗昌而去。由於郭松齡之死，張作霖很快就敉平關外的亂局，後陳兵榆關，作進窺中原之計。

馮玉祥費了半月時間，動用了近五萬人的兵力，才將李景林趕走，而以大勢逆轉，不得不將直隸總督一職，忍痛讓給孫岳。一面收編郭松齡的舊部魏益三為國民第四軍，暫時守住榆關。同時命張之江回駐廊房，指揮前方各軍，緊急後撤，準備將來在南口一帶，作最後的掙扎。這一段由勝而敗，由攻變守的錯亂局面，直把馮玉祥鬧得神魂顛倒，心煩意亂。於是從新恨舊仇中，聯想到新晉京的徐樹錚。他認為徐樹錚前番一道電報，提醒張作霖，使之放棄蘇、皖，全師北歸，於今來到北京，不定又會搞些什麼名堂。越想越氣，乃把張之江、鹿鍾麟兩名心腹大將找到跟前，授以殺徐機宜。他為了掩人耳目計，於布下羅網後，就從北京返回張家口，暗中提調指揮。

廊房遇難的徐樹錚

張之江和鹿鍾麟，都是馮玉祥的心腹幹部，不過兩人的性格大不相同，張是個忠實基督教徒，對事對人都極端誠懇。鹿則機警細密，處事謹慎，且善於禮貼馮的心理，先意承旨，極得馮的信任。他此時正擔任北京衛戍總司令職務，故馮玉祥特別指定他為殺徐第一號「劊子手」。不過他隨馮多年，深知馮是「寧作偽君子，不作真小人」的。所以他受命之後，十分謹慎，不敢冒昧從事，怕萬一殺徐之後，使馮落上「主謀殺人」的嫌疑，則不惟無功可言，甚至還要受到斥責。因此他曾在電話中與馮往返磋商，始終未獲得個「不落痕跡」的絕妙辦法。

就在這段時間裡，風聲已經傳到又錚耳內。初時，又錚猶以為風聞之言，未予深信。及至二十九日，消息愈來愈惡，乃不得不作離京打算。當天下午，就命人通知津浦路局代備專車，準備晚間九時離京赴津。當時有人認為這樣走法不甚妥當，不如借乘英國使館汽車悄悄出京為佳。又錚笑道：「北京四週，到處都是仇家爪牙，隨時隨地都可致我死命。我之所以猶能安然無恙者，徒以鬼蜮技倆，不敢在光天化日之下公然露其真面目耳。我若藏藏躲躲，豈非正中其計！」於是乃無異言。惟有宋子揚對於此行，仍覺不甚放心，乃背著又錚，私自向英國使館，借來一班武裝士兵，隨車保護。他固知僅憑這十幾名英兵，並不足卻敵脫險，只為符合又錚的見解，故作炫耀，使又錚的行徑，更為公開而已。晚間九時，又錚帶著十餘從人，登車東發，孰料「壯士一去不復還」矣。

北京到天津，僅有二百四十華里，以普通快車的速度，三小時即可到達。又錚乘的是特備專車，依常理推算，應該兩小時即可到達。不料沿路被馮軍西行兵車所阻，每到一站都要停留數十分鐘，將近子夜時分，猶未抵達楊村。又錚一行，皆以事前聽到很多壞消息，故人人心內焦急，於是不斷有人下車向車站催促，因為大家心情煩躁，言詞之間，難免微有過激之處。而此時因為軍運關係，各車站均由馮軍的運輸司令部派一些聯絡參謀，專司車輛調度事宜。這些參謀們聽說是徐專使的專車，既怕耽誤專車的行程受到處分，實際上又無法讓開路線，放專車速行，在無可奈何的情形之下，只得在電話裡向他們的司令請示如何應付？他們的運輸司令許祥雲，原是馮部下一個撤職師長。他對這位比馮玉祥還早七年的西北軍總司令（又錚於民國八年以西北籌邊使兼任西北軍總司令）早就有所耳聞，故於接到部下電話時，也感到難於應付。情急之下，就想出個推卸責任的主意；急忙跑去見張之江，請求張給尚在途中的徐專使打一電話，說明沿路兵車擁擠的情形，請徐多加原諒。不料就由許這一報告，竟意外的毀了又錚一條性命。原來馮、鹿之間，因商量不出個殺人不著痕跡的妙法，乃有意暫從緩圖。而張之江只知道馮有殺徐之意，並已授意於鹿，在京圖之。卻不知道馮、鹿二人因種種顧慮而改變計劃。於今突聞徐某出京的報告，當即一楞，接著對許說：「嗯，此事鹿總司令怎麼未來電話通知我呢？待我問問看罷！」待他叫通電話，將又錚出京情形對鹿述說後。鹿鍾麟並未感到驚奇，只徐徐的回道：「小徐出京，我已知道，只是還未向督辦報告呢。請你先轉飭各車站，儘量設法延遲小徐的專車，待我和督辦通過電話，看他有什麼指示，再向你轉達。」張之江應了聲「好吧！」就將電話掛斷，吩咐許祥雲照鹿的意思轉令各站而去。

此後又錚的專車，當然開的更緩慢了。夜間十二點過後，張之江才接到鹿鍾麟從北京轉來馮玉祥的命令說：「督辦要我轉告你，如果小徐的專車到達廊房，要你即刻把他槍斃。並請你連夜派人去天津把陸承武接到你的司令部。天亮以後，督辦將會派專人到廊房和你商辦一切善後的！」張之江聽了，雙眉緊蹙，一直搖頭，嘴對話筒，囁嚅了半天才說：「這樣處置法，似乎不妥當吧？小徐現在還是國家的特任官哪！」鹿答說：「這是督辦的意思，又有什麼辦法呢？」張又道：「既是督辦的意思，我們當然服從。不過，督辦既要派人前來，最好請他下一道手令交來人帶來，就叫來人主持辦理，我當盡力協助於他。」鹿鍾麟知道這位張善人不肯擔當這個殺人兇手？也就不再多說，只簡單答道：「你就先把他扣住好了，以後的事情，再另說吧。」張答了聲：「好吧！」就這樣幾次往來電話，決定了又錚的命運。

三十日凌晨一時左右，又錚的專車始蠕蠕開進廊房車站。斯時車站四週，早已布滿崗哨，站外的路軌也被拆去數節。火車一停，即有張之江的參謀長張鉞登上又錚的臥車，推開車門，向又錚恭恭敬敬行了個軍禮，雙手捧上張之江一張名片說：「我們都統現在很忙，未能來迎接專使，特命我來請專使下車，到司令部休息一下，待天亮再走。」又錚原是斜躺在臥舖之上，這時忙坐了起來，向張點頭為禮，笑顏相答說：「天太晚了，我不下去打攪啦！請你替我謝謝你們都統吧！」張鉞答了聲是即鞠躬退出。張剛下車，跟著又上來一名少校軍法官，推開車門毫無禮貌的向又錚說：「我們都統有要事和你商談，請即刻隨我下車，同到司令部走一趟！」又錚察言觀色，料知事情有變，即傲然答道：「你先回去告訴張都統，請他再仔細看一看馮先生的電報，是否尚有錯誤？」那軍法官見事情真象，已被又錚說穿，乃不再分說，回轉身軀向車外招了招手，即時擁進十數名士兵，不由分說，將又錚拖下臥舖，架起就走。又錚要求加穿件外衣，亦未被許可，身上只披一件睡衣，在雪地寒夜中，就被送上一輛卡車，疾駛而去。接著由另批士兵將又錚一班隨員押上另一輛卡車駛離車站。車上的十七名英國士兵亦同被解除武裝，暫時軟禁於原車箱內，直到天亮，才掛在一列東行客車的尾端，帶往天津。

這時又錚被單獨幽禁在張之江司令部（英美煙公司）旁邊一所倉庫裡面，其隨員則幽靜於附近一處馬廄之內。上午八時左右，陸承武自天津乘著張之江派去迎接他的卡車匆匆而來，跳下汽車後，由那個去天津接他的副官引導著進了張之江的司令部，剛進到院內，就漲紅一副大麻子臉叫囂著問：「小徐押在什麼地方？」連嚷了兩三聲沒人接腔。張之江已經聽到，即刻掀簾而出，將他拉進屋去，一面安撫他坐下，一面說：「你先不必著急，這回朗公（陸建章字朗齋故張以此稱之）的仇，一定可以報的。小徐已經押在我的司令部內，反正跑不了他。」陸承武仍吵著說：「我現在就去宰了這小子，請你派人領我去！」張之江又攔住說：「馮先生已答應要派人來解決此事，大約快來到了。現在跟小徐同行的幾個人，正在會議室內，請你先去向他們說幾句話，少時馮先生派的人來到，再去辦小徐的問題。」於是陸承武就被引進會議室，對緒其祥等一班徐的隨員，發了一頓牢騷。直至下午四點鐘，馮玉祥所派的一個徐軍法官（此人名字已不記得，只記得他是民十前後，一個頗有名氣的左傾文人徐謙的侄子）才乘火車從張家口來到。他見到張之江後，先把馮玉祥的手令交張看過，然後由張把陸承武叫來，三人密談片刻，張即吩咐一名副官帶著四名槍兵，陪同陸、徐二人，去到又錚被囚之處，結果了又錚的性命。陸承武當晚即返回天津。翌日天津各報就刊出〈陸承武替父報仇殺死徐樹錚〉的巨幅新聞。這段公案直壓了近二十年的浸長時間，至三十四年八月，我對日抗戰勝利後，經又錚的哲嗣道鄰提出控告，此事真相，才得大白於世。

馮殺徐的真正原因

在《徐樹錚年譜》第三二六頁中，道鄰先生對「馮玉祥之要殺害先生」這一問題之下，作了三種推測：一、又錚訪問意大利時，和墨索里尼訂有一項軍火借款，他曾把這消息向段執政、馮玉祥、孫傳芳三人透露過，馮怕他有了這批資本，如虎生翼，乃殺之以除後患。二、是依據段執政為又錚撰的神道碑，及曾宗鑒先生讀〈徐樹錚廊房遇難記〉書後，兩項說法，認為又錚於抵京後，不但對人表示過他的反共態度，且曾向段執政建議，要段下令討赤。因彼時馮已與共黨勾結，故觸馮之忌而殺徐。三、又錚於民國七年，在天津殺死陸建章，陸是馮玉祥的舅父，故馮之殺徐，可能有替舅報仇的成份在內。

筆者對道鄰先生上面這三種推測，都有不同的看法。理由是：一、自辛亥以來，雖有很多軍人仰賴著外國軍火，互爭雄長，但對於國內輿論，多少總還有些顧忌。尤其對於他們的政敵，更是諱莫如深。蓋恐一經宣揚出去，就會遭到無謂的攻訐和阻撓。如果又錚真與墨索里尼之間有那麼一筆軍火交易，當然也會有以上的顧慮。段執政是又錚的知己長官，自當別論。他與孫傳芳之間，也因為八月間反對楊宇霆督蘇的一個電報給孫幫過一次忙，後來又錚回到上海，孫傳芳特自南京專程相訪，兩人才有了較密的關係，因此他將軍火機密告之於孫，也或有可能。惟有對於馮玉祥，他們之間，非但素無瓜葛，而且馮於民國六、七年間，受其舅父陸建章的嗾使，屢次與皖系作對（如六年四月抗命不交，七年一月在浦口按兵不進，及武穴獨立等皆是），又錚是皖系中堅份子，對這些往事怎會忘記。何況馮玉祥的舅父陸建章又是死於又錚之手，可見他們兩人之間，只有仇恨，並無友誼。雖然徐年譜三二六頁第四行，說：「先生在這半年中，一直是聯絡馮玉祥的。……他在國外時，馮常常有電報，稱他『鈞座』，自歡『職』。口口聲聲要他回來『領導』、『主持』等等。」筆者認為，當時馮在北方，是一個極大勢力，段執政又被控制在他的勢力圈內，又錚向他聯絡，乃勢所必然。以又錚的機智，絕不至僅憑半年的電文往還，就能「化敵為友」；更不會因馮幾句「鈞座」，就被叫得神魂顛倒，竟忘既往嫌隙，將一件重要機密，傾心相告的。故道鄰先生第一項推測，無法成立。二、當民國十四年時，馮玉祥確有聯共嫌疑，由那時他的軍隊中有許多武器是蘇俄製品，可以證明。當時的北京四週，都在馮的軍力控制之下，而此時的又錚手下沒有半點武力，即使他有反共之心，也不會在這種環境中，作無補事實的反共空論。至於說他曾向段執政建議，請下令討赤，那也只是從段在神道碑有「一言不謹，遂及於禍」兩句話演繹而來的。或者兩人在私下談話時，又錚曾經有過這種表示，但決不會在公眾場合裡，或在文字上，有這種建議。因為當時的段執政只是一具空架子而已，無一兵可遣，無一將可調，這時要他下令討赤，試問這個「令」，將叫誰去執行呢？不錯，張作霖曾是擁投上台的一根支柱，但此時張本人適被郭松齡攪的樑摧棟折，幾乎不能自保，那有餘力為段効命？此時此地而言討赤，難道叫段下令給馮玉祥的部下去討呢？抑是叫段老頭子親自執鋌以撻馮玉祥的堅甲利兵呢？以又錚之智，絕不至見不及此罷！故道鄰先生的第二項推測，也是難以成立的。三說馮玉祥為替舅父陸建章報仇而殺死又錚，按常情常理是說得通的；但馮玉祥並不是一個正常的人，用這種常理去衡量他，似乎有點「擬人不如其倫」。因為在他一生的歷史中所表現的，多半都是離開常理的行徑；如先擁吳而後又倒吳（十一年助吳佩孚打張作霖；十三年倒戈叛吳），先擁曹，而後則囚曹（十二年十月擁曹錕為總統；十三年十月囚曹於延慶樓），先聯張，後復倒張（十三年聯張作霖推倒吳佩孚；十四年又復聯合郭松齡倒張）。此類舉動，皆越出常理之外，也是常人所不肯為與不忍為者，馮皆悍然為之，可知其人，是只論利害，不顧道義的。他對別人如此，對陸建章又何能例外？況此時的陸建章，早已死去多年，毫無利用價值，他豈肯為一個已無利用價值的遠房死舅舅，甘冒殺人的罪名呢？假定他真是替陸報仇而殺害又錚，以他當時的權勢地位，儘可於殺徐之後，挺身自承，昭告於國人之前曰：「玉祥母舅故將軍府將軍陸建章，於×年×月，因公道經天津，被當時偽奉軍副司令（又錚當時的官職，是張作霖私委的，並非政府合法任命）徐樹錚挾嫌殺害，迄已沉冤七載，未得昭雪，長此下去，則個人之生命無所保障，尊嚴之法律失去效用。玉祥為維護國家紀綱計，並為母舅伸冤計，愛不惜身冒顯戮，於徐犯路經廊房時，要而殺之。恕我罪我，悉聽公裁。」他若真的如此一來，不但當時的執法者無奈他何，甚至還會受到部分人士的同聲讚許。而他自己，也用不著掩掩飾飾，不敢向人提及此事。他之所以不如此做者，並非他知不及此，實因他在殺徐之前，根本就沒想到替陸報仇一事，一心一意，只想著又錚那個反對楊宇霆督蘇電報，提醒了張作霖，使張撤回蘇、皖兩軍大軍，破壞他與郭松齡千載一時的良機。及至臨到殺徐的剎那間，才想起找陸承武來承當冒名兇手。故道鄰先生這第三項推測，也頗有問題。不過說馮此舉，絕無一點替陸報仇的成份，筆者卻不敢那樣武斷，只能說這種成份少之又少耳。

然則馮玉祥究竟為什麼殺害徐樹錚呢？這裡可提出下面幾個原因：一、十四年八月，又錚從國外發出那個反對楊宇霆督蘇通電後，緊接著張作霖就撤回蘇、皖兩省駐軍，打破了馮玉祥、郭松齡的倒張計劃。馮乃疑心又錚那個電報，實具有促使張作霖「回師防變」作用，因此種下殺徐決心。二、馮玉祥自始就想利用那位業已無兵無槍的段執政，作為玩弄政治的傀儡。傀儡是應該聽從藝人的撥弄，絕不能自己有所主動。如果傀儡自身有了靈魂，他不但不會再聽藝人玩弄，甚至還將作怪生事，決非藝人所能容許。當民十前後，人皆稱又錚是段祺瑞的靈魂，這時馮正想以段為傀儡，而這個傀儡有了附體的靈魂，從此以後，將不再聽受擺弄，甚至還要暗中作怪，這時以藝人自居的馮玉祥，怎得不設法消滅這個礙手礙腳的靈魂呢？這是馮殺徐第二原因。三徐年譜三二二頁第三行說：五省聯軍總司令孫傳芳，悉專使返國，忽忽自寧來滬，專程相迎。……專使晤孫後，傾談甚久，翌日逐聯袂至南通訪張季直氏。徐、孫的接近，在疑忌成性的馮玉祥心中，自也會有點酸溜溜的，卻不至因此生出殺機。但到郭松齡敗死，張作霖勢力重振，馮玉祥從優勢變為劣勢的時侯，他對徐、孫的關係，可能另具一種想法；他可能認為又錚在京與段執政有了默契，然後出京，以擁段為名，北結奉張，南聯寧孫，共同對付自己。到那時候，不但斷了逐鹿中原的希望，即連廣漠無垠的西北原野，怕也難得立足之地矣。因此，這也可能成為馮玉祥殺徐的附帶因素。

從徐樹錚被刺談馮玉祥與張之江

王悟明

民國十四年秋間，徐樹錚在廊房被刺身死，當時國之大老南通狀元張謇曾輓之以聯云：

語讖無端，聽大江東去歌殘，忽然感流不盡英雄血；
邊才正亟，嘆蒲海西顧事大，從何處更得此龍虎人。

另一大老清末維新運動的領導者，南海康有為亦輓之以詞云：

其雄略足以橫一世，其霸氣足以隘九州，其才兼乎文武，其識通於新舊；既營內而拓外，翳杜斷而房謀；又驗歷乎域外，增學識於四洲；其喑嗚廢千人，其洞視無全牛；其飛動高歌擅崑曲，其嫵媚清詞追柳周。大盜竟殺猛士兮！天人起邦家殄瘁之愁；假生百命之前，為人龍而寡儔。哀世亂而內爭兮！碎明月於九幽。

張康兩老均未仕於北洋政府，且對當時武人素不輕許，而獨對徐氏推崇備至，稱之為「猛士」，為「龍虎人」，足見徐氏才兼文武，可與房、杜、韓、岳相伯仲。以如許一代風雲名將，竟慘死於「大盜」馮玉祥之手，誠如段芝泉（祺瑞）為徐氏所親撰之行狀所云：「一言之不慎，遂及於禍」；修短榮辱，冥冥中固有定數，但馮之殺徐，其中大有政治陰謀在。筆者曩昔曾參馮戎幕，殺徐之役，適在張之江軍中，目睹其事，爰將這一民初大政治謀殺案的經過情形縷述如下。

在沒有敘述本案之前，不妨先談談殺徐之主角馮玉祥與配角張之江二人之生平行徑與其意識形態。馮原籍安徽巢縣，因少時投軍，長居保定，故滿口操保定土音；性陰鷙，不學有術，治軍卻有其獨特的手法，在北洋政府時代，他曾竊負時譽於一時。所部軍風紀尚佳，差勝同時代的軍閥。按理，治軍嚴明，這原是軍人分所應為，但在「八表同昏」的當時，他能做到不嫖不賭，而專心於治軍，總算勝人一籌。馮的練兵要訣有三：第一、他的兵源，是專門挑選直、魯、豫三省的壯丁，燕趙古多慷慨悲歌之士，而且體力亦較勝於南人，樸質無華，易於統馭；第二、兵丁入伍後，每人教以識字兩百，不多不少，這樣，既不能多讀書籍，以致胡思亂想，而對馮所下達的粗淺命令或訓話，卻能融會貫通，收到實效；第三、特重技能訓練，如射擊、大刀、木馬、鐵槓等操作。馮自己平日的服裝，也和士兵一樣，穿的是二等兵的軍服，亦不掛將級領章。經常每日黎明就到操場，先和幕僚們競賽跳越障礙物，接著便集合全體官兵跑步，以及器械操等。約莫一小時後，他便登壇訓話了，有時他還扮演著牧師的角色，軍前說教，開口萬能上帝，閉口耶穌基督，說得頭頭是道。他的音帶微有雌音，尖銳高亢，而口若懸河，在不知不覺間，全軍被麻醉了。朝會的壓軸戲，必定要呼口號，那是最機械，最瘋狂不過的了；這也許是馮氏研究《孫子兵法》「第十四篇」有獨到之處，才會使用這一套妙法。方式是：一番半真半假的問答，明明是在冰天雪地的氣候下，馮偏要拉著喉嚨問道：「同志們，冷不冷？」全體官兵必高聲答道：「不冷！」馮又問：「我訓話是什麼，你們懂不懂？」老實說，農村子弟，原不識之無，僅靠入伍後所讀的兩百大字，對於基督的大道理，大半是聽不入耳的，於是全體官兵對馮的這一問，多直率地答道：「不懂。」初時，筆者在旁聽聞此一回答，心裡一怔，以為馮對這答案一定不滿，可能大發雷霆；那知他並不著惱，更不申斥，反而怡然自得，會心一笑了之。誠然，練兵能夠練到「說東就東，說西就西」，唯命是聽，莫敢支吾，可算練到火候，實現了「兵隨將轉」的目的。所以，這一方面來說，馮確有製造「機器人」的本領。

馮雖善於將兵，但卻不善於將將。他有個很壞的習慣，為著要表示自己切實掌握著無上的權威，每於大庭廣眾中，全軍的士兵眾目睽睽之下，嚴厲處罰他的屬下高級將領。某次朝會時，筆者曾親眼看到馮在督率全軍晨操後，登壇罵將，他突然變成像一個惡魔似的，大發雷霆，聲色俱厲。這時，他自己的職務是西北邊防督辦，將國民軍總司令原職，已交予鹿鍾麟，但他卻在全軍士兵面前，指責鹿不紮皮帶搶險永定河，有違風紀，且不與士兵同甘苦，罪無可逭，應即罰跪。他的嚴令一下，鹿的兩腿毫不猶豫立即當眾下跪不誤。甘肅督辦劉郁芬，也是馮手下大將之一，因為乘頭等火車，馮當眾斥責他懷有優越感，並被罰跪。察哈爾都統張之江，因寵幸姬妾，而元配夫人終日以蘿蔔下飯，被馮偵知，亦於朝會罰跪。以上三員，均官拜上將，而馮視之若奴隸，頤指氣使，為所欲為，官跪兵前，竟成常例，終導致民十九年中原大戰時，馮落得個眾叛親離，全軍瓦解。追原禍始，這都由於馮拙於將將所造成的惡果。

治軍之道，貴在誠信相孚，恩威並濟，而權術、催眠術這些戲法，極不宜滲入於精神教育中。但馮氏一生不知誠信二字為何物，徒以權術、催眠術取快於一時。他雖然規定每名士兵只准認兩百個字，而對西北軍的高級將領們卻規定必須讀線裝書，平時要以硃紅圈點句讀，然後由他本人舉行定期口試，以考試成績的優劣，作為升遷的標準。劉郁芬善於逢迎，凡書中警句，除以硃紅圈點外，還特加紅線標記，以示有所心得，並藉此以獻媚於馮。果然，他的升官較其他將領為快，以至戚而兼馮之入門弟子。某次，筆者和其他幕友們借到劉手批的《古文辭類纂》一書，詎料不讀便罷，讀了反而使人啼笑皆非；最妙的，他把〈展禽論祀爰居〉的文末「是歲也，海多大風，冬煗」的這幾贅語，竟視為奇文，加以濃圈密點，又註：煗（煖）應讀為輭，莢（策）應讀為夾。又註「柳下季不知是何人？」按柳下季即柳下惠，亦即展禽，劉對此竟懵然不知，且加註其義，可見其對讀書全是一知半解，與馮玉祥同出一轍；至其狡詐多變，更是深得馮之爐火薪傳，難怪其在抗戰期中，竟投靠南京偽組織，「榮任」汪偽政權下之開封綏靖主任。這和馮在戰後剿共戡亂期中，叛國投匪，終於葬身黑海，誠屬一丘之貉！

綜馮玉祥之生平，好標奇立異，徒斤斤於小節，而不能容人納物，人世間的一切都抱否定的態度，對任何人也都存疑，甚至視為敵人，至親好友，亦不例外。他自稱信奉基督，其實，世界上那有這樣的基督徒呢？

說到基督徒，張之江可稱是西北軍中第一人。他在行刺徐樹錚前，自費精印新舊約聖經一萬部，分贈軍中同志，馮玉祥稱他為大主教。張曾修造大教堂一所，每逢禮拜日，宣道其中，實行「軍教主義」，並自稱為「真救世軍」。西北軍的臂章，並以「真」字當頭，上面寫著「真救國，真愛民」，「國民軍」之稱，似濫觴於此。

張之江所印聖經，封面自題：「此天下之大經也」，金字輝煌，並親署其名於上。初印本且有張親撰的序文，不知所云，嗣經王正廷之勸告，始行刪去。

驅除直系後的西北軍，真是三教九流，無所不包。除基督教外，尚有回教，以馬鴻達為首，嗣後有寧夏青海的發展。另有喇嘛教，故宋哲元始能就任熱河都統，並與外蒙哲布尊丹巴暗中勾結。實則西北軍本身之基督教活動亦有政治性的作用。綏遠河套一帶，原係天主教的勢力範圍，歸綏一英國人所辦的和記牧場，即包括新舊兩教派系。自西北軍佔據綏遠後，將新舊兩派同時打倒，並悉數沒收其財產。馮軍牧師余心清，直到民卅八年北平淪陷前，才發覺乃一不折不扣的匪諜。另一牧師樸化人，乃馮之御用特務，民十四年徐樹錚北上遇難，即樸化人由上海發予馮的情報種其因。

馮軍的組織表面上看起來很單純，實則相當複雜，除上述回教、喇嘛教及基督教外，尚有幫會份子滲雜其中，為首的是馮玉祥的大哥馮基道。此「千面人」？集美以美會長老，青幫通字輩，及紅幫大哥於一身。馮渾名「馬二先生」，外人每誤解馬二為「馮」字，殊不知他原有二爺和二先生之別稱，亦即由幫會份子馮基道大哥排下來的。西北軍進據張家口後，這位馮大哥經營汽車交易，偵悉張家口與庫倫之間若以汽車載運私貨，可獲暴利，乃向「馮二爺」進言，於是馮王祥便在張家口自設一「西北汽車公司」，以現尚在香港開設玩具和製罐工廠的項康元為總經理，以留法回國的曾向午為廠長，強將原有民營之道奇卡車四十多輛，悉數沒收，以充馮走私之用。厥後蘇俄援馮的軍火，亦即利用這批車隊為運輸工具。馮基道所領導下的幫會，對馮玉祥私人勢力的發展幫助甚大這一祕密，非馮軍之核心份子，難知其詳，筆者容後再談。

按張之江在幫會組織中，輩份原亦高過馮玉祥，他的年齡長馮一歲，算來在西北軍中除了居客卿地位的前江蘇省長王鐵珊和司法總長徐季龍外，應以張之江的年紀為最大。初期的馮系，除王金銘、施從雲兩人已於辛亥革命灤州起義之役殉難外，所餘的只有馮、李鳴鐘和張之江三個人。李鳴鐘有福將之稱，張之江則為戰將，馮的天下有一半是他打來的。西北軍據張家口時，張適主察政，已屬方面大員，但馮仍以奴隸視之，連對姨太太的小事，馮都要加以管束。

其實，西北軍將領擁有小老婆的，也只有張之江一個人。馮素以家長自居，任何高級將領的住宅，他都可以不經通報隨意進出，以便視察管教。某日傍晚，馮又賊頭賊腦地往張的姨太太住宅後門窺探，瞥見垃圾箱裡，堆滿了西瓜皮、蘋菓皮、葡萄蔓、燕窩毛和鷄毛之類的廢物；良以是時適逢歲盡冬寒，冰雪載途，瓜菓在北方其名貴有如黃金珠寶，西北軍素以儉樸著稱，竟有這樣濶氣的姨太太，如此豪奢享受，馮自是赫然震怒。接著，他連步又去張之江的元配夫人的住處偵察，卻見四徒蕭然，一燈如豆，馮用手電筒環墻一照，只看到所掛的儘是蘿蔔皮，爛菜葉子，兩相對比，更使馮氣衝牛斗，當即快步轉回公署。西北邊防督辦公署原有「內防處」之設，職司偵查所屬官兵之生活行動，這一機構，是直接屬馮個人祕密指揮的，副官長張允榮暗兼處長。馮以其對張之江的荒唐生活，竟隱匿不報，立飭罰跪終宵；第二天，便演出了張都統本人罰跪大操場的那齣活劇！

張之江是慣於被罰跪的，當其任西北軍第七旅旅長駐軍通州時，黃膺白先生曾告訴筆者說：某日，馮玉祥邀其向第七旅講演，他早到旅部約一小時，驅車逕入營房，至正廳門外，瞥見張之江跪在電話機前，他大感驚訝，便問張道：「子薑兄，這是怎麼回事呀?!」張一語不發，且仍不敢起迎。黃急忙打電話至南苑陸軍檢閱使署，向馮質詢究竟，馮在電話中令張起迎，張始敢起立。事後，黃偵知原來馮張兩人在電話中商討某項問題，一言不合，馮便喝令跪下，張早已被訓練成一「機器人」，且習於奴性，便不知不覺地兩腿一彎，入地三尺了。據說，這一次張已被罰跪了四五小時，但嘴裡還一再聲明這不能算久呢！

上文縷述了殺徐樹錚的主角馮玉祥和配角張之江的生平行徑與其意識形態後，我們可以瞭解了康南海所指的「大盜」究竟是怎麼樣的人。茲再將徐案的始末，及其遭害經過略述於後。

要了解徐案的起因，先要了解當時我國的政治局勢。按自民十三年馮玉祥由熱河回師北京，禁錮曹錕，使得直系政權土崩瓦解，他和張作霖聯合擁戴段祺瑞為北京臨時政府執政。馮遂自請將其所屬部隊改編為國民軍，而自任「西北邊防督辦」，掌握甘、寧、青數省的軍政大權。這時，國民軍有三個番號，第一軍軍長馮自兼，所部近十萬，進據察哈爾和綏遠，聯兵寧夏、青海，南伸至甘肅；其統轄地區，均係西北重鎮，故稱西北軍。第二軍軍長胡景翼佔據河南及陝西一部。第三軍軍長孫岳，守住河北大門。並以張璧為京師警察總監，控制北京的治安，而馮部的主力，實際仍留北平附近地區，以鹿鍾麟為京城衛戍總司令。東北軍與西北軍的「楚河漢界」，便是平津鐵路線上的廊房，也就是徐樹錚的被害處。徐案之發，即在馮與張作霖行將直接發生軍事衝突之前，亦即馮將唆使郭松齡倒張的前一階段。其原因是相當錯綜複雜的。

段祺瑞於民九直皖戰爭失敗後，息影津門，不問世事，及馮玉祥倒吳成功後，請其入主中樞；是時，段手下除了盧永祥仍負嵎於浙江一省外，幾無一兵一卒。在北洋軍閥時代，沒有槍桿，便沒有發言權，所以民十三年奉系與西北軍聯合擁戴這位北洋元老出任名義上的國家元首時，段的智囊團多不表贊成，料其結局必致凶終隙末，故皖系第一流人物如徐樹錚、曾毓雋、曹汝霖等均不入閣，暫抱觀望態度，於是才輪到像梁鴻志這樣二三流的人物出任執政府秘書長。但段與徐關係特深，倚畀甚殷，自己既然有了相當局面，自不能令其長期投閒置散，於是由執政府畀以特使名義，出洋考察，訪問英、德、法、義、美、俄各國，隨員中有袁世凱之婿薛觀瀾等多人。薛係遜清出使英法各國大臣薛福成之孫，留美出身，曾任北洋政府駐津外交特派員，故徐在訪問歐美各國期中，洋文工作多由薛擔任。徐雖係一個武夫，但對國學造詣頗深，下筆萬言，倚馬可待，且擅崑曲，對國樂亦甚有研究。當其在英訪問時，英人曾請其發表演講，徐以「中國之音樂」為題，對國樂力加闡揚，深入淺出，議論精闢，聽者為之動容，初不意中國軍人，竟有如此高深之文化修養。當然，段之派徐出國訪問，是有其深遠的意義的，他要培養徐的國際聲望，以備大用；徐亦深體段意，所以他在週旋各國政要之間，處處也表示政治家的風度。徐對國際政治的觀察，素具敏銳的眼光。當時，俄共始攫取政權不久，因國內一貧如洗，無力對外，故決定採取列寧路線，先進行其本國「社會主義建設」，而暫時放棄托洛斯基的世界革命計劃；對中國政策，則採取兩面手法，陽示結好，聲明自動放棄帝俄時代在中國所奪取的利益，並恢復中俄外交關係；陰則扶植中國共產黨，並勾結實力派軍閥馮玉祥作為響應，期以「軟功」赤化中國。徐在國內的政治地位，自為俄方所熟知，所以當他到達莫斯科訪問，與俄外長齊采林晤談時，齊即以甘言蜜語為餌，企圖對徐加以利用，使其成為馮玉祥第二，以增加蘇俄赤化中國的資本。殊不知徐是受中國文化薰陶很深厚的一個人，在他心目中，根本就瞧不起什麼馬克斯那一套似是而非的理論，尤其當他到達莫斯科後，獲悉馮玉祥與俄共勾結的內幕，對俄方更表不滿。今齊采林肉眼不識泰山，竟想在他身上動起腦筋來，徐當然不會賣這個帳的，所以他對齊的甘言蜜語，乾脆答以「中國的國情，不宜實行共產主義」斷然予以拒絕。這一答覆，固然是乾淨俐落，但也種下了徐氏後來「躬喪其元」的惡因。共產黨人的信條是「不是同志，便是敵人」，俄共對徐之不肯「上鈎」，當然是不會饒過他的，因此，莫斯科的「不幸會談」，竟造成徐氏遭難的基本原因之一。

馮擁段上台，一開始便懷著「利用」的目的，企圖以段為緩衝他和奉系之間矛盾的調停人。段對馮的反覆無常，以倒戈為看家本領的作風，素無好感；益以段的屬下對奉系人員多有私交，所以在段主政時期，如遇到奉軍和西北軍發生利害衝突，而須由他出面調停時，段難免有袒奉之處。這麼一來，馮對段由膩而厭，由厭而怨，由怨而恨，惡感日深；尤以當時北京的治安大權，操在馮手，段處身危城，如坐針氈。這一切情形，身在國外訪問的徐氏是知之甚諗的。他平時事段如事父，段的苦惱，也就是他的苦惱；段的困難，也就是他的困難，現在他獲悉段在北京簡直就像「烤鴨」似的在那裡受活罪，那有袖手旁觀坐視不救之理。於是專程返國，決意設法對付馮玉祥。但他本人也是光棍一名，手無寸鐵，那有力量來制裁擁有重兵的倒戈將軍呢？思維再三，唯有聯合各擁數十萬大軍的奉系首領張作霖與坐鎮東南半壁河山的孫傳芳，結成段、張、孫三角同盟，以實力對付實力，才有倒馮的可能。那知他這一切計劃，在他返國後一一進行時，卻被馮派在上海負責情報的樸化人所偵悉，一五一十地向馮玉祥密報了。

徐樹錚於民國十四年夏間由美返滬後，即電段擬晉京拜候起居，段以其本人在京已危如累卵，何能保護徐之安全，故回電力阻其來京。但徐氏胆豪心壯，平時對其本身的安全，素不重視，今謁段心切，自不能因一紙危害，而改變其初衷，於是對老長官的善意勸告，置之不顧，決計晉京。但他在北上之前，先赴南通訪晤張季直先生，盤桓數日，寄情山水，引吭高歌，彈唱崑曲，並和這位在野的元老，說出他收拾時局的抱負，大獲「狀元公」的讚許；所以張氏在輓徐聯中，才有「聽大江東去歌殘」這句話，實不勝其悼惜之感！徐於結束南通之行後，又赴金陵訪晤孫馨遠（傳芳），談妥了制馮的計劃，然後才乘專車北上。到京後，即赴執政府晉謁，他一見段，口稱「老師」，便兩膝跪地行個大禮，段並下跪答禮，觸景生情，師弟兩人相擁而泣。一陣悲傷過後，徐究竟是年輕氣盛，他告訴段道：用不著悲觀，制裁馮玉祥的辦法，他已和張作霖孫傳芳商量妥了，短期內即可採取行動。段一聽之下，心裡雖感欣喜，但仍面囑徐氏應小心謹慎，勿以輕率為敵所乘。徐為人賦性豪爽，他向段告辭後，一到外間辦公室，即向段的秘書長梁鴻志說道：「你可即草擬討伐令，咱們要馬上對付馮玉祥了！」要知，當時北京政局是極端錯綜複雜的，明爭暗鬥，爾詐我虞；馮工於心計，段的左右，難免布置有他的奸細，徐所說的「草擬討伐令」一語，不移時即傳到馮的耳朵裡，於是，徐之難逃一死，已經是註定了。

當徐氏離京返滬之日，突有人在段的辦公桌上留一紙條，上面寫著：「又錚萬不可去，去必死……」，段急忙派人將這一紙條送徐，但這時他所乘的專車，已升火待發，且徐夙以豪壯自負，認為這一張紙條無足輕重，一笑置之。其左右曾勸徐改乘汽車循公路前往天津，俾可避敵耳目。徐以其身係政府大員，一舉一動皆應堂堂正正，豈可捨正路而不由。於是仍然乘火車啟程。詎料此行竟果然演出廊房一幕慘劇。

原來在徐氏到京的前一個月間，馮玉祥接到樸化人自滬發出的密報後，殺徐的計細即已開始布置了。而擔任這一項布置工作的乃是馮的副官長張允榮。至於自認為徐案凶手的陸承武，只是被利用為「替罪的羔羊」而已。陸的官職僅為西北邊防督辦公署的掛名參事，但他和馮有中表之親，其父陸建章於民國七年因煽動軍隊反段，在津為徐所處決，冤冤相報，今利用其子出面為父報仇，正是師出有名，至少在「做案」的掩護上，也可自圓其說了。

陸承武平時原住居於天津，但為了參加布置這一謀殺工作及出面認罪的法律問題起見，曾數度前往張家口，寄宿於督辦公署的軍法處，與該處處長張慶榮協同研究。殺徐另一應行顧慮的問題，即當時的平津路上駐有英國使館所屬的衛隊，前次馮由熱河回師北平途經豐台車站時，即曾與駐防該地的英軍發生衝突，前車可鑒，不能不未雨綢繆。況駐京的英法使館，素傾向於段，常暗中牽制西北軍隊的行動。再則，當時天津的日本駐屯軍，經常派兵梭巡於京津道上，馮夙以排日自命，日方對之自極為厭惡，且當時的駐津總領事，即最近逝世的日本故首相吉田茂，乃一反馮健將；另二次大戰時，在日軍佔領下出任香港總督的酒井隆，維時任職於天津日本憲兵隊，亦視馮為眼中釘。馮對徐採取行動時，若英日兩國軍隊路見不平，拔刀援徐，則對馮將極為不利。這些有關「洋務」上的問題，陸承武來到張家口時，曾求計於北京政府駐察哈爾的外交特派員素有西北軍謀士之稱的包志拯；故事發之日，張慶榮和包志拯兩人均先到廊房聽候差遣，以備萬一。馮且另派督辦公署的外交處長唐悅良，及京畿衛戍總司令鹿鍾麟坐鎮北京應變。這樣嚴密的布置，幾等於西北軍為了殺徐樹錚一人而實行全體總動員了。

其實，包志拯出任西北外交特派員，乃蘇俄駐平使館所授意，並即中共頭目李大釗所策動。李當時係住於俄公使館的前院，擔任「第五縱隊」的工作，這是俄在我國北方所布置的侵略陰謀之一。換言之，徐之被刺，除國內的政治矛盾外，尚含有國際的陰謀在。

案發的當日，徐的專車駛至廊房時，馮方的對付辦法是先禮後兵。開始，先以張之江名義，請徐下車，表示歡迎。徐對來人告稱，要公羈身，無暇下車，如張督辦有事相商，不妨上車面談。軟計不售，繼以硬功，俄而陸承武突然出現徐之座前，手裡散發著「報仇雪恨」的傳單，嘴裡大喊「殺人犯！殺人犯！軍警快來……」，這時張之江已化裝成二等兵模樣，混在普通軍士中，揮揮手做一個暗號，兵士們便把徐樹錚強行拉下車，推至離車站以東一百多公尺處，亦即廊房北角的台階上，只聽砰然一響，徐氏即應聲而倒。一代人豪，竟不克展其長才而死於非命，寧不令人嘆息?!

陸建章與馮玉祥

關山月

馮玉祥殺徐樹錚這件事，是民國初期的大疑案之一。殺的動機，一般都相信：是為了要替被徐殺掉的陸建章報仇。但也有不少人，反對這種看法。他們認為：馮徐在政治上的利害衝突，才是主要的原因。這個問題，斷斷續續地爭辯了四五十年，至今也還沒有得到一個定論。

放在這篇東西面前的任務，並不是要在馮的動機上有所探討，而只是要根據一些歷史資料，尤其從馮自己撰寫的回憶錄中，來加以考察：馮陸之間的關係，究竟親密到什麼程度？使每個對馮殺徐的動機問題感到興趣的人，可以用這些材料做參考，來自己下一個判斷，建立在那種關係上的馮陸友誼，是不是會使馮在陸死後把「報仇」當做義務和責任？

陸建章這個人，在民國初期，是位鼎鼎大名，人見人怕的「活閻王」；也是袁世凱身邊最可靠和最嗜血的一條獵狗。名義上，他是「軍政執法處處長」，後來又兼了京師警備副總司令，實際上就是袁家天下的「天字第一號」劊子手，全國的特務頭頭。殺人如麻，血債重重。前前後後，被他公開殺掉的政壇人物，就有辛亥革命的「首義元勳」之一，武漢軍政府軍務司副司長張振武，湖北將校團團長方維，社會黨黨魁陳翼龍，國會議員伍漢持，徐鏡心，段世恒，徐秀鈞……。反對帝制的國學大師章太炎，雖然身為「吉林籌邊使」，也被他不客氣地在北京軟禁了兩年！

後來袁大總統又加封他為「咸武將軍」，讓他到陝西去「開府建牙」，並且晉爵為「洪憲皇朝」的「一等伯」，儼然成為袁家天下在西北的「擎天玉柱」。直到蔡鍔起義以後，他還不斷唆使馮玉祥在四川揮軍力戰，堵住「護國軍」的攻勢。

因此，無論從歷史的，政治的，以至於做人的觀點來看：這位袁世凱手下的「殺人王」，都是一個蟊賊和罪人。實在值不得加以諒解，當然更值不得加以辯護和頌讚。

根據目前能夠搜集到的野史，筆記，官方文件和私家著作：當時朝野方面對他的口碑，似乎很有點近於「國人皆曰可殺」的程度。就連一些置身於政治漩渦之外，而又身歷其時的記者與作家之流，也都對他充滿了反感。

他們或是把這位「殺人王」，上了一個「著名酷吏」的尊號。

或是就這樣地介紹他：

陸建章也非善類，專好殺人。……他秉承袁氏意旨，派遣私人，一味偵查反對黨，……往往有挾嫌謊報……便即信為真情，妄加捕戳。後來復經他人入告，說是偵報未確，……他又召到原諜，邀他同食，食時尚談笑甚歡，及食畢後，忽提前事，不容分辯，即命推出處死。或且並不提及，歡送出門，突從他背後，發一手槍。擊斃了事。

所居院落，輒陳尸纍纍，故都人見他請客的紅柬，多有戒心，號為「閻王票子」。且因他殺人甚眾，如屠豬犬一般，因復贈一號，叫做「屠夫」。

立場比較超然的人，像「政學系」的首腦吳鼎昌之流，也都說過：

戊午夏，時余判估度支，奉命隨國務總理赴漢勞軍。……其督暴建章擾魯狀，請示處分。

總理大怒，……因傳軍令，飭各軍協拿，就地正法，且申言曰：「朗齋（陸建章字）老同袍，不如是，將法曲於清，眾連稱奉命。」

字裡行間，說得很清楚：陸的作為，是犯了眾怒的。

身為「安福系」要角曹汝霖，也在自己的回憶錄中寫道：

北京……茶館飯店都貼有莫談國事字條，……捕獲即交軍政執法處。……處長陸建章，殘忍性成，真是殺人不貶眼之人。鄰近住家，於午夜常聞鬼哭神號之聲，皆是刑逼口供，恐枉死之人不計其數，即於院場槍斃。……有一日，余見項城……乘機進言：外間對於暗探，談虎色變……此是大失人心之事。……總統聽了，亦覺出於意外，云當令陸處長慎重辦案。

曹和陸的派雖然不同，但他指摘的都是一般性的劣跡，如果不是當時人所共知的東西，他是不敢公開地筆之於書的。

一九一八年，這位「殺人王」被段祺瑞的智囊徐樹錚，不經法庭審判，用計誘來槍決以後引起了社會上很大的波動。而在「全國和平聯合會」聲討徐樹錚弄權擅政的通電中，只是提到：

陸建章以專閫大員，……果有法外舉動，罪無可逭，亦應先宣罪狀，後正軍法。乃徐樹錚立談之傾，率爾槍決，徐逆之草菅人命，弁髦法律也。

就是在直皖兩系軍閥，兵戎相見的時候，曹錕，張作霖，李純聯名打了一個「宣布徐樹錚罪狀」的通電，也只說道：

> 陸建章……無論其有無不赦之罪，既為陸軍上將，特任命官，總以請命中樞，提交軍法會議，方為公允，……新進後生，擅殺大員，欺蔑前輩，藐視王章，專擅恣睢，莫此為甚。

這些通電的人，當時的立場，是和徐樹錚完全敵對的。而他們所公開指責的，也只不過是說徐不應該把一個「專闖大員」，現任的「將軍」，如此草率，如此不合手續地殺掉。卻並沒有說陸是不該殺的。——由此可見：陸這人的惡劣到可殺，大概在當時已經成了一種公論。

那麼，為什麼那位一向自命為非常重視「民意」，非常重視「公論」的馮玉祥，居然會冒天下之大「不韙」，來替陸建章報仇和洗刷呢？

馮陸之間的親密，到底是基於「舅甥」關係？「老長官關係」？還是「丫姑爺關係」？在民國史料中，這幾種說法，都有人言之鑿鑿。而在馮的自傳中，卻絕口沒有提過陸是他的母舅這回事，只說陸是他的「老長官」。

到了《劉汝明回憶錄》出版，才弄清楚這段關係，原來馮玉祥夫人是陸建章夫人姪女，是河北省鹽山縣尚家宅的人，陸夫人還有個妹妹嫁了閻相文，馮夫人還有個妹妹嫁了石敬亭，四人均曾任陝西督軍，當時會傳為佳話。

只要翻過一遍馮玉祥這本自傳的人，就至少可以發現三個很有趣的地方：

一、陸建章死得太早，所以只能在《自傳》的前半部出現。

但是，在前半部中提到他的地方竟有二十五處之多。

二、凡是提到他的地方，不是稱之為「陸朗齋將軍」，就是「陸將軍」，絕不像稱呼別人一樣地直呼其名，或是乾脆呼之為「老袁」，「老段」，「蔣」……。

三、從頭至尾，在二十五處中，沒有過一字的貶評，也沒有過一字的諷嘲。

這些現象，在馮的自傳中那種「惜墨如金」，「論人唯嚴」，「寧缺毋濫」，「寧罵毋捧」的筆法下，簡直成了個唯一的奇跡。由此可見：陸馮之間的關係，絕對不比尋常！

從另一方面來看：馮寫這本《自傳》的時候，是正在七七以前，在南京當光桿的「軍事委員會副委員長」的韜光養晦階段。那時，他只要放眼看一下當日的「西北軍」舊部，哪一個不是他從丘八提拔起來的？那一個今天又不比他這位「老長官」更飛黃騰達？宋哲元成了華北王，韓復榘是山東的土皇帝，鹿鍾麟和曹浩森都是軍政部的次長，就連當年的伙夫馮治安，馬弁趙登禹，也都各為師長，一聲令下，萬人呼諾。但是，又有那一個還把他這位「老長官」真真正正看在眼裡？這位不得意的「英雄」，在感慨之餘，就索性筆之於書：讓他們看看：我馮玉祥是如何對待我的老長官陸建章的？

當然，這只是一種假想性的推斷而已。

馮和陸是什麼時候，在什麼條件下，開始發生關係的？到現在為止，還缺乏可靠的參考資料。根據馮在《自傳》中提供的一些片斷東西：他和陸之間，大概是在一九〇五年（光緒三十一年）前後，開始發生接觸的。那時，他們同屬於北洋新軍第六鎮。不過，陸已經是那一鎮的協統，等於是旅長。而馮卻只不過是一個小小的司務長而已。按照北洋軍的編制，最多才是個「准尉」。

陸在那個時候，已經深得袁世凱的賞識，不大把段祺瑞一流人物放在眼裡。所以，在北洋新軍舉行「彰德秋操」的時候，他為了在兩中行軍，應當徒步？還是坐火車的問題，和指揮官段祺瑞大鬧了一場，居然敢「置演習於不顧」，一怒而告了病假，獨自回到保定去了。

馮在《自傳》中敘述到這個故事的時候，誰也看得出來：這位一向主張吃苦，而且拚命在不必要吃苦的情況下，以吃苦來嘩眾取寵的人，居然也認為應當讓：「隊伍改坐火車……免得官兵衣服淋濕，到時不便演習。」而並不覺得段祺瑞所說的「難道下雨的時候就不打仗嗎」，正和他多年來的主張很有點相似了。

一九〇七年以後，馮當了「第一混成協」的第三營後隊隊官，但他卻不遠千里地從駐防的東北新民府，到山東省的曹州。

> 順便去見陸朗齋將軍，談了些關於軍事方面的問題。臨別，他送了我一本彭剛直公的奏稿。他說這本書，很有意思，叫我拿回仔細讀一讀。

老實說，這段記載的確很具有點幽默意味。因為不管是送禮的人也好，收禮的人也好，誰也既不剛，而更不直，簡直活生生地向「剛直」二字，開了一個最大的玩笑。

馮平生最大的「革命資本」之一，就是「灤州起義」。這一役的「首腦」有四個：北洋軍政府大都督王金銘，總司令施從雲，參謀總長馮玉祥，參謀長白時雨。結果，都幾乎全部落了通永鎮守使王懷慶的圈套，當場打死。只有這位馮玉祥參謀總長落了個「押解」回籍。

誰知一到北京，既不「剛」又不「直」的陸建章，就站出來替那位既不剛，又不直的馮玉祥來保鏢了。據馮自己寫道：

陸將軍就叫喜奎把我留在他這裡，不必向保定押送了。……陸將軍說：……什麼是叛徒？現在許多人都以為革命的就是叛徒，過幾天誰都要革命，誰都要做叛徒了。這個時勢，誰也說不定的。到了那天，現在這些殺革命，拿叛徒的，保不定自己要幹革命，也要做叛徒了。……

我剛剛從廣東潮州府回來，我並不是反對革命才回來的。我在那裡，人地生疏，言語不通，我想革命，也號召不起來，我說我革命，誰也不相信我。……一會兒，大家都要革命了。

結果是：馮當然被留下來，而終於沒有步王金銘，施從雲，白時雨之後，成為先烈。而這位在馮玉祥眼中救其革命的「陸將軍」，也從此就成了袁世凱大總統手下的天字第一號特務，像切西瓜一樣地大殺其革命黨。張振武和那些國會議員，都是在他大讚其「革命」和「叛徒」之後，才紛紛成了槍下之鬼的。那時的馮玉祥，不知是對革命忽然失掉了興趣，還是事後完全記不起來了陸建章屠殺反袁人士的劣跡，所以在他的自傳中，居然連一個字都沒有提。

恰恰與此相反，一向被史家們認為是由袁世凱自己導演出來的「北京兵變」，在馮玉祥的筆下，卻有很詳盡的描寫。而陸建章也成了其中唯一的英雄人物。馮的原文，是這樣的：

兵變，最初是從東城鐵獅子胡同總統府爆發……陸將軍得到消息，和大家說：「段芝貴這個人真該殺！前幾天商談，大家都說士兵生活很苦，不能減餉，他卻偏要把出征的餉銀減去了一兩。……現在好了！激起了兵變來了！……」

陸將軍看見事變擴大，情形緊迫，把營務處的一隊騎兵同兩隊步兵，統統調集到西單頭條的公署前面講話。……態度從容不迫。嘻笑著臉向士兵問道：「你們知道那邊槍響是幹什麼的嗎？」

大家回答道：「不知道。」

「大概是兵變。」陸將軍親切的笑著說：「依你們看，他們在北京搶了人家的東西，發了財，能回到山東河南的老家去享福嗎？」

大家回答說：「不能夠。」

「自然不行。溜到半路上就要給人家捉住砍頭的。可是他們現在那裡搶的熱鬧，我們卻什麼也摸不著。依大家的意思，怎麼辦才好呢？」

「不知道，全聽營務處主張。」

「若是這樣的亂搶一陣，大家就能發財，那我早就領著大家去搶了。我比你們年紀大些，見的比你們多些。依我的主意，咱們暫時不要動手，等會兒，看著能搶的時候，咱們再大夥兒動手。……但要緊的是不要讓他們搶過了界，不然搶光了，就沒咱們的份兒了。現在大家快到西交民巷口去防堵，若是那邊有變兵望這邊衝，你們就告訴他們，就說西城留著咱們自己搶，不要讓他們闖過來！」

那時事變蔓延，人心浮動……如瘟疫之傳播，如大火之燎原，誰也沒有能力阻止。這樣的時候，陸將軍卻能不慌不忙，從容應變，實在是難能可貴的。當時他講這番說話時，我就在旁邊，他那種鎮靜自然的神情，使我非常的驚佩。……

從這一段的記事中，可以發現兩件很有趣的事情。第一是：馮對陸的確有超乎尋常的好感，所以從他那一向喜歡對別人吹毛求疵的嘴裡，居然會不絕口地說出：「難能可貴」和「非常驚佩」一類的讚語來。

第二，馮在大軍閥中，一向以善於講演著稱。而他最喜歡使用的方式，就是和士兵們一問一答。許多人都認為這種方式，是他的一個發明，他也對之頗為自得。所以，在《自傳》中，他還特別引證過幾次他對士兵們這樣講演的經過。一次是在邠州的「軍民大會上」：

我……向民眾發問道：「軍閥禍國殃民，應不應該打倒？」

答道：「應該打倒！」

「帝國主義者侵略我們……應該打倒嗎？」

「應該打倒！」

「軍閥和帝國主義必須打倒，究竟誰去打呢？」

答：「主要還靠軍隊。」

「軍隊沒飯呢，沒衣穿，沒有糧草馬匹，可以打仗嗎？」

答道：「不能！」

這樣的問答數次，又經詳細的講解，大家才恍然大悟似的明白了過來。

另一次是在潼關，向官兵們講話：

我說：一個兵身高四尺另一個兵身高五尺，是否應當截長補短以求平等？（有些兵們不明白意思，答曰：應當！）騎兵騎馬，步兵步行，輜重兵還要擔挑東西，你說怎麼辦？是不是應該把馬賣了，一律步行？或是大家都該騎馬以求平等？（兵們也答道：對的！）……革命不是作亂，不可以平等之類名詞挑撥感情，不然，什麼也不要想幹！

仔細地參考一個他的《自傳》以後，就可以得到一個結論，這種一問一答的演講方式，並不是他首創的。在這方面，他有兩個老師，其中一個是蘇聯。據他說：

到上烏金斯克的第二天，正這五一勞動節。……會畢開始遊行與操演，女工在前，男工在後，工人過完是軍隊……每逢走過參觀台的時候，台上檢閱委員就向他們發問：「你們預備好了沒有？」

「我們已經預備好了，我們聯合全世界弱小民族，打倒帝國主義！」大家如雷似的答應著。

這樣一問一答的過去，空氣非常的熱烈和緊張。

另一個老師，啟發這樣一問一答地講演的人，不是別個，正是那位「殺人王」陸建章。在馮的自傳中，詳細地敘述過陸在兵變聲中，向士兵們「訓話」的情形以後，又接著寫到陸冒險去探望袁世凱：

> 袁看見陸將軍來了，喜出望外，哭喪著臉對陸將軍說道：
> 「到了這樣時候，什麼人都躲光了，你怎麼反倒來了？」
> 陸將軍說：「平常時候我可以不來，現在我卻不能不來：說話我不大會，趕到做實事的時候，我也許可以湊付的。……這事請總統不要管，……交給我和姜桂題去辦好了。」……
> 陸將軍退出來，已是天光破曉的時候了。

在這一段文字中的陸建章，非但不成其為一個人人憎惡的魔王，而且簡直是個真正「臨危受命，見義勇為」的大仁大勇之人了。

據馮的自述：過了不久，袁世凱又練了一批新的隊伍，名之為「備補軍」，由陸建章擔任其中的左路統領，底下有五營部隊。陸自己兼任中營營長，由他的兒子陸承武，擔任後營營長，卻把正在當「中校副官」的馮玉祥，派去當前營營長。這位大劊子手，對馮的特別提攜和信任，由此就可見一斑了。

帝制運動春雲初展的時候，袁世凱軟禁章太炎的事件，因為是由陸一手包辦的，所以到了馮的筆下，就極其輕描淡寫地說：

> 袁世凱這時躲在家裡，氣也不敢哼。到後實在受不住了，就找陸將軍把太炎先生勸到石虎胡同住下，每天三頓豐盛的酒席款待著。……可是太炎先生仍然氣憤填膺，罵不絕口。

但是，如果把這段記載和章太炎夫婦當時寫給袁的信，拿來對照一下，就大有毛病了。在章的信（一三一九年二月）中道：

大總統執事：

幽居京都，派兵相守者三月矣！欲出居青島，……抵書警備副司令陸君，以喻意，七日以來，終無報命，如何隱忍，以導出疆。……

章的夫人湯國黎，在一九一四年六月，上書給袁時說道：

項接外子電稱：匯款適足償債，我仍忍飢，六日二粥而已。……舊僕被擯，通信又難。……

這些「派兵相守」，「七日終無報命」，「匯款償債，六日二粥」的情形，似乎和馮所說的「勸到石虎胡同住下……豐盛的酒席款待著」那種「優禮」，頗有一些距離。

最妙的是：馮在自傳中，接著就大發議論：

袁世凱……橫暴恣肆，簡直是一個殺人不眨眼的活閻王。無故失踪的人每天都有。……

他卻忘記提到了一點：這位「活閻王」手下最忠實最可怕的一個劊子手，就是他認為「難能可貴」，「非常驚佩」的那位「陸將軍」。

馮因為被陸一手提拔，幾年之間，從一個小小的司務長，爬到了「備補軍」的「左翼第二團長」，所以對陸是絕對服從，凡事都要應命行而的。據馮自己回憶：有一天，他團裡的一個新兵，指頭上得了血中毒。同仁醫院的醫生主張馬上開刀，可是，馮卻說：

「我不敢作這個主，請等我的回話，再做定奪。」當即把此事去報告了陸統領，……陸將軍說：「這萬萬不可姑息，毒氣到了那裡，就齊那裡鋸掉」。……我回頭即通知醫生，照他的話行了手術。」

連一個士兵在指頭上動手術，他都要遵陸之命而行；國家大事和政治立場上，陸的意見自然也就是他的意見了。這一點，是極其顯而易見的。

因此，過了不久，陸當了「剿匪督辦」，去替袁世凱打「白狼」的時候，奉命隨征的馮玉祥，又升為警衛軍左翼第一旅的旅長，離他「奉命押解回籍」的厄運階段，還不過兩年光景。

陸建章以咸武將軍的資格督陝以後，更成了馮玉祥的英雄得意之秋。他那一旅人，居然擴充成了「中央直轄」的「第十六混成旅」。這一點，對馮以後的興風作浪，關係很大，他自己也說：

> 有了這個獨立團體的存在，使我能夠很自由的……同惡勢力積極奮鬥。十餘年中，十六混成旅所以始終能在北洋軍閥的重重包圍之下，久歷艱苦，毫不妥協，一直奮鬥到底者，皆得力於這時候的改編。

可惜的是：這位馮先生忘記了一點：當時最大的「惡勢力」，就是袁陸這一批人。而他從沒有忘記的，卻是他的能有「這個獨立團體」，「皆得力於」陸的大力栽培。

袁世凱在正式登基的前夕，把他的親信陳宧派到四川去當「西南柱石」。而且把馮也調到川北去「負責清鄉」，所轄二十餘縣。

蔡鍔的「護國軍」入川以後，馮的表現，儘管在他的《自傳》中說得天花亂墜，什麼「絕對不能站在帝制的這一邊，去和護國軍為敵，什麼「堅決的站在革命的立場，為國奮鬥。事實上，他們卻「時決定固守瀘州」，一切「待後再說」，換句語：也就是不准護國軍通過。

其中最主要的原因，就是像馮自己說的：

> 北京統率辦事處和參謀部，成都陳將軍，陝西陸將軍，重慶曹總司令，各方面都不斷的給我命令。……陸將軍那裡，先來一電，要我守瀘州，待一會，再來一個加急電，說：著該旅長迅速收復敘府。稍停，又來一個十萬火急電，卻要我星夜率隊到自流井。……

在他的《自傳》中，馮的說法是：自動撤出瀘州，退往南溪。而根據當時的「雲南都督府總參謀長」庾恩暘的記載，卻完全兩樣了。他說：

> 袁逆聞耗大震……命馮玉祥率所部由州方面進攻敘東。……戰於白沙場，敵軍據龍題山，用炮數尊並機關槍十數挺集中注射，我軍第四連長楊盛民戰歿，第一連長凌邦亦受重創，其餘官兵傷亡亦眾。……鏖戰三晝夜之久，斃敵營長一人，連長三人，敵兵數百人。敵旅長馮玉祥亦負重創，縱火燒民舍，向南溪潰退。……奪獲熗炮子彈無算，俘虜敵兵百餘人，馮軍退至江安……高懸白旗，口稱願降。……

這一仗，據馮在《自傳》中寫道：是「約定彼此不打，萬一不得已只放朝天槍」。如果真是這樣的話，又何至於雙方的傷亡如是之大？

後來，據馮自己說：「陝西陸將軍……連電催促，非要我進攻敘府不可……勢已無可拖延……於是前進，一面放著朝天槍。」

然而，據蔡鍔那時的電報，卻口口聲聲地：

「此三星期之劇戰，實吾國有槍炮後之第一戰也。」

由此可見：那時的「馮旅長」，在「陸將軍」的激勵之下，非僅沒有大放「空槍」，而且拚得十分出力。因此，當別人在蔡鍔面前大打敗仗的時候，能夠攻入納溪重地，被袁世凱破例升做洪憲皇朝的「男爵」，而且命令說他：「忠勇奮發，極堪嘉獎」。這其實都是那位「陸將軍」平時提拔的功勞。

至於馮在四川是否也真相他在《自傳》中那樣的愛民如子呢？據蔡鍔當時的電報：

> 納溪附郭各處，焚燒民居殆近千家。有時發見偽示：尚謂滇軍縱火，貽害百姓，乞請籌款賑卹等語。橫暴之極，濟以貪騙，人民身親目睹，銜之刺骨。

這地區正是馮部隊當時所在，按道理說，大概不能由別的「北軍」部隊來負其咎的。

後來，馮又替袁攻占了敘府，但卻正像他自己說的：

> 接得陸將軍急電，說西安被圍，令我星夜率隊往援。我即不顧一切，將隊伍撤向自流

井……走了兩天，在路上又接到陝西的電報……知道陸將軍已讓出西安，叫我停止赴援。北進既不必要，便將部隊統統集中自流井。

這一次，是因為陝西鎮守使陳樹藩，活捉了陸建章的兒子，第一旅長陸承武，要挾陸「所部繳械，退出陝境」由陳來出任陝西省的「護國軍都督」。由於「救主心切」，於是「革命」也好，「護國」也好，「封爵」也好，就都顧不得了。

誰知時局變動得太快，袁世凱一死，連累得那位「陸將軍」也成了個沒有人要的「棄婦」。而身為這個袁朝鷹犬最親信的人——馮玉祥，也就開始走了下坡。所以他才在自己傳中說：

那時段總理兼任陸軍部長，徐樹錚與傅良佐分任次長之職。傅等把我們隊伍看著和陸將軍有親密關系，而他們不滿於陸將軍，因而亦歧視我，要以對陸將軍的辦法對我。……一心要用功夫來把我們消滅。

這位馮先生究竟是個舊式軍人，說起話來不大講求邏輯。所以，緊接著就談到了當時的陸軍部下令把他調任為「正定府第六路巡防營統領」，鬧得他的全旅官兵通電抗命。據他自己的記載：

西方鬧成僵局，傅良佐和徐樹錚沒有辦法，去找陸將軍出來調處。陸將軍到了廊房，先和我說了一回，又召集全體官長說了一回，大意是：「他們歧視我們，蓄意消滅我們，只是妄想。但我們此時不能反抗。一反抗，反到變成我們不是了。我們此時正好蓄精養銳，誰也別想消滅得掉。看他們這樣胡鬧，必定有大亂子出來。那時我們自然有辦法出來。

官長們經此開說，都表示接受其意思，我即將交代辦好。

這一段記載，說得再明白也沒有：「堂堂陸軍部的命令，解決不了的事情，只要這位「陸將軍」來講幾句話，就成了功。而且他在談話中，屢次提到「歧視我們」、「消滅我們」、「我們養精蓄銳」、「我們自然有辦法」的話，都是以證明他們之間的確存在著血肉關聯的派系關係。

在這一段時期，陸和馮都實際上變成了光桿的將軍，手裡沒槍桿子，非常不得意。巡防營一共有四營人馬，分駐於十八個縣分，地廣兵稀，毫不能起什麼作用。所以，馮就裝病上了天台山去看佛經，習打坐。直到張勳在北京正式復辟的時候。

陸將軍的表示很是冷靜沉著，說這次的事是段先生一手作弄出來的。因為他出了北京，就不容易回去，於是把張勳這傻子弄出來，再把他打下去。一面取三造共和之名，一面就好回北京。解鈴還須繫鈴人，讓他們自己去鬧，我們只可幫幫忙，不必過於認真。

聽陸將軍的說話，當時已知內幕。……當即匆匆辭別，到車站趕晚車回廊房。……把討伐張勳的意義和十六混成旅的官兵使命，反覆說明，一面通電昭告國人，誓以鐵血衛護民國。

這裡，馮也說得很清楚：他的「討伐張勳」，並不是「拍案而起」，「不假思索」的行動；

而是事先到天津去向陸將軍「請示」過的。換句說話：如果陸那時已經被張勳高官厚爵地封贈了一通，因而對復辟的態度大有不同的話，那麼，馮這一支部隊還會不會在廊房參加「討逆軍」，也許就會大成問題了。

段祺瑞重新上台以後，曾經「居高臨下」地勸過馮玉祥，不要太和那位「陸將軍」打成一片。在馮的《自傳》中，經過是這樣的：

段先生說……將調我增援福建，為我增加一團人……共二千七百人，以後國民軍後起將領多歸德府人，就多是此次招募而來。……叫我和陸朗齋將軍不要常常來往。……我回答道：「……他是我的老長官，和總理也是老朋友，同輩。我今天就是打個通電，說我和陸無關，那個肯信？現在國家大難當前，還希望總理與陸將軍多多談談，陸將軍有胆有識，願總理對陸將軍親之信之，一定與大局有益。你們和和氣氣，共謀國是，我們後輩小子看著也學個榜樣。……」

馮玉祥帶著他的部隊離開了北方以後，實際上還是一支「陸家軍」，當時深悉內幕的人的記載：

馮旅由浦口開到湖北，又在武穴停留下來，陸建章仍然留在馮玉祥軍中，……叫馮玉祥在武六發出這個主和通電，以打亂主戰派對湖南進攻的步驟……。同時，陸建章還布置了一個突擊安徽的計劃，打算把主戰派極端頑固份子倪嗣冲趕走。……如果這個問題解決了，不但陸建章取得個人地位，而且長江三督打成一片，津浦南段全在掌握，主和派就更有力量對付主戰派了。與馮玉祥發表寒電的同時，鄂皖邊境……出現了安徽討逆軍……公推陸建章為討逆軍總司令。……馮旅主和，引起了主戰陣營的極度慌亂。

陸和馮的這些作為，就成了徐樹錚後來在天津誘殺陸的主要原因。馮在《自傳》中，向來對於自己難於自圓其說的事情，避而不談，或是輕輕地一筆帶過。在陸建章和徐樹錚這一對冤家的下場上，他都故意沒有提陸。只是輕描淡寫地把陸的死，說是段祺瑞和徐樹錚二人單方面的責任，認為他們：

「排除異己，一意孤行」。

「凡稍礙他們眼的人，必除之而後甘心。……捕殺陸朗齋將軍，並不免其職，亦不宣布其罪狀，胡裡胡塗即把他處死。這種做法，猙獰猖狂，咄咄逼人。」馮玉祥自己筆下寫出來的這些材料，從頭到尾，提供了一幅相當完整而清晰的畫面：對馮來說，陸建章並不是像一般人所深惡痛絕的那樣一個「殺人王」；對陸來說，馮也不是一般人所不齒的那樣一個朝三暮四，刻薄寡恩的小人。因此，他們才會互相欣賞到那麼深摯的程度！

我與馮玉祥的一段淵源

金典戎

編者按：世人多知馮玉祥生平以倒戈起家，以矯揉造作而欺世盜名，惟馮氏居常待人接物之一言一動究如何？彼於處逆境時之心情又如何？過去雖不乏記述，但多人云亦云，終未能刻劃入微，揭其隱秘。

金典戎將軍之於馮氏，具有一段不尋常之淵源，尤其馮氏當年在張家口號召抗日以及在泰山養晦兩時期，金氏與馮，日夕聚首，儼若家人，馮雖善變善做，而金氏固洞若觀火也。此文內容為將馮在張家口與泰山兩時期，外間所不及知之一切秘聞異事，據實書而出之，以饗讀者。

※ ※ ※

先生請吃飯，席設三陽觀；
白水泡煎餅，上下兩身汗。

上面這首打油詩，是我同馮玉祥先生一起住在泰山的時候，在某一次的聚餐中，我信口胡謅的東西。當時在座的人，有孫哲生、戴季陶、王瑚、老馮和我。

我現在還清楚的記得，我從黑龍江抗日歸來之後，就住在北平西城羊肉胡同路南的一所小四合院裡面。房子雖然不怎樣多，可是，在那個小院落裡，有籐蘿架、有石榴樹、有荷花池、有金魚缸，頗得小橋流水，花木扶疎之勝！

有一天，正當夕陽西下，我泡了一壺茶，一個人坐在藤籮架下，正在靜靜的悠然出神，忽然，我的老僕人走來告訴我，說外面有一位李先生要見我。我一看名片是「李連海」，在我記憶裡，說什麼也想不起來在什麼地方認識過他？但彼時北方的習慣，與目下香港的情形不同，凡是來訪的客人，無論識與不識，都不能拒而不見。我稍微躊躇了一下，便說道：「請進來！」並親自踱到門口去迎接他。

這位客人進來之後，我一打量，見他穿著一身藏青色的中山裝，戴著一頂灰色的呢帽，高高的個子，瘦瘦的面龐，兩眼精光煥發，人顯得很英武的樣子。一口地道的保定府口音，笑嘻嘻對我「自我介紹」的說：「兄弟是李連海，你是金先生吧？」

「是的，是的！請坐，請坐！」我一面答覆他的問話，一面很殷勤的招呼著他。

客人坐下之後，立刻把手中提著的兩個紙盒，放在我的面前，很鄭重的對我說：「馮先生很景仰金先生的抗日精神，稱讚你是民族英雄，特意派兄弟帶兩盒張家口的口蘑來，送給金先生，千里送鵝毛，乃表示他對金先生的敬意。」

他表達來意之後，看見我面部的表情，似乎依然看出來很錯愕的樣子！於是他又悄悄的對我說：「李德全女士是我家姊，金先生有什麼話同我講，是沒有關係的。」來客似乎是在說明他的身分，以免除我對他的懷疑。

「謝謝馮先生！謝謝李先生！承蒙馮先生看得起我，和勞動李先生光臨寒舍，實在不敢當。」我因為沒法證明來客，是不是馮先生派來的，和他本人是不是真的是李某其人？對他只好隨便敷衍一番。

來客好像看出了我的用意，這時從懷中掏出一封信來，遞給我說：「這是馮先生的親筆問候信，請金先生過目。」

我一看信，真是馮先生的親筆字，我這才對李連海說：「勞動李先生遠道而來，不知道對兄弟有什麼指教的地方？」

李卻擺出一副很誠懇的樣子對我說：「先生的意思，如果金先生有空的話，先生希望金先生到張家口去談談。」（後來我才知道，「先生」兩個字，是馮左右的人對他一種尊稱。）

大家把底牌攤出來之後，這才暢所欲言的談論起來。李在談話中，對於「何梅協定」表示極端的不滿！他認為這是中央簽訂「賣國條約」的佐證。李連海顯然是一個善於詞令的人，他當時掌握了我堅決抗日的心理，憑其三寸不爛之舌，一再對我強調「抗日」的重要性如何如何，說到激昂時，甚至「聲淚俱下」！終於使我受到了極大的激動，結果，我是答應了他，和他一同到張家口去同馮先生見面。

後來我才知道，馮先生派李連海到北平找我的原因，是基於下列的一個因素：當一九三二年日本軍隊在一夜之間，佔領了東三省各重要城市之後，我們駐在關外的軍隊，奉到「北平軍分會」的命令，是保存實力，把軍隊撤回平津附近，以等待反攻的機會（軍分會的委員長是張學良，後來又換了何應欽）。

我那時擔任的職務，是興安區屯墾督辦公署的參謀長，屯墾督辦是鄒作華先生（現居臺灣），那時鄒先生正在訪問歐西各國，由我在屯懇區裡替他負責，我們一共指揮有五個團的軍隊——三團步兵，一團炮兵，一團騎兵。後來在江橋抵抗日本侵略的主力部隊，就是我們這五團人馬，以及馬占山所統率的騎兵旅，和程志遠所統率的步兵旅，再就是黑龍江省的警衛團，和一些地方部隊。

江橋戰役結束後，日本軍隊便像蠶食桑葉一樣，再派一支軍隊，來攻打萬里長城，在喜峰口一帶同西北軍宋哲元所部，打得相當激烈。張自忠和趙登禹所率的大刀隊，就是在那次大戰中出了名的（張趙那時皆任師長）。以後中央軍的黃杰第二師，和關麟徵的第廿五師，開到增援，才把日本軍隊打退。上面所提到的「何梅協定」，就是在那次戰役後所簽訂的。雖然條約的內容不甚光榮，但也不像李連海所指責的那樣「喪權辱國」！

這時，馮玉祥先生，正住在張家口「土兒溝」，在表面上他雖然是韜光養晦，在那專讀書；但在骨子裡，他卻藉著抗日的招牌，暗中進行「反蔣」的活動。我那時只是一個二十幾歲的青年軍人，那懂得這一套把戲，於是就在熱血沸騰的情況下，加入了馮先生的抗日陣營。

馮先生在未發動抗日同盟軍以前，各方面的代表，到張家口去宣傳的人很多。最主要的人物，有李宗仁派去的代表，和李濟琛、劉湘、閻錫山派去的代表等。這些都屬於政治性的，另外還有一批軍事性的代表，計有龐炳勳派去的，有孫殿英、韓復榘、石友三派去的。但這些人也不過是「暗送秋波」，派人去對馮先生表示一下好感罷了。如果要叫他們揭起「抗日反蔣」的旗幟，他們都要看一看風頭，誰也不肯首先表明態度。此時，很湊巧的有一批從東北退回來的義勇軍，在無依無靠的情形下，都投奔到馮先生那裡，馮既滿懷野心，自然是來者不拒。這些人裡面，有戰韜，有馮占海、有鄧文、有檀目新等，七拼八湊的，合起來也有一二十萬人。其中，戰韜是我的學生，鄧文是我的舊部（在江橋作戰時，鄧是我指揮下的一個騎兵團長），其餘那些人，不是我的老朋友，就是我的同鄉，在江橋作戰時，都與我有過袍澤的情份，和同生共死的密切關係。

這些人在張家口見了面，談到了馮先生的為人，他們震於外面的種種傳說，都對他心懷戒心，大家會商的結果，就一致的同意把我拖出來，做他們和老馮中間的一個橋樑（我後來知道是戰韜和鄧文的提議，其餘的人附和，戰韜那時的名義是東北忠勇救國軍總指揮）。

當他們把這個意思透露給老馮之後，馮也非常同意，並且立刻派李連海到北平去找我（我住的地方也是戰韜告訴李連海的）。

我同李連海到了張家口，頭一天，是住在靠近土兒溝的一家旅館裡。在當天下午馮先生就派李連海帶一位勤務兵來，把我的行李搬到土兒溝他住的地方去，意思是叫我在張家口多盤桓幾天（這個時候，抗日同盟軍，雖在暗中不斷的醞釀，但對外尚未到公開階段，所以我可以在北平張家口之間，來往自如）。

我搬到馮先生那裡之後，遇見的人既多，更想不到會碰上那麼多的陸大同學期別最高的，有邱斌先生（今年才病歿於沙田），其餘都是後期同學，有王貫章、宋聿修、崔員琛等。這些同學們，都是西北軍的老人，始終追隨在馮先生的左右，論起他們同老馮的關係來，都可以替他們加上「親信」兩個字。我雖是外人，但因為他們深切的清楚我個人的歷史，且知道我追隨過郭松齡將軍，同西北軍有一段合作的淵源，所以什麼事也不避諱我。

尤其是那位邱斌老大哥，為人極其豪爽，更拿我當自己小兄弟一樣看待，因此凡是來會見馮先生的朋友，我也有份參加他們的祕密談話，尤其在每天吃飯的時候，我們都被邀同馮先生坐在一起，那時有資格坐上座的人，一位是王瑚（鐵珊）老先生（早年曾任江蘇省長，他的趣聞軼事外面流傳得很多，馮先生尊稱他為鐵老），另一位就是邱斌老大哥。邱在馮任十六混成旅旅長的時代是旅部參謀長，後來聲名顯赫的宗哲元、韓復渠、孫連仲等人，在那個時期，都不過是一個大兵的地位，就是鹿鍾麟、張之江、熊斌等人，也不過是一個排連長，或長一個小小的參謀。

在每次吃飯的時候，不是由王老先生，就是由邱老大哥講一翻笑話，再不然便由馮先生即席說一個有趣的故事，每次都是談笑風生的，一點也不覺著拘束。

有一天我們聚餐桌上，忽然多了一位客人，除了我以外，旁人對他都好像很熟的樣子。此時馮先生特別同我介紹說：「他是李忻先生，過去做過憲兵司令，現在從北平來看我的。」因為馮先生介紹的措詞很特別，李對我苦笑了一下，我也勉強的對李敷衍了幾句。這一次吃飯，大家的情緒，似乎沒有以往那樣輕鬆。

大家僵了一會，還是由李忻開口對馮說：「先生！現在日本的軍隊，佔領了多倫、沽源、康莊，距離張家口已不遠了，說來到馬上就可以來，先生又沒有守土之責，為什麼要在這裡住著，這實在太危險了！我替先生想，南京請你開會，可以到南京去；不然就到上海去，或者仍回峪道河去。只要你一答應，馬上就會預備專車送你登程。」

李忻說完這段話之後，很不自然的自己又打了一個哈哈說：「這裡實在不安全得很！」

馮坐在一旁靜靜的聽著！臉上一絲笑容也沒有，氣氛弄得非常沉悶。我這個外人，此時更不便插口，只好悶坐在那裡，屏神歛氣，等待事件的發展。

馮先生等李忻說完了話，立刻用很沉重的語調並板起很嚴肅的面孔對李說：「謝謝你的好意，但我要告訴你，由於你平時不肯讀書，所以直到現在，你還不認識真理。請你想一想，從九一八事變以來，我每天都說雪我國恥，和收復失地，今天日本人離我們近了，倘若我就藉著出席會議為名溜走了，這是多麼聰明的辦法！不替我自己想，就是替你們想想，我這樣走了，你們以後怎樣見人呢？」

馮說到這裡，略停了一下，繼續又說：「李先生，我常說的話，是君子愛人以德，小人愛人以姑息，你想想看，勸我溜走，這是愛我以德呢？還是愛我以姑息呢？我告訴你一句實話，我是決心要抗日的，我能動卅萬兵，就抗卅萬的；能動廿萬兵，就抗廿萬的。就是一個兵也弄不動，我一個人爬到屋頂上，拿著兩桿手槍，打死一個日本兵夠本，打死兩個就賺了一個。誰叫你來的，你回去就對他說，我姓馮的願意死在日本人手裡，不願意作一個軟骨頭的亡國奴。」

老馮先生表示得這樣堅決，不但是李忻顯得非常尷尬，就是我們這些同桌吃飯的人，大家也都低頭無語，覺得怪不好意思。

此時，這個桌子上只有王鐵珊先生有說話的資格，他趁勢打圓場說：「馮先生和李先生說得都對，李先生跟過你廿多年，他對於你應當這樣說。你是創造中華民國的，中國興亡，你是有責任的，你也應當這樣答覆他，都說得對，都不要難過。」這樣，才算把這尷尬場面敷衍了過去。

又有一天，我同邱老先生坐在馮先生屋裡閒談，傳令兵忽然領一個紅面孔的大漢進來，這位先生可以說是相當的鲁莽，他一進屋子裡來，也不問青紅皂白，跪在地下就哭了起來，而且還一面哭一面說：「我實在沒有臉面見先生，你交給我幾十萬軍隊，都叫我弄光了，我還有什麼臉面來見你呢！」

老馮這時一面拉他起來，一面也老淚縱橫的說：「這話快不要說了，自從一九一三年以來，你跟我當兵，那時候我們只有一千五百人，後來發展到一百多萬，這還不是你們弄來的嗎？你們弄光了，不是應該的嗎？有什麼值得難過！」那個大漢又說：「我這次來見先生，就是想要以身報國，以死報效先生，我願意死在日本人手上。」馮說：「這已經夠了，你不必再說了！」

我這時覺得夾在中間，很不好意思，於是向邱老先生使了一個眼色，就乘馮同那位大漢說話的時候，悄悄的退了出來。我問邱說：「這位大漢是什麼人哪？」邱說：「你不認識他嗎？他就是大名鼎鼎的吉鴻昌。」

在午間吃飯的時候，馮才介紹我同吉鴻昌認識，吉怕我不明白姓名的寫法，於是對我作了一個解釋說：「吉是十一口，鴻是鴻運的意思，昌是昌大的意思。」

我只好笑著點頭，但王鐵老在一旁就笑話了，他說：「不對，吉是士口吉，因為士是讀書人，從士口中說出來的話，都是吉祥的。」此語一出，逗得老馮也呵呵大笑起來，大家一面吃，一面說笑，早晨那又跪又哭的一幕，似乎已一掃而空。

馮在張家口豎起抗日大纛，滿以為藉著這塊響亮招牌，可以重振旗鼓，在華北另創一番局面。不料宋哲元、韓復榘等，擁兵不動，中樞更施以種種壓力，請他離開土兒溝，結果只熱鬧了半月光景，便收拾一切，黯然奔上泰山，讀書去也！

我在張家口住了一個多禮拜，除了在馮先生那裡會見了各方面來的「三山五嶽」的好漢們外，便是同邱斌先生計劃樹立抗日大纛的事，這時我們統計了一下各方面投奔到張家口來的游雜部隊，人數倒是不少，大概有二十萬人左右，其中大部分的軍隊，是槍馬齊全，就是服裝不怎樣整齊而已。

依照馮先生的意思，是暫時把他們編成為五個軍，每個軍是三萬人到五萬人。內定由邱斌擔任馮的參謀長；方振武任第一軍軍長，兼前敵總司令；我任第二軍軍長，兼訓練委員會主任委員；佟麟閣任第三軍軍長，兼察哈爾主席；吉鴻昌任第四軍軍長；鄧文任第五軍軍長。

人槍都有了，剩下來的就是錢的問題，這時朱子橋先生，在北平城組織了一個「東北抗日軍後援會」，他在上海各地募集了許多款子，專為幫助東北抗日軍隊之用。他聽說許多東北游擊義勇軍開入了察哈爾境內，特意派楊慕時先生到張家口來慰勞他們，並帶來十萬現洋交給馮先生作為抗日用途。馮先生知道我同朱子橋先生的私交很好，就派我回北平去答謝朱先生的好意，並向他報告張家口方面籌劃「抗日同盟軍」的實際情形。

等到我再由北平返回張家口的時候，馮先生已經揭起「民眾抗日同盟軍」的大旗了，並按照事前擬定的名單，發表了「人事命令」。

這些軍隊因為都是臨時七拼八湊編在一起的，除了高級軍官外，中下級軍官及士兵們，對於馮先生可以說一點認識也沒有。馮先生這時候想出來一個臨時訓練方法，把我們一班陸大同學召集在一起，組織了一個「訓練委員會」，由他親自率領我們，到各部隊去施行短期訓練。馮先生有時候自己拿著一枝步槍，親自現身說法，教導那些官兵們練習「站射」「跪射」「臥射」的方法。

他為了使士兵們懂得愛民的道理，親自寫出來十條簡單的問答，叫官兵們在每天早晨點名後，按著這個詞句問答一番。

第一問：我們的父母是什麼人？

答：是老百姓。

第二問：我們的兄弟、姊妹、親戚、朋友是什麼人？

答：是老百姓。

第三問：我們原來是什麼人？

答：也是老百姓。

第四問：將來我們打完仗，退了伍去做什麼？

答：還是做老百姓。

第五問：我們吃的東西是從那裡來的？

答：是老百姓給我們的。

第六問：我們穿的衣服是從那裡來的？
答：也是老百姓給我們的。
第七問：老百姓吃的穿的怎麼樣？
答：老百姓吃得壞、穿得壞，把省下來的錢都給我們了。
第八問：既是這樣，若還欺壓老百姓，對不對呢？
答：不對，欺壓老百姓，就同欺壓自己的父母、兄弟、姊妹、親戚、朋友一樣，那就是喪盡天良，不算是人了。
第九問：那麼，我們對待老百姓應該怎麼樣呢？
答：應該愛護他們，敬重他們，處處幫助他們。
第十問：我們能都這樣做，有什麼好處？
答：老百姓也一定愛護我們，敬重我們，幫助我們，我們軍民大家同心協力，就一定可以很快把日本鬼子趕了出去，把民族復興起來。
此外，他還編了幾首「士兵救國愛民歌」，教給士兵們唱，那些歌的詞句是：

我們的父母是百姓，
我們的兄弟也是百姓，
親戚和朋友，都是老百姓。
我們也曾把地種，
我們也曾把田耕。

打了勝仗回家鄉，
仍願拔草，做工去謀生。
我們吃的那裡來？
百姓血汗來供應。
我們穿戴衣帽和鞋襪，
那件不是百姓辛苦所做成。
他們忍著飢餓和痛苦，
無非是希望我們：拿槍，殺敵，保生命。
愛護老百姓，
保我好河山。
立個大志願，
要做英雄漢。
打仗拼命打，
不打仗時勤訓練。
有空就幫忙老百姓：
插秧、割麥、灌地、蓋房樣樣幹，
不白吃百姓一頓飯。
大家人人都如此，
就是英雄和好漢。

因為受了時間的限制，這些部隊只受了一個星期的訓練，就奉命離開張家口，向沽源前進。我們不要小看這短短一個星期的訓練，在精神方面，倒真是使士兵們把愛民的道理深深的印入他們腦海裡去，他們從此以後，倒真正的嚴守紀律，不入民房，不騷擾老百姓了。

那些本地的老百姓，看見這些來往的軍隊，紀律突然變好了，都很奇怪，聽士兵們的口音，大部分都還是東北人，有些老百姓就問他們：「你們半個月前從這裡過，還打人、罵人、搶人，不講道理；現在從這裡過，為什麼這樣守規矩，也不進民房了？」

以後有人從察北來，把些話告訴馮先生和我們聽，大家聽了都覺得很興奮，很高興。

這股軍隊，就憑著一鼓作氣的士氣，先打下沽源，後又打下了康保和保昌，最後進攻多倫時，很費了一些力氣，死傷了兩千多人，才把多倫拿下來。

那時，據守置四個地方的軍隊，除了少數日本軍隊外，大部分都是偽滿軍隊，他們一看國軍到了，只稍微抵抗一下就撤退出去。我們那時喊的一句口號，很收效果，那句口號是「弟兄們：中國人不打中國人，馮玉祥來了，繳槍過來吧！」

此時中樞是汪精衛擔任行政院院長，他在南京發表談話說：「何梅塘沽協定剛成功，老馮又在張家口鬧事：多倫根本沒有日本人，那裡會有仗可打呢？這分明是馮玉祥在那裡造謠言。」

但在另外一方面，廣西省聽見我們在察東大捷的消息，立刻由李宗仁和白崇禧具名，來了一封致賀的電報，並匯來十萬小洋勞軍。

由上海來的一位朋友告訴馮先生說：有一天在上海有三四百人歡迎從歐洲轉道回國的馬占山將軍，九十四歲的老人馬相伯在歡迎席上斟滿了一杯酒站起來說：「我第一杯酒是恭賀馮玉祥將軍收復察東四縣，並且盼望他能收復更多失地，第二杯酒是歡迎馬占山將軍。」

這個時期中央所決定的政策，是「安內而後攘外」。但馮先生偏要在張家口單獨的樹立起「抗日」旗幟來，所以敏感的人，都認為他是圖以抗日為名，奪取地盤是實。據馮先生當時自己的估計，那時駐在華北的重兵，主要的是東北軍，其次就是韓復榘和宋哲元所統率的西北軍，只要這些個部隊表明態度，擁護他的抗日政策，他確實可以在華北方面創造一個稱霸的局面來。

殊不料馮在張家口樹起抗日招牌之後，這些部隊卻是一點反應也沒有，但馮已經騎上虎背，卻背上了一二十萬人的一個大包袱，這些人馬，不用說薪餉無著落，就是每天給他們張羅吃的喝的，也就夠受的了。察哈爾原是一個貧瘠的省份，每個月的政費，過去都是由中央撥款補助，叫它養一二十萬的客軍，簡直是辦不到的事。

勉強維持了半個月的時間，馮在表面上雖然還是非常鎮靜，可是在內心方面，已經逐漸的陷於苦悶的境界！這我們可從他的招待人客中，看了出來。在起初，凡是到張家口來的人，他都喜歡同他們見面，稍微重要一點的人，他還要請他們吃一兩次便飯。後來，許多來會見他的人，他都批交參謀長代見，請客的事更是一天比一天的減少。

老實說，這時中央就是不使用什麼壓力，馮的抗日軍本身在經濟方面，已發生了嚴重危機，頂多再能苦撐一兩個月，無論如何也維持不下去了。

有一天，我同馮先生、邱大哥三個人在談收編東北游擊隊事宜，這時候由吉鴻昌帶進來一位日本客人，經他給我介紹了一下，我才知道這位客人是日本特務機關長松室孝良大佐。我一看有外賓到訪，就趕緊向馮先生告辭。

「沒關係！大家一起坐下來談一談吧。」馮先生立刻對我作了如上的挽留。

這位日本來客，穿了一套又狹又小的咖啡色西裝，帶了一頂黑色呢帽，說的倒是一口很流利的中國話。他一坐在那裡，就對著馮先生打著哈哈說：「很好！很好！因為馮先生住在張家口，張家口就顯得活躍得多了，可惜，這個地方很缺乏樹木！」

我從側面冷眼旁觀，好像馮先生對於這位來客，並不十分歡迎。否則，來客既然請求見馮先生，說有很機密的事要和他談判，他為什麼還留我這個第三者在場，而使對方不能暢所欲言呢？我洞悉了馮先生的用心之後，便很坦然的坐在那裡，準備看看這位日本大佐，究竟想玩一套什麼把戲？

馮先生一開口，就給這位外賓一個橡皮釘子，馮先生回答說：「松室先生說得對極了，張家口最大的缺點，就是缺乏樹木，我現在正在計劃著發動植樹運動。可惜松室先生太年輕，不知道貴國早年的情形，在你老祖宗那個年代，日本也同現在的張家口一樣，大街上也是沒有樹木的哪。」

「哈哈！哈哈！哈哈！」馮先生說完這句話之後，他自己首先打了一個長哈哈！松室孝良也只好尷尬地跟著打哈哈！我們看看馮先生這麼一臉孔道貌岸然的神氣，再看看松室孝良那副面孔，也都只好跟著哈了半聲。

空氣沉悶了至少有五分鐘，還是由松室孝良首先開口說：「敝國政府非常敬重馮先生，我昨天託吉鴻昌先生轉交給馮先生的一份備忘錄，不知道馮先生看到沒有？」

「看到了。」就這麼簡單的三個字答覆後，又沒有下文了。

「先生的意思怎麼樣？」松室孝良又跟著追問了一句。

馮先生此時而孔扳得緊緊的，反問松室孝良說：「貴國的意思，是不是叫我放棄抗日？使察哈爾局面特殊化？貴國援助我二百萬銀元和二十萬槍枝？」

馮先生一面說，松室孝良一面點頭。說到後來馮先生更鄭其事的指著松室孝良說：「我有沒有力量抗日那是另外一回事，但我老馮決不能利用抗日的旗號，作出賣國家民族的罪人！」馮先生說到這裡，又指了指我和邱大哥說：「我叫我的部下留在這裡的意思，就是請他們替我作一個見證人，我馮玉祥並未同日本人有什麼祕密勾結。」

馮先生這次辦外交，可說是辦得大義懍然，但從此以後，馮在張家口抗日的局面，也就江河日下了。那時馮和中樞唱反調，坐在張家口大張旗鼓要抗日，若以馮一生搞風搞雨的秉性來說，其間自包藏著個人的野心，一方面他藉著抗日之名，以爭取當時敵愾同仇的民心；另方面倘韓復榘宋哲元對他表示擁護，他在華北確實有可能再與中樞分庭抗禮而奈何他不得。雖然如此，但他在形格勢禁之下，總算沒有不擇手段的接受日本方面的條件，這一點是值得一書的，否則中國的歷史，又要重寫了。

由於馮在張家口的硬幹，當時確實使中樞傷透了腦筋，遂不得不使用壓力，迫馮放棄他的一意孤行。中樞對馮的政治方面的壓力是：下令宋哲元將軍，回任察哈爾主席，殆使馮離開張家口；軍事方面的壓力是：調集關麟徵、黃杰、劉戡各師部隊，集結在平郊一帶，準備於必要時，對張家口使用武力。

我們在張家口，過了沒有多久時候，就很清楚的知道了中央對付張家口的各種計劃，於是，馮先生便在「土兒溝」總部，召開了一個高級幹部會議，叫大家共同研究一個應付的對策。

在那次會議中，馮提出來「抗日」、「反蔣」兩個大題目來，叫我們大家討論。

馮在致詞中說：「敵人現在打到我們大門口來了，中央在政策方面，是抱定了不抵抗主義，說什麼攘外必先安內，抗日必先剿共。表示他們對於抗日，根本不感興趣！現在不但我們中國人自己相信中國軍隊不敢同日本軍隊作戰，就是日本人也認為中國軍隊早已失去了抵抗的能力！我同你們各位的心情，都是一樣，我們住在張家口這個地方，不能夠眼睜睜看著敵人打了進來，一點表示也沒有。因此，我們才樹立起來抗日大旗，號召全國，可是，代表中央的北平軍分會，卻用種種的手段，來壓迫我們，你們大家看，我們應該怎麼辦？」

馮說完話之後，接著方振武、吉鴻昌、戰韜等，都先後發言，這些人都屬於激烈份子，他們主張，不顧一切的硬幹到底。馮對於這些激烈的言論，暫時的不置可否，看了看邱斌和我，他說：「金先生和邱先生，你們二位的意思怎麼樣呢？」

我一看會傷的情緒，非常激動，這個時候要發言，著實相當困難，於是我便使用了一個手法，把目標移轉到旁的地方去。

我說：「我們今天這個會議，應該把問題分作兩方面來看：一方面我們固然是應該討論一下同盟軍的未來作法；另一方面我們也應該替先生想一想。」

我看一看大家的情緒，都好像急欲要知道我發言內容的樣子，於是我接下去說：「不錯，中央阻撓我們的抗日工作，是叫人非常憤慨的事，可是，就是中央不阻撓，我們，僅憑我們這一二十萬人的抗日隊伍，能把日本驅逐出國土以外嗎？先生早就說過：我們的抵抗日本侵略，不過是為的喚起人心，叫日本人知道，中國軍隊不是不能打仗，現在我們既然已收復了察東四縣，對於這件事總算是有了一個交代，依照我個人的拙魯看法，我們應該利用這個機會，把抗日工作暫時告一個段落，善後的事，交給宋哲元替我們去處理，那是再好也沒有的事。請大家仔細的想一想！」我停了一停，又接下去說：「至於先生個人，如果因為抗日不成，轉而反蔣，那一定會予人以口實，這殊非我們做部下的替先生設想之道，不怕先生怪罪的話，我是贊同先生於解散同盟軍之後，到泰山去讀書一個時期，以待時機的。」

當時贊同我這個說法的人，有佟麟閣、邱斌、王貫章、崔貢琛、宋聿修、彭國政、魏鳳樓等，在人數方面，我們這一派，顯然是佔了優勢。馮先生想了一想說：「金先生說得也很對，在今天的情勢下，我們就這樣辦吧！峴章兄（邱斌字）請你擬一個電報，請明軒（宋哲元字）到張家口來。」

會議開完了，馮先生叫他的舅老爺李連海在張垣新村築了一個紀念塔，把抗日同盟軍陣亡官兵的名字，都刻在石頭上，塔上做了一個五尺多長的木頭尖，斜指著東北，那是說不要忘了收復東北失地的意思。

過了沒有幾天，宋哲元應召來到張家口，第二天早晨，馮就在宋哲元的陪同下，乘專車經平綏路，轉津浦路開往泰山，在隨員中有邱斌、王貫章、宋聿修、崔貢探和我，以及李連海等。另外還帶有一團衛隊，陣容倒不像是一個下野失意軍人的樣子。

馮氏抵泰山後，住在普照寺裡韜光養晦，李德全隨後也携著子女，從山西趕來相聚。山居時期，並在關帝廟成立了一個「軍事學術講習班」，又在普照寺組織了一個「讀書會」，每天上課聽講，煞有介事，一混便是兩年多。

有一天，老馮和筆者談到石友三、宋哲元、孫連仲、韓復榘等先後都背離了他，言下感慨萬端。筆者卻舉出劉邦用韓信故事以諷之，深山共話，相與黯然，舊事縈懷，恍同昨日！

一九三二年八月下旬，馮先生和我們一班追隨他的朋友們，分乘兩列專車，安然的抵達了山東泰山。

在這次南下的旅程中，我們的專車，除了在北平西直門車站，停留的時問較長外，一路都是疾駛而行。因為我們那個時侯的心情，都異常沉重，任何人也沒有瀏覽沿途風景的情緒！

當專車抵達北平西直門車站時，何應欽將軍、王綸將軍、朱子橋先生，和抗日後援會的一些代表們，早已等候在那裡。大家見了面之後，免不了是一套客氣和周旋，這也用不著細說。

無孔不入的新聞記者們，當然是不會放棄這個探訪新聞的好機會，於是，也一窩蜂的湧入了西直門站台之內。

那時，政府的政策，還在埋頭準備期間，對於「抗日」問題，記者先生們，還不便作過度的描述。大家的探訪目標，只好注重在對老馮這個人「特寫」方面。

他們最感興趣的，是馮玉祥那個異乎常人、特別高大的體格。有一位記者先生，在他的描述中說：「馮玉祥將軍高大的個子，胖胖的身體，穿著一套藍布做成的短襖和紮腿褲子，腰間繫著一條藍布的帶子，帶子兩頭，各有一條長長的穗子，連合著打了一個結，垂在一邊。腳下穿著的，是一雙布鞋。如果不是我們知道他是馮玉祥的話，一定會把他當做了從鄉間來的一位老農。」

又一位記者先生，卻特別注意馮的胸間口袋上，插著的那枝淡黃色頭號「派克」自來水筆。他認為這枝筆插在藍布棉襖上面，雖然顯著很不調和，但因為是佩在馮的身上，就格外引人注目。

專車到了德州，再往南就進入了山東省境了。這時，山東省主席韓復榘，早在德州車站迎候，隨車陪送而來的宋哲元，也只送到這裡為止。在火車頭加煤上水之際，韓復榘買來了好多西瓜（德州西瓜馳譽國內），送給我們解渴。在時間方面，陽曆的八月月底，恰好是陰曆的六七月之間，是吃西瓜的好季節。我在許多地方都吃過西瓜（包括臺灣出產的西瓜在內），可以說任何地方的西瓜，都沒有德州西瓜那樣好吃，每一個都有二三十斤重，皮色多數是青黃，裡面是黑子紅瓤，因為它的形狀是長長的，所以當地人都把它叫做「枕頭西瓜」。

車過濟南，我們只接受了韓復榘在省府招待的一次午餐，即繼續行程。車抵泰山，該縣縣長周百鍠，和當地的士紳及學生代表們，也早在車站上排隊相迎。

在分配住所方面，馮先生住在普照寺，我和邱斌、王貫章、宋幸修、魏鳳樓、崔貢琛等一班朋友，則住在關帝廟。

泰山是我國五嶽之首，從泰山頂流下來的水，分成東溪西溪兩大股主流。東溪那一帶的名勝，有關帝廟、王母石、小紅門、經石峪、斗姆宮等等古蹟；西溪從扇子岩、萬壽橋、百丈岩、黑龍潭、到普照寺、三陽觀，一路上也有一些古蹟。東溪一帶，古柏參天，關帝廟裡有一顆柏樹，上面掛了一個牌子，據說它已經有了一千二百多年的歷史；西溪一帶樹木不多，這或者是因為東溪是逛泰山者的必經之路，所以前代的人，便在那條路上栽植了很多樹木。泰安是管轄泰山的一個縣份，泰安城裡的大廟內，也有很多古老的大樹。在每年夏季裡，這裡通常是當地人的納涼之所，有一些會做生意的人，還在這裡陳設了一些籐椅，供人休憩之用，和兼賣一些茶點之類。

從泰山頂南天門的東嶽大殿，直到泰安城內的大廟，差不多都是「道人」的世界，但在半山腰中，有些廟是由和尚當家。另有斗姆宮一處，卻是由尼姑主持。據說，當年在斗姆宮極盛時代，那裡的艷事逸聞，流傳在外面的很多。有一天，我同馮等數人還特地到那裡觀光一次，出來招待我們的，都是一些老態龍鍾的尼姑，根本沒有妙齡女尼，由此，可以想見外面的傳說，十之八九是不可靠的。

看那光景，在當年道教盛行時代，泰山的周圍，一定是廟宇櫛比，香火鼎盛；但我們到泰山的時候，已經是破爛不堪，有的地方，廟宇雖已傾圮，可是根基還留在那裡，有的地方，則是荒蕪一片，連一點痕跡都看不出來了。

我們到了泰山，過了沒有好久的時間，顧維鈞先生，從南京打來一封電報，告訴馮先生說：國聯調查團李頓爵士，為了調查「九一八」事變這件事，專車經過泰安的時候，他希望藉著這個機會，瞻仰一下中國的名山，到泰山上面去看看。並且想要同馮先生見見面，請馮先生指定一個見面的地點。馮先生接到這封電報之後，立刻把邱斌老大哥請了去，請他回了顧維鈞一封電報說：「九一八事變，是人所共知的事，又有何調查的必要？李頓調查團做的是侮辱中國人的工作，我不願見他。」

後來李頓一行人到了泰安，僱了二百多頂轎子，浩浩蕩蕩，到泰山頂逛了一次，在山上吃了一頓野餐，下山來到了泰安車站，李頓爵士忽然對顧維鈞先生說，他的手杖丟了，那根手杖上有他妻子的像，和鑲上去的寶石，非設法找回來不可。顧就找縣長周百鍠，周就找兩個轎夫頭子，那兩個轎夫頭子都是五六十歲的人，土頭土腦，非常忠厚，聽說丟了貴重東西，急得直流汗，只好遍問其他的轎夫，而大家都異口同聲的說，沒有看見。

李頓爵士在未尋獲到這根心愛的手杖之前，硬不肯上車，周百鍠急了，馬上就把兩個轎夫頭子押了起來，並且警告他們說：「甚麼時候找到手杖，甚麼時候才能放你們出來。」

顧維鈞是一位辦外交的老手，一看鬧得太不像話了，才再三的向李頓爵士提供保證，一定替他把手杖找了回來，這才算勉強的開了車。

過了兩天，李頓的手杖，被一個道人在山頂乾牛糞堆中找到，才算了結了這件公案。周百鍠把這個消息告訴給馮，馮當時很感喟的對我們說：「我不明白中國官員為甚麼這樣怕外國人！常言說得好，平時以禮相待，有事據理力爭，外國人也是人，中國人也是人，中國人同外國人辦交涉，萬不能在心理方面，先有了自卑感，以為外國人說的話都是對的。因為外國人也有很多人是明白事理的，他看你越是卑躬屈節的，只會說是！是！是！他越是看不起你！」

馮因為受了這樣的一個小小刺激，他對於李頓調查團的觀感愈來愈壞，他叫我們替他搜集了一些九一八事變的材料，他便根據這些資料，寫了一本書，書名叫做《反國聯調查團》，把它印了出來之後，他立即分送各有關機關、法團、及社會團體等，做為參考。

另外，他又叫我們編了一冊《察哈爾抗日實錄》。以後他同我們到膠東旅行了一次，回來後他又寫了一本《膠東遊記》，以廣流傳。由此可見，馮這個人，對於金錢雖不十分注意，可是對於權位和虛名，卻一時一刻也放它不下。

我們在泰山安頓下來之後，馮的夫人李德全女士，也帶領他們的子女，從山西峪道河來到了泰山，從此更可以證明，馮在泰山有了長期住下去的意思。

過了沒有幾天，馮先生就召集我們一班朋友，開了一次小規模的「座談會」。參加的人有：王鐵老（瑚）、邱斌、李德全、王貫章、宋聿修、崔貢琛和我。在那次座談會中，我們商訂了以下兩件事：一、在關帝廟我們的住所那裡，成立了一個「軍事學術講習班」，由我主持這件事。凡是住在泰山的軍界朋友們，都得參加這個組織。在講習課目方面有：「大軍統帥學、戰史、戰術、古代兵法、參謀業務、後方勤務」這一類的功課。儼然是一個小規模的軍事學校。在講堂正中間，馮還親筆寫了一個匾額，題詞是：救國不忘讀書。二、除了這個講習班之外，另在普照寺那邊，組織了一個「讀書會」。由馮先生自己講「帶兵、練兵、用兵的經驗」。又指定我講「古代兵法與現代戰術對照之研究」。陳豹隱講「哲學」和「經濟學」。舒舍予（即老舍）講「政治學」。李達講「列寧哲學」。另外還請了幾位北平大學的教授，講「天文學、歷史、地理、心理學、生物學、物理、化學」等類功課。有一位姓宋的朋友，新從美國得了博士回來，馮先生就請他主講「一週時事分析」。那時泰山有一位宿儒范明樞老先生，已經是七十多歲的老人了，在泰安圖書館裡做事，馮先生也把他請了來講「春秋左傳」。

這兩個讀書組織，在時間分配方面，每日的上午，從早晨六點到上午十點，我們都到普照寺去參加「讀書會」的組織；下午由兩點鐘起，大家再到關帝廟來參加「軍事學術講習班」。這樣一來，各位朋友雖然是在住閒期間，但一天到晚，也是忙的不得開交！尤其是我，除了聽講外，還得教書，除了作筆記外，還得準備功課。

就是這樣的生活，我們在泰山一共過了兩年多，現在回想起來，實在覺得這是一段最值得紀念的日子。

外面不明內情的人，每每以為馮玉祥是一個老粗，而他自己也常常以「大兵」自居。其實，他這個老粗的學術修養，並不在某些學者之下，你如果以為他是一個不學無術者，那你一定是上了他的當！

有一次，我同馮在普照寺門前散步，普照寺的近側，有一處頗平坦的草坪，正有一些士兵在那裡練習單刀和長槍的對打，那位武術教官看見馮在旁邊看著，教得格外起勁。一會叫那些士兵練單刀，一會又叫士兵耍長槍，再一會兒，又是單刀長槍的對戰，實在是熱鬧緊湊，好看煞人！

這時候我看了看馮，馮也看了看我，彼此同時做了一個會心的微笑。馮立即向我表示說：「在現代武器這樣發達的情形之下，金先生你看長槍大刀還會有用嗎？如果我們拿著這種落後的兵器，同敵人去作戰，卻還不是去送死！」在這種場面裡，我能作甚麼表示？只好是對馮笑了笑說：「先生說的很對。」

馮又接著說：「可是，話又說回來啦，長槍大刀也不能說完全無用：第一、我們可以用它叫士兵鍛鍊體格；第二、如果我們缺乏現代武器，有了它總比赤手空拳好得多；第三、如果真的同敵人進行白刃戰，或者是夜間去偷襲敵人，這還是一種可用的傢伙。」

又有一次，正趕上星期天，我們那天照例是沒有功課的。馮特意從普照寺到關帝廟來找我閒談。我們兩個人閒聊一陣之後，馮忽然很鄭重的對我說：「金先生，我想請教你一件事，可以不可以？」

「先生！怎麼這樣客氣起來啦？」我笑了一笑後答。

「不是的，這件事是我多少年來的疑團。我想金先生熟讀戰史，一定對這件事有一個高明的看法，所以我才特別利用今天這個閒暇無事的功夫，找你談一談，但希望你不要同第三者講。」馮說這番話的時候，是一面孔的神祕表情，倒弄得我十分糊塗起來了。

「謹遵先生的吩咐，有甚麼話請先生說吧！」「金先生！」馮壓低了嗓音，又向我打了一個招呼說：「你同我相處已經有了一段時間，一定可以看得出來，我們北方朋友。最大的長處，就是以誠意待人，不懂得甚麼彎子轉子的。我始終不明白，像石友三、梁冠英、孫連仲、宋哲元、韓復榘這些位老弟兄們，他們忽然間會在利害緊急關頭，一個跟著一個的，離開我投到蔣先生的陣營裡去，這些人都是當兵出身，我一步一步的把他們提拔到邊疆大吏的地位，難道說我還有甚麼對不住他們的地方嗎？」馮對我說這些話的時候，態度上顯得非常誠懇，可見他並沒把我當做外人。

但無論如何，我還懂得疎不間親的道理，馮雖然拿我當自己人看待，我也不會那樣的不知好歹，隨便講任何人的閒話。但馮的問話，又不能不答，答得又不能離題太遠，在萬分無奈中，我反問了馮一句：「先生！你知道韓信兵權在握的時候，無論左右的人怎樣的慫恿他，他為甚麼始終不反？」

「是哪！」馮只對我表示了一個疑問口吻。我又接著問：

「先生對方才所說的這幾位朋友，都是從一個大兵的地位，逐步的提升他們當班長、排長、連長、營長、團長、旅長、師長、軍長，直的到總指揮、總司令、省主席。」

「對呀！」馮又這樣簡單的回答了我一句。我掌握到了談話的中心後，立刻開門見山的說：「韓信是一位有才具、有抱負的人，但他在未遇到劉邦以前，只落得乞食漂母，受辱跨下。以後投奔到項羽帳下，授職也不過是一個執戟郎。甚麼人生酸甜苦辣的滋味，他都經歷到了！他一旦見知於劉邦之後，劉邦便毫不遲疑的，登擅拜將，授以上將軍之職，和把興漢滅楚的大任，交在他的手上。這時的韓信，便會從內心裡面，對劉邦產生一種知遇之感。他後來當然不肯聽信旁人的勸告，來反對劉邦了。」馮點了點頭，似乎是很同意我的說法。我接著又說：

「先生用的人，情形就不同了。這些位朋友，受了先生提拔之後，他們認為只要他們好好的幹，按步就班的升官，是一種很自然的事。他們固然是知道先生對他們好，但究竟好到甚麼程度，他們絕對的體驗不出來。一旦遭受到外力的誘惑，他們甚至發生了一種錯覺，而在心裡想著：我們如果不跟著老馮，也許早就升到了這個地位？他們對你不但沒有知遇之感，想左了反而會認為你妨礙了他們的前途。他們對你的反戈相向，這還有甚麼值得詫異的地方？」馮先生聽了我這一番解釋，立即顯出很感慨的樣子說：「可惜！我聽這番話的時間是太遲了！否則，我一定不會犯過去那樣重大的錯誤的！」

馮是一位非常風趣的人，我同他在泰山一共住了兩年多，可記述的事實在太多了，以上所述，不過是一個小小引子罷了！

老馮和李德全的結合，說起來怪有趣，李德全原來身為介紹人，不料這位介紹人卻移花接木的把她自己介紹成為馮夫人了。

馮在泰山讀書時期，其牢騷苦悶，自不待言。有一次他居然假戲真做的，拿殺雞來發洩胸中的悶氣，今日追懷舊事，可笑亦復可憐！

在泰山普照寺的「讀書會」組織中，李德全是唯一的一位女性。可是，以像貌來說，她倒很像是一個粗壯的漢子，連一點女人樣子都沒有，頭髮剪得短短的，穿一件粗布的旗袍，又肥又大，說起話來，也是粗聲粗氣的，大有馮先生的派頭。

我同邱斌大哥談起她來，有一次我曾開玩笑的說：「真正中國古語說得好：『不是一家人，不進一家門。』這位粗線條的李德全女士，如果不是馮先生，誰配得上她呢？假如像你老哥這樣瘦小枯乾的個兒，嚇也會把你嚇倒了，更不要說什麼唱隨之樂了！」

邱說：「你說得不錯，提起這位夫人來，我倒可以告訴你一件有趣味的移花接木的故事。」

邱大哥是一位很風趣的人，他還是滿清時代的一位老舉人，後來又考入了陸軍大學第一期。從學識方面來說，可算得是一位文武兼資的人物。他和馮先生的關係，更是介乎師友之間，由他來講馮先生家庭中的秘聞，不但精彩，而且可靠，所以我急於要聽他的下文，反而不敢再同他開玩笑了！

邱說：「馮先生任十六混成旅旅長的時候，先是在北京附近的廊房駐防，後來又調到京城近郊的南苑。在訓練軍隊之餘，馮先生忽然興起了家室之念，那時候我們的軍隊，同教會中的人很有來往，軍中還有所謂查經班，和隨軍牧師的組織。李德全女士，是北京東城教會中的一位傳教士，常常同我們見面，於是我就拜託她同馮先生介紹一位太太。那個時候的人，還不十分開通，不懂得什麼交女朋友那一套，娶太太必須有人從中介紹。李這個人辦事倒很熱心，在很短的時間內，便給馮先生介紹了一位女士見面。而且每次見面，都由李德全陪同著她在一起。見了幾面之後，馮先生固然興緻很高，誰知這位女士對於馮先生的印象不佳，根本無意談婚嫁那回事。後來馮先生知道了這個消息，心裡很不痛快。有一天對我（邱）說：『峴章兄！我看那位李女士倒不錯，請你從旁問一問，如果她願意，就是她吧！』」

邱大哥把話說到這裡，稍微停了一停，對我做了一個滑稽表情，又接著說：「馮先生同李德全的婚姻，說起來我還是一位現成的媒人呢。」

老馮的子女很多，那次隨著馮夫婦住在泰山的有三女二男，他除了給他們請家庭教師，教他們讀書以外，沒事的時候，還請了一位武術先生，教他們打拳和舞劍。有一天，我同馮先生在普照寺前散步（散步是馮飯後的日常工作），看見馮的子女們，在草地上打拳的打拳（男孩子），舞劍的舞劍（女孩子）。這時，馮又藉著題目，對我發起議論來了。

他說：「我以為新式運動好是很好，只是一點不好，那就是所用的器械和用品，都是洋貨。比如球類吧，球就是外國貨，球鞋也多是舶來品。又如打網球，網、拍子，無一不是洋貨。打球我不反對，我只反對人們瘋狂的為外國人銷貨，如果後來中國人也能有這種出品就好了。就目前來說，那種運動實在是少爺小姐的運動！要練習身體，打拳不行嗎？舞劍不行嗎？中國的十八般兵器，那一件不足以使我們出一身大汗，活動一下全身的筋骨？」他說完了這些話，還用手指了指他的子女給我看。

我聽老馮講到這裡，微微的對他笑了一笑，表示頗同意他的說法。馮看我沒有提出異議，又興高彩烈的接下去說：「如果有人說這個玩藝太陳舊了，可不知道西洋一套田徑賽運動，也是從希臘時代流傳下來的。」

老馮只要一發議論，便要帶點牢騷，不管怎說，一個血肉之軀的人，在情感方面，他總得有發洩的地方。像老馮翻手為雲、覆手為雨，左右大局二三十年之久的人物，一旦叫他不問時事，閉門讀書，那本來是一件十分強人所難的事。因此，有時候他也難免不在極端苦悶之中，流露出本性來。有一次我同邱大哥，從關帝廟到普照寺去看他，進門一看，院子裡氣氛相當緊張，老馮同李德全都在門前的板凳上，冷著面孔，一言不發。院中有許多傳令兵在東奔西跑的捉雞。弄得邱大哥同我，都莫名其妙起來！但我們知道馮在生氣，只好呆呆的坐在一旁，一句話也不說的看著。

過一回兒，傳令兵把雞捉到了，老馮卻命令趕快把牠殺了。傳令兵一面殺雞，老馮一面自言自語，恨恨的說：「這個世界，眾暴寡，強凌弱！實在是太可恨了。」

後來，我們悄悄的問舅老爺李連海，才知道這是怎麼一回事，真叫人又好氣又好笑。原來，在我們沒進來以前的幾分鐘，那隻被殺的公雞，跳到一隻母雞的身上去「踩蛋」，老馮一看大怒起來，說是那隻公雞欺負了那隻母雞，立即下令傳令兵，叫他們把那隻公雞捉住殺了，替那隻母雞打抱不平。這真是天大的笑話！

我想，老馮是一位出自田間的人，未必他連「公雞踩蛋」的常識也沒有？這不過是他感情激動中一種發洩罷了，瞞得了那些傳令兵，卻瞞不了我和邱大哥。

又有一次，中樞來了幾位大員，老馮在三陽觀請他們吃飯，邀我和邱大哥作陪，我們為了找時間陪馮聊天，特別提前兩個鐘頭到了普照寺。因為從普照寺到三陽觀，還得爬一段山路，所以我們必須早一點到馮那裡去，好一起同他爬山。

那天我穿了一套深藍色帶方格子的西裝，腳上穿了一雙黃色皮鞋，因為爬山的關係，手裡還拿著一根手杖。湊巧邱大哥那天也穿了一套很整齊的西裝，我們到了普照寺，馮一面同我們談話，一面拿眼睛注意著我們穿的洋服。

我這時似乎很敏感的對馮笑著說：「先生！是不是覺得我同峴章兄今天穿的衣服，有點太奢侈了吧？可是我同峴章兄，不能和先生相比，你高高的個子，偉大的名頭，只要提起馮某某三個字，是無人不知，無人不曉。我們如果也穿上先生那套衣服，不用說辦事接洽，恐怕是到了一個生地方，連進門都不容易，更不用說會見客人了！」

老馮聽我這樣一說，也好像有很深感觸似的。

記得我在本文第一節，一開始便寫了我當時在泰山胡謅的那幾句打油詩，其中曾有「白水泡煎餅」的句子，但那不過是開玩笑的一句話。其實，老馮平常請客，雖然說不上山珍海味，但大魚大肉，雞鴨之類，還是非常豐盛的。由於馮個人生活習慣的關係，在那些好菜還沒有端上來之前，他總是叫人先來一盤大餅或是端上一盤煎餅油條，請客人們嚐嚐新，生客人每每上當，以為他請客就是這些東西。及至一個大餅或是兩捲煎餅一下肚，再有好菜上來，也吃不下去了。我和邱大哥都是喜歡吃肉的人，每次馮請客，端先上來的東西，我們決不上當，等後來雞鴨魚肉上來，才大快朵頤。

我們在泰山平靜的住了一年多，不料在一九三三年十一月廿日，這一天，霹靂一聲，福建省成立了「人民政府」，誰都知道那是李濟琛、陳銘樞、蔡廷鍇、蔣光鼐這一班人搞了起來的。但過了沒有多久時間，也就烟消火滅了！泰山這一面，雖然也很熱鬧了一陣子，但在福建「人民政府」垮台之後，跟著也消沉下來，這時的馮玉祥由於沒有什麼題目好做，好像對於蔣先生的論調，也不似以在那樣惡劣了。

就在這個時期，又有兩個消息傳到了泰山：一個消息是吉鴻吉被殺；另一個是那位在泰山講春秋左傳范明樞老先生被捕。

吉鴻昌在抗日同盟軍結束之後，就化裝逃到了天津法租界上居住，有一天他同幾位朋友在國民飯店裡打麻將，這時，突然從門外衝進來兩個人，一個人在門口把守著，一個人發著吉打了兩槍，看見吉倒在血泊之中，才揚長而去。誰知那次吉鴻昌受傷未死，後來又由憲兵第三團協同法租界的巡捕，在法國醫院裡，把吉加逮捕。就在那年十一月廿四日那天，以勾結福建「人民政府」，企圖背叛國家的罪名，把吉在北平天橋槍決了。馮聽見這個消息之後，還大哭了一場！

至於被捕的。范明樞老先生，人很耿直，但是他卻每天寫日記痛罵中樞不抗日。以後這本日記落在特務手裡，就當他回濟南的時候，把他逮捕了，並以共黨的嫌疑，將他下獄。

老馮聽見這個消息，立刻給韓復榘打電話說：「真不得了，山東省七十多歲的老人，都加入了共產黨；這簡直是血口噴人，請你趕快把他放出來。」

范老先生在獄中住了一個星期，就釋出來了。他由濟南回到泰山之後，還繼續的給我們講春秋左傳。後來老馮自己還寫了一本《續春秋左傳札記》。據他的看法，春秋左傳裡，有很多新發明，新學說，都與新的科學有聯繫關係，說是一部必讀的好書。

老馮不但擁有「基督將軍」的綽號，而且還擁有一顆上鐫「外國點心」四字的怪圖章，關於這兩件事，他曾向筆者講述過大段的往事。

到了一九三五年，蔣先生打電報到泰山來，請馮赴南京開會，馮終於答應了，當時彼此電報往返，容氣非常，讀者只須讀一下原電文，便知端的了。

老馮為人固然偏於矯揉做作，但亦不失為一條很風趣的人，沒事的時候，他也很喜歡和左右的人，開一個小小玩笑。有一天他受了一點感冒，派傳令兵向一位軍醫處長荊先生，要一點發散的藥。第二天，他到關帝廟來看我，正趕上那位荊先生也坐在我這裡。馮一見荊的面，即抱拳拱手的對他說：「謝謝荊先生，真所謂藥到病除，我現在已經好了！」那位荊先生，還以為馮說的是好話，便很鄭重對馮說：「先生！藥吃了嗎？」

馮這時看了看他，也看了看我，就哈哈大笑的說：「沒吃呀！你的藥一送到，我嚇了一身冷汗，藥用不著吃，病已經好了！」

這時荊才知道老馮是開他的玩笑，一時弄得啼笑皆非！

那時候和我們在一起同住的，還有一位趙望雲先生，趙是一位「民間藝術家」，他的畫別創一格，很合老馮先生的胃口。有一天趙畫了一幅畫，背景是一個荒涼的農村，有一個鄉間的小腳女人抱著一個小孩，手裡還提著一個籃子，好像是到田地裡送飯去的樣子。老馮一看這幅畫，很高興的提起筆來便替他提上一首大兵詩，那首大兵詩由於太過通俗了，所以直到今天我還記得很清楚，原詞是：「一個女人裡著腳，抱著小孩向地裡跑，你說苦惱不苦惱！」另外老馮先生還蓋上小小的一顆圖章，當時我想這圖章不是「馮玉祥印」四個字，一定是「基督將軍」之類。及至仔細一看，卻赫然為「外國點心」四個隸字，不由得不使我大感詫異起來！

老馮一看我的表情，知道我不明白這四個字的用意，於是又打開了話匣子，向我講出來他使用這顆圖章的一段歷史。

他說：「在我初次入伍當兵的時候，為了要早日接我父親出來團聚，唯一的希望，就是每月能多掙幾兩銀子。那時，軍隊中每哨（連）裡面，全有一個喊口令的教習，專門代替官長喊操。

教習的待遇沒有一定，須要看所能喊人數的多寡，定其待遇的高低。當時我一想這個事也許我能做得來，於是，在每天天還未亮的時候，便跑到大教場裡去，放開喉嚨，大喊一氣。因為我聲音特別大，操場離營房又不太遠，那些營中好睡懶覺的士兵，就十分討厭我，後來他們送給我一個外號，叫做『外國點心』。意思是我如此的拼命，早晚要被外國人打死，外國兵來了，一定先用洋藥丸崩死我。對於這個綽號，我是欣然接受。後來，我為的紀念這件事情，特意刻了這四個字的圖章，我和人家寫對聯的時候，或題字的時候，就把它蓋上，以作為我發憤圖強的紀念哩。」

我們在泰山安穩的日子過久了，正在覺得無聊的時候，又發生了如下一件不愉快的事件：有一天馮和李德全、王鐵老、邱斌以及我一班人，正坐在馮的書房裡閒聊，傳令兵進來告訴馮說：有一位姓江的醫生，從濟南來看他。原來這位江醫生是常到泰山來的，所以和我們都很熟識，有什麼話也用不著避諱我們。

江醫生被請進來後，一見老馮就說：「無事不登三寶殿，我有一件為難的事，請先生幫幫我的忙吧！」

「有什麼事？說吧！」馮很乾脆的答應了他。

江說：「我有一位姓劉的朋友，從德國留學回來之後，在武漢剿匪總司令部當機要秘書，這位朋友思想非常左傾，他把總司令部勦匪計劃偷了出來，交給了共產黨。後來被特務查了出來，在逮捕他的前一個鐘頭，他得到了消息，偷偷的跑到了太原，特務就追到了太原。他又逃到了西安，過了兩天，特務又追到了西安。他實在沒有辦法了。才跑到濟南來找我，先生！你替我想想。我有什麼辦法保護他呢？」

馮說：「好吧，只要他肯來，你請他到泰山來，並且請他來教我英文好了。」

既然一談便妥，那位姓劉的果然上了泰山，但在泰山住了不到一個月，江醫生卻在濟南被捕了。特務同他：「劉某人到了那裡去了？」起初還好，江醫生說什麼也不肯說出來，後來江醫生的母親，為了心痛他的兒子，就勸江說：「你說了吧！為什麼自己受罪呢？」江於是就把姓劉的逃上泰山的經過，告訴了特務。特務馬上調來了三四百人，把泰山包圍了。

當時的泰安縣縣長周百鍠，和一位駐軍的團長，覺得這件事鬧大了非常不好看，便由他們兩個出頭和那些特務人員說：「你們儘管把泰山圍了，可不能到山上去，馮先生那裡有手槍隊，他們會開槍打你們的，若真打起來，我們這一團人，自然有保護馮先生的責任，這樣，會搞得大家都無法下台的！」

為了這種關係，特務們才沒有跑到山上來，周縣長把這情形，很婉轉地告訴了馮，老馮想了想；覺得就這樣的僵持著，也不是一個了局。恰好，這天晚上的月亮很好，馮先生就叫兩位傳令兵連夜送那姓劉的從泰山後坡溜到了距泰安城九十里的一個村莊，並且寄住在老馮的一位老朋友梁先生家裡。那曉得，過了一個星期，那位梁先生跑上山來找馮，不迭的訴著苦說：「不成哪！鄉間的情形，幾百戶人家，幾百年來，老一輩的，小一輩的，都住在一起，誰家來了一個生人，很容易叫人家知道。有一家人家，看見我家裡藏著一個生客，就逢人便說我家裡藏有一個鬢子，搞得四鄰皆知，一些愛管閒事的鄉人到我家裡來看鬢子，這樣下去，恐怕不到幾天，連泰安城裡的人也會跑來光顧了，鄉間怎能再住下去呢？」

「劉先生的意思怎樣？」馮不等梁說完，就問了這麼一句。

梁說：「劉先生的意思是想溜到日本去。」馮說：「很好！就設法這麼辦吧。」梁去後，馮立即就派舅老爺李連海送姓劉的走，先到了膠東濰縣，再由濰縣上汽車到烟台，然後由烟台搭船赴日本去了。

這個小風波過去以後，泰山又恢復了以往那樣的寧靜狀態。

有一天，我看馮的興致很好，便很幼稚的問了老馮一句話，我說：「我沒有會見先生之前，外面的人，都稱呼先生為『基督將軍』，這是怎麼一回事？」

我想，一定我問的這句話，非常可笑，不然，為什麼馮聽見我這個問話，暫先不答，反而仰天大笑起來？但他畢竟還是回覆了我的問話。

他說：

> 要講這件事，必須由我十二歲時，剛剛入伍這個時候說起：那個時候，正趕上保定府鬧瘟疫，我們留守的人，奉了命令，在滿城大放空槍，說是驅逐瘟神。這時候的我，年幼無知，曾經和伙伴們在一起，用來福槍打過保定府的福音堂，把門匾打成一塊一塊的白痕。
>
> 後來，我閒著沒事，亦常到福音堂去聽講，也不懂他們在講些什麼。有一次，我聽得一位牧師講：打你右臉，連左臉也給他打；脫你外衣，連內衣也脫給他的一段話。我和同去聽講的弟兄們，一起鬨把教堂中的桌子抬著就走。牧師問我們幹什麼，我們就說，你不用問，我們抬桌子，你應當把椅子凳子，也叫我們抬走。
>
> 那時教會的情形，我總覺看不順眼，時常跑去搗亂！到了光緒卅十一年，我因腹部生了一個瘡，跑到北京崇文門外一家醫所去診治，等到我病好了之後，我對兩位外籍的醫生說：謝謝你們！他們卻說：不要謝我們，請你謝謝上帝。這句話從我耳中聽來，覺得很奇怪！
>
> 到了民國元年，我在北平平則門舊火藥庫駐防，有一天邱斌約我到崇文門外一座耶

穌堂去聽講，主講的人，是一位新來中國的莫德博士，由王正廷先生任翻譯，他那天講了一番「博愛、利他」的道理，留給我一個很好的印象。從此，我一有空閒就同邱斌去聽講，漸漸的使我對基督的道理，發生了興趣。為了進一步了解基督精神，我就開始讀聖經，接著又在北京美以美會領了洗，這是我對基督教最熱心的時期。

以後我又想，如果把基督教義，在軍隊中加以深入宣傳，必可受到很大的益處，故乃規定「做禮拜」為軍中精神教育課目之一。每逢禮拜日，即集合全體官兵，請一位牧師宣講基督教義，以後我又組織了一個「車輪講演團」，向士兵布道。

人們看我對基督教這樣熱心，便給我起了「基督將軍」的綽號了。但我自信是一個科學的基督教徒，毫無迷信的觀念在內。

老馮向我講起上面這一大段話時，同時繪聲繪影，我覺得怪有趣，且留有極深刻的印象。以前我曾經說過，當時在泰山和我們同住的那位王鐵老，是一位道德高尚，飽讀詩書的人。有一天陳豹隱先生主講的那一堂功課，因為陳氏偶染感冒，不能上課，老馮就臨時請了王鐵老給我們講了一個故事。由於鐵老的話「微言大義，趣味無窮」，所以我至今還對這段故事，念念不忘，仍有值得一敘的必要。

鐵老說：

在春秋戰國時代，一位燕國的使者，到楚國去送文書，楚國的宰相，當夜就起稿作覆。侍者在一旁捧著蠟燭，因為蠟燭捧得太低了，楚相覺得有些不便，但又不願意開口，於是便順手寫了「高舉燭」三個字在紙條上，以示侍者。文稿既經草成，這個紙條也無意中夾了進去，封入文書之中。燕國使者攜了文書回國，燕王打開文書，看見這個紙條，說什麼也不懂這是什麼意思？那時的燕國，是一個弱國，楚國則非常強大，燕王以為楚國既然有此三個字，必有用意，萬萬不可漠視，所以立刻召集群臣，從事研究，大家研究的結果，都認為必是因為燕國吏治太黑暗，內政不修明，楚國不便直說，故寫了這三個字，以示諷喻，規勸我們掃除黑暗的意思。

於是，大家便群議所以改革之道，由大臣們先把弊病一一的列舉出來，分門別類的分配專責和定出辦法來，下令切實施行。三年而後，燕國大治。至此，燕國乃向楚國道謝指道的厚意，並送大批的金銀財寶給楚相。楚相不明其故，暗使人去問燕使，及至燕使說出「高舉燭」三字的紙條，楚相方憶及往事，並非常興感的告訴人們說：這本是一件小事，但由於燕國君臣有從善之心，有革新之志，終因此而得到復興的機會，假如燕國的君臣諱疾忌醫，就不會有這個成就了。

鐵老的這段故事，確有其深長的意義啊！

到了一九三五年九月，蔣先生有一封電報，約馮到南京去開會，馮拿著這封電報給我們看，並徵求我們的意見。那封電報的原文是：

泰安探投馮委員煥章吾兄鈞鑒：

×密，比來尊體如何？遙維康吉為頌。中央第六次全體會議舉行在即，黨國要計，亟待商討，甚盼大駕早日惠臨首都，共商一切。謹電速駕，不勝禱企！

弟中正叩皓侍密東

一班朋友都主張馮不應當對蔣先生的邀請，加以拒絕。其中以邱斌主張最力。馮便命他起稿，覆蔣先生一電曰：

急，南京軍事委員會蔣委員長介石吾弟鈞鑒：

皓電奉悉，年來吾弟席不暇暖，為國宣勞，至深敬佩！此次西蜀歸來，承念及山中人，馳電垂問，義重情殷，尤深感激。國事如此，慘過於印度，恥甚於高麗，如不急謀挽救，來日之大難，實有不忍言者。……至於祥之行止，只求有利於國於民，任何犧牲，皆不顧惜也。

小兄玉祥梗叩

蔣先生接到馮的覆電後，又有一電致馮，其電文如下：

銜略……弟返籍掃墓，昨始回京，奉讀梗日覆電，披瀝見教，條分縷析，垂愛之切，謀國之週，傾佩無已！六中全會在即，中央同仁亟盼吾兄如期來京出席，弟尤切望把握，俾得親承教訓，而慰契濶之思。

弟中正叩

有了這樣來往的電報，已經可以預料到我們的山居生活，是應當暫時的宣告結束了。

我因為不願意隨馮一同到南京去，便找了一個機會，向馮說我打算先到南京去看看，馮也答應了。記得那次和我同行的，有現任我國駐韓大使館武官的龔作人將軍，和王貫章先生等。在這裡我必須一述我所以請求先到南京去的一個內在原因：原來，當我住在泰山的時候，山東省黨部委員張葦村先生，曾經轉達當局的意見，希望我到南京去任職，我因為不肯背棄馮待我的一番好意，在當時便拒絕了張先生的約請，並退回了當局所贈送給我一個數目字很可觀的旅費。

迨到馮本人既然答應到南京去開會，我自然不便故作高蹈，所以才要求先走一步。我到南京後的第一件事，便是到軍事委員去報到，那時蔣先生已經因事去了杭州，我又連夜搭車趕到杭州。當時，接待我的人是侍衛副官長項傳遠先生。我在杭州下榻的地方，是西湖「蝶來飯店」。到了晚間，那位軍統首長戴雨農，奉命到我住的地方來看我，並轉達蔣先生歡迎我來京的意思。那是我第一次會見這位蔣先生左右的第一紅人，我當時覺得戴氏這個人，穿一套藏青色的中山裝，彬彬儒雅，並沒有使人望而生畏的神氣。後來，我和他在工作上雖然沒發生過聯繫，但卻成為一個時常往還的朋友。

我謁見蔣先生時，他非常客氣的問長問短，毫沒有追問我過去參加「反蔣集團」的半句。那時我也只好見機而作，請求到陸軍大學去教書。從此重新展開了我在軍中服務的生活。這些事現在回憶起來，一轉眼已經二三十年的時間了，人生如白駒過隙，撫今思昔，如夢如幻，實不禁感慨系之！

我所知道的孫傳芳與徐樹錚

薛觀瀾

竊按孫傳芳在北洋直系中，本屬後起之秀，其首露圭角，在於一紙通電。民十二，孫氏以師長任長江上游總司令，適值第一次直奉戰後，因孫氏一電而舊國會得以恢復，黎元洪再任總統。不久而孫督閩之令遂下，孫固曹吳之嫡系也。值江浙戰起，孫乃擊潰盧永祥，晉位閩浙巡閱使，吳佩孚視之，儼同部屬，孫不甘心。俄而吳失敗，孫竊喜，不予援助，識者早知孫吳之間不復有合作可能矣。厥後革命軍攻逼武漢，吳被困於汀泗橋，孫乃袖手旁觀，且與革命軍暗中妥協焉。

孫傳芳恭迎徐樹錚

第二次直奉戰後，楊宇霆督江蘇，孫氏出其不意，攻其無備，遂攫得蘇皖兩省地盤，晉任蘇浙皖閩贛五省聯軍總司令。旋以浙省兵權委諸本省人夏超與陳儀，殊不知夏陳二人皆狙詐，陰與革命軍通款，孫之失敗即胚胎於此。當是時，奉軍奔沮，止於山東，馮玉祥認為機不可失，約孫傳芳夾擊張宗昌，孫不應，馮為大失所望。

孫既坐鎮金陵，始感兵力不足以布防五省，財力亦不足以支持。外則國民革命軍勢力已壯，內嘗開罪於段祺瑞、張作霖、吳佩孚、馮玉祥諸人。愈覺位益崇高，勢益羈單，是故徐樹錚在國外，孫即馳電聯絡，實欲藉徐氏之力以與各方徐圖轉圜也。而徐氏之意，亦正欲聯合各方，以便一致對付害群之「二馬」（指馮玉祥）。故二人修好，一拍即合。

延至民十四年十二月中旬，徐樹錚海外考察竣事，由日返抵滬，孫傳芳行色匆匆，特自南京趕至上海，耑誠以迎徐專使也。上海各團體乃在商會開會，隆重歡迎徐專使與孫聯帥，首席推徐，孫居其次，徐亦當仁不讓，吾輩則與陳陶遺、丁文江、盧香亭、孟昭月、陳儀等同列貴賓之席。足徵徐氏物望之隆，亦見孫氏謙抑為懷也。

時則皖系之中堅，仍屬徐樹錚，海外考察歸國，徐將入京組閣，為眾所周知之事實，孫任五省聯軍總司令，北迣徐州，南徂廈門，東南半壁，悉入掌握，聲威赫奕，雄視全國。是以兩雄相遇，可比豐彤對蔚，使好我者勸，惡我者懼，日後徐氏在廊房被狙，禍梯即伏於此。

翌日，孫與江蘇省長陳陶遺聯名設宴，為徐專使洗塵，陳氏道德文章，著名海內，夙為吾輩所傾折，席間淞滬督辦丁文江指孫謂徐專使曰：「孫聯帥頗具才略，亦知愛惜名譽，丹誠篤志，期為地方宣力，惟彼有一基本缺陷，乃感近代知識太缺乏也。」孫曰：「我見又公（徐別字又錚，故孫尊稱徐為又公）周遊列國，不禁心嚮往之。」徐氏是日在座間，似心事重重，發言甚少，予謂孫曰：「聯帥應囑秘書，將西報西籍所載重要事項，譯就呈閱，對於日俄兩國動態，尤宜注意。」孫氏頷首稱善。

懷抱不同困境則一

是日宴罷，孫偏芳與徐樹錚密斟甚久，並無第三人在座，惟知二人意見融洽，孫對徐氏執禮甚恭，而徐亦喜孫之俊朗也。二人懷抱不同，困境則一，然知彼此和衷共濟，或得因禍以得福，踐危而亦安。當斯時也，孫傳芳盛名之下，一戰而霸，東南既定，兵甲已足，然而北伐軍隊枕戈待發，東南半壁首當其衝，是以六軍暴邊，四方騷動，刁斗夜鳴，烽火晝曜，孫氏自維，文韜武略，遠遜於徐，是用低首折腰，言聽計從，謂為肝胆相照，醉醒互扶，非虛語也！

徐氏即欲挽救段祺端之頽勢，必先團結奉直皖三系，以討馮玉祥叛國之罪，故有利用孫傳芳之心。譬如諸葛武侯之詣東吳，共圖破曹，為漢謀也。又似拳棒專家，留下最後一手。今孫之軍旅，即徐最後一手，若善用之，勝數可預卜也。

竊按孫傳芳面貌清秀，態度溫文，其神觀邁爽，類似段合肥。惟孫兩目喎邪，主以凶終，至其腦筋陳舊，缺乏近代知識，亦似段合肥。然段孫二人，猶為舊禮教所束縛，風格峻整，勝於草野而倨侮之武夫遠矣。孫在蘇浙，大得人心，歌頌之聲，至今勿替，此因歷屆督軍，橫徵暴斂，下不堪命，惟孫能修德政，復履清廉，事遵法度，動咨耆賢，觀瀾德之，印象甚深。

至民十六，愚任安國軍外交參贊，擔任孫傳芳與楊宇霆之間聯絡事宜，為孫說情，為孫索餉，詳載他篇，孫曾謂觀瀾曰：「吾在龍潭，厄於海軍，功虧一簣，是天亡我也。嗣在徐州，幾擒敵酋，所差不過十分鐘。噫！江浙父老愛我實深，我有何面目見江東父老！」言竟淚數行下，此係至誠之言，惟治軍旅者，如張作霖、張宗昌、宋子文等，喜言天命，實則人謀不臧，於天何尤！

誇大取巧用人不當

孫氏英才卓躒，野心甚大，然其氣度不及徐樹錚，孫於汀泗橋之役，坐觀成敗，實昧脣亡齒寒之義，亦存幸災樂禍之心。孫氏以為革命軍起，正可假手倒吳，則直系領袖，捨己莫屬；殊不知孫吳兵力，均感不足，合則兩利，離則偕亡，是孫致吳於敗，不啻自招滅亡也。識者謂為器小易盈，豈不信然！孫性好誇大，善取巧，民十六年六月張作霖在北京順承王府就大元帥職，時適改組安國軍，張問孫傳芳，尚存多少軍隊，孫云十三萬（實僅二萬五千人耳）。頃之，孫將軍隊開入膠東富庶之區，不願再擋頭陣，幾與張宗昌火併，而幸孫與宗昌、學良之輩私交甚篤，因其個性能合眾也。

然孫最大弱點，厥維用人不當，故其部下如夏超、陳儀、盧香亭等，相率倒戈，早已與敵通款，孫乃坐待淪沒，噬臍何及，憶當日徐樹錚在滬，嘗謂吾儕曰：「吾觀孫馨遠，外表謙和，內實趾高氣揚。孫之將領，其情偽，其氣浮，投機份子，不足恃也。」是故孫之失敗，由於知人不明，而徐之死，孫馨遠所受影響最大，彰彰可見矣？

綜而言之，孫傳芳舉止輕佻，故非載福之相，惟為人能屈能伸，故見張作霖時，居然當場叩頭，然其器幹英峙，志趣魁奇，固一世之雄也，厥後死於婦人之手，容有政治背景歟！識者悼之！

「五省聯帥」孫傳芳

張樸民

居士林・蒲團上一陣槍響

民國二十四年十一月十三日，天津市突然發生一宗轟動全國的大血案，被殺者乃是當年雄據東南，號稱「五省聯帥」的孫傳芳，刺客則係一位三十左右身手矯健的佳麗，她名施劍翹，安徽桐城人，山東省立女子師範畢業，施劍翹的父親施從濱曾任師長兼袞州鎮守使，綽號狗肉將軍的張宗昌時任山東軍務督辦，施從濱為幫辦。

當血案發生時，息影天津的孫傳芳，正在佛教居士林端坐在蒲團上默默誦經，施劍翹從後一連數槍，孫傳芳即當場畢命。事後施劍翹聲言為父報仇，從容不迫的向軍警當局自首，並當場賦詩一首；中有「劍翹求死不求仙」之句，以示必死的決心，神態豪放大有巾幗英雄的氣概，當時曾博得不少國人的同情，國民政府也以她孝行可憫；於二十五年十月十四日明令予以特赦，不久施劍翹便被釋放，抗戰期間曾到大後方參加軍中救護工作。

這一宗血案的主角孫傳芳字馨遠（一八八五至一九三五），山東泰安人；生於光緒十一年農曆三月初三日，寄籍直隸保定（今河北清苑縣），幼時先在私塾攻讀，因父親早逝而事母至孝，其為人則機警陰騺胸有城府；野心大而善取巧，嘗以漢高自況，後投筆從戎考入保定陸軍速成學堂師範科肄業。因為家境寒素，端賴每月三兩一二錢餉銀以仰事俯蓄，他母親病逝時四壁蕭然無以為殮；幸有同班學友楊文愷，李濟臣（倬章），張文卿，周近仁四人各捐一月餉銀，以為裝殮殯葬之資；他們四人並共同為之舁棺安葬，孫傳芳當然萬分感激，因而與這四人結為金蘭之交。

孫傳芳在保定陸軍速成學堂肄業時，對於學業頗為勤奮，卒業時以成績優異；被保送入日本士官學校第六期肄業。光緒三十四年冬畢業歸國。先在袁世凱所訓練之北洋新軍第二鎮王占元屬下任督練官及管帶（營長）；入民國後始薦升至團長，混成旅旅長，民國九年升任陸軍第十八師師長，仍受兩湖巡閱使兼湖北督軍王占元之節制，民國十年六月，湖南趙恒惕與湖北孔庚、蔣作賓等組織自治軍，合力進攻湖北，圖驅逐王占元；因為王占元自身腐敗，又加以內部兵變終至一敗塗地，北京政府命吳佩孚由河南率軍支援，一舉而攻下岳州長沙轉敗為勝。

孫傳芳所部原駐防鄂西宜昌一帶，並兼任長江上游總司令，且負抵禦東下的川軍，在王占元垮臺後，孫傳芳收拾他的殘部重加整訓大事擴充；始直接聽命於吳佩孚，在宜昌擊退川軍立下了戰功，因而受知於吳。民國十年八月吳向北京政府保薦他為長江上游總司令；仍駐防漢口宜昌間，孫傳芳初無藉藉名，自此始初露頭角，遇有時局重大問題；則不斷發出通電有所主張漸為國人所知，如民國十一年五月通電南北兩總統同時下野，擁護黎元洪復職，主張恢復舊國會是。

孫傳芳的野心甚大，雖已官拜長江上游總司令，以尚未能躋身於封疆之列，自然難以滿足；時思有機以乘，王占元垮臺，當時繼任湖北督軍的是吳佩孚的嫡系蕭耀南，孫傳芳深感無法染指，民國十一年十月廣州軍政府之粵軍許崇智會同閩軍王永泉部；驅走了閩督李厚基，李因不甘失敗而向蘇督齊燮元求救，此時齊燮元正與浙督盧永祥為爭奪淞滬地盤而明爭暗鬥，不惜以大批餉械接濟李厚基回閩反攻，仍然連戰皆北，孫傳芳看中了這一條好出路；便自告奮勇的要求援閩，得到吳佩孚的首肯便由鄂西率部出發，假道浙贛邊境入閩，以所部旅長周蔭人打前鋒，計自十一年十二月出兵，十二年三月六日攻佔閩北重鎮延平；北京政府便任命孫傳芳為福建督軍。

開府南京儼然南面王

孫傳芳開府福建躋位封疆，雖然如願以償，但此時福建境內仍極複雜：初欲誘閩軍旅長臧致平，楊化昭以制王永泉未成，終以周蔭人之力戰將王永泉驅出福州，又將臧楊兩部驅入浙境，周蔭人立下大功被任為軍務幫辦，但功高震主，十二年五月北京政府遂任孫傳芳為閩粵邊防督辦，升任周蔭人為閩督，一山難容二虎，孫傳芳亟欲向浙江發展以獲得更多的地盤；何況孫隸屬於曹錕吳佩孚之直系，浙督盧永祥則為碩果僅存的皖系，因而更加勢同水火。

民國十二年九月一日，山雨欲來風滿樓的齊盧江浙之戰終於爆發了，起初是盧永祥節節勝利；不意孫傳芳先指責盧永祥不應收容叛將臧楊，繼則揮軍進攻浙境；一舉而佔領衢州，盧永祥腹背受敵，後路遭受重大的威脅，終於十月間放棄浙江，通電下野亡命日本，北京政府令孫傳芳為浙江督軍兼浙閩巡閱使；這時直系吳佩孚等人擁立的曹錕已賄選總統成功，並於十月十日猴沐而冠；孫傳芳既奄有浙閩兩省地盤，雖然躊躇滿志仍對曹吳表示效忠，自然曹吳於孫亦愈加籠絡。

民國十三年九月十七日，第二次直奉戰爭爆發，直系因馮玉祥之突然倒戈，曹吳一敗塗地，曹錕被幽禁於北京，吳佩孚狼狽南下，先後困居雞公山，黃州、岳州、張作霖與馮玉祥等擁護段祺瑞出任所謂中華民國臨時執政；孫傳芳雖為直系，為確保地盤亦不得不通電表示擁護，蘇督盧永祥原為皖系大將，為報仇雪恨捲土重來，由段祺瑞任為蘇皖宣慰使兼江蘇督軍，會同奉軍張宗昌部南下：驅走直系蘇督齊燮元，報了一箭之仇，孫傳芳在浙江大有唇亡齒寒之憂，一度與齊燮元組織浙滬聯軍；共謀抵抗盧永祥及奉軍，後經段祺瑞派親信吳光新為之調和，與奉軍訂立和約，兩軍均由上海撤退，繼續承認孫傳芳督浙，周蔭人督閩；落空的齊燮元只好流亡日本。奉軍張宗昌由滬後撤，由段祺瑞任為山東督軍，局勢暫時安定下來。

民國十四年五月三日上海發生「五卅慘案」；工人為反英日而罷工，商人學生亦罷市罷課為後援，張作霖以維護淞滬治安為名，六月間派張學良，姜登選等率軍南下，並委邢士廉為戒嚴司令；淞滬重入奉軍的掌握，孫傳芳因而大起恐慌，為確保地盤不得不大修戰備，八月二十九日段祺瑞改任楊宇霆為江蘇督軍，姜登選為安徽督軍，孫傳芳恐奉軍在南方日久勢力鞏固；十月十日以大演習為名趁奉軍立腳未穩之際，來個先發制人，聯合陳調元，鄧如琢等組織浙、閩、蘇、皖贛五省聯軍，自稱總司令，分五路向蘇皖境內之奉軍發動攻擊；十六日攻佔上海，楊宇霆，姜登選以戰線過長實力單薄，不得不倉皇向徐州撤退，十一月七日奉軍再退出徐州；孫傳芳亦適可而止不再追擊，孫傳芳在津浦路沿線追逐奉軍，與張宗昌部下師長施從濱激戰於蚌埠以北之固鎮橋；施從濱於此役被孫傳芳俘獲就地槍決，種下了日後在天津被刺殺的禍根。

孫傳芳與奉軍作戰大獲全勝後，奄有東南富庶之區的浙、閩、蘇、皖、贛五省，成為直系的新巨頭，開府南京儼然南面王；自兼江蘇總司令，由鄧如琢為江西總司令，周蔭人為福建總司令，盧香亭為浙江總司令，陳調元為安徽總司令，陳儀為徐州鎮守使守備第一線，此時孫傳芳向奉方表示以徐州為界決不北犯；張作霖，張宗昌亦表示不再南侵，大有盡棄前嫌言歸於好之意，各方以孫傳芳實力強大如日中天，多尊稱為「聯帥」或「馨帥」，段祺瑞對孫傳芳亦曲意拉攏，延攬其總參議楊文愷為內務總長；孫傳芳亦欲休養生息勵精圖治，抬出江蘇名流陳陶遺為省長，設置淞滬商埠督辦公署；聘著名學者丁在君（文江）為督辦（即今之上海市長），自行創辦國立政治大學（非今日之政大），聘請張君勱為校長，其勢力範圍內一時到也有點昇平氣象。在南京創辦一所金陵軍官學校，培養軍事幹部以備擴充實力。

北方之張作霖與馮玉祥聯合推倒曹吳後，雙方為爭奪地盤衝突日劇，且均對段祺瑞不滿，國民軍將領鹿鍾麟等甚至欲驅逐段祺瑞釋放曹錕以迎吳佩孚；吳本人困頓岳州亦不甘寂寞，於十四年十月二十四日，忽又號召舊部，自稱十四省討賊聯軍總司令，在漢口查家墩設立總部，所謂十四省乃將孫傳芳之五省包括在內，孫表面上為表示對這位老上司恭敬，實際上甚為冷漠；因羽翼已成實不甘再作吳之部屬，孫傳芳此時以三國時代的東吳自況，稱霸東南雄視全國，實為偈促鄂西時始料所不及；十三年二次奉直戰爭時；吳佩孚所討之「逆」是張作霖，其後又與昔日之「逆」合作討昨日之友馮「賊」玉祥，吳佩孚之由心腹變為叛徒的湖北督軍蕭耀南暴斃了，遂以湖北為基地；派部將寇英傑，靳雲鶚由平漢線向河南進攻，先與河南境內之國民二軍岳維峻部戰，繼又與河北境內之奉軍戰，最後反與奉軍合作進攻平綏路南口之馮玉祥部國民一軍，究竟敵乎友乎令人撲朔迷離。

變成了「無」省總司令

民國十五年七月九日，國民革命軍在廣州誓師北伐；最初作戰方針是先消滅湘鄂之吳佩孚勢力，對張作霖則暫不敵視，一面拉攏孫傳芳要其參加革命戰線，蔣總司令曾派何成濬赴南京與孫傳芳談判；因何與孫傳芳係日本士官學校同學，且與孫部大將盧香亭為好友，詎料孫傳芳此時意欲坐在高山觀虎鬥，希望革命軍與吳佩孚兩敗俱傷；坐收漁人之利，吳雖迭次請孫出兵支援，孫傳芳表面恭順電報均稱吳為「我帥」、就是按兵不動，吳佩孚在北方又忙著與奉軍合攻南口，及至南口攻下趕到湘鄂前線親自督戰，革命軍已攻下長沙直薄武漢，汀泗橋賀勝橋兩役吳軍大敗；革命軍勢如破竹一舉而下武漢，吳佩孚退到河南南陽跋涉千里，到四川托庇於楊森渡其流亡生活。

國民革命軍進兵武漢之同時，又分兵進攻閩南與贛西：對孫傳芳採取大包圍戰略，孫軍先在修水銅鼓大敗，十一月初相繼佔領南昌九江，東路的革命軍亦由福建一路以雷霆萬鈞之勢攻抵滬杭，孫傳芳由長江湖口武穴敗退到南京，革命軍節節向南京進逼，孫傳芳之部屬陳調元，周鳳岐等都已向革命軍投降，孫看見大勢已去，不得不在南京未陷之前微服北上：求救於昔日之敵的張作霖張宗昌，企圖作垂死的掙扎，孫向張作霖游說：「國民黨內部不一致，蔣氏又下野，日本出兵濟南阻止北伐，東三省兵精糧足，一定可以抵抗革命軍，」張作霖竟為孫傳芳說動了，將奉、孫、直、魯各部隊統編為「安國軍」，張作霖自任總司令，吳佩孚孫傳芳分任副總司令，孫傳芳俯首帖耳的成為張作霖的附庸，這也是北方殘餘的軍閥最後一次大結合。

民國十六年三月間，革命軍克復南京，長江以南盡入革命軍勢力範圍，又於六月間攻佔徐州，由武漢出發的革命軍亦佔領鄭州；但是革命軍所建立的武漢國民政府，受了俄國顧問鮑羅廷，羅易等之控制，欲以共產黨取代國民黨、並極力排斥革命軍最高統帥蔣總司令、蔣總司令為了反共不得不在四月間在南京建立國民政府；這便是「寧漢分裂」的局面，南京發動清黨運動，六月間武漢亦隨之清黨，驅逐了俄國顧問及共黨分子，九月間寧漢合作改組國民政府，蔣總司令以黨內意見複雜，為了促成團結而宣布下野，革命軍由徐州向南撤退。

民國十六年六月十六日，張作霖在北京組織軍政府，自稱陸海軍大元帥，組織七個方面軍，積極準備與革命軍決戰，任命孫傳芳為第一方面軍團長兼魯西方面總指揮，計劃以奉軍嫡系部隊由河南攻武漢，張宗昌之直魯聯軍攻浦口，孫傳芳部由魯西經蘇北進攻楊州迂迴南京；八月下旬孫傳芳在奉軍之支援下，果然捲土重來企圖進迫京滬，此時革命軍因蔣總司令下野群龍無首：形勢真是岌岌可危，幸賴第一軍何應欽部與第七軍李宗仁白崇禧部協力拒敵，終將傾巢來犯之孫傳芳部全部擊潰；先是孫軍欲在龍潭附近渡江襲斷京滬聯絡，因而龍潭一線爭奪異常慘烈，雙方死傷數萬人；真是橫屍遍野江水盡赤，孫傳芳孤注一擲未能得逞，只好豕突狼奔，最妙者一路上孫傳芳仍以浙、閩、蘇、皖，續五省聯軍總司令名義大出安民布告；各地民眾多將五省聯軍之「五」字塗改為「無」字，也是對孫的一大諷刺。

民國十七年一月國民革命軍蔣總司令通電復職，下令各軍由平漢津浦兩線繼續北伐，四月二十七日擊破孫傳芳與張宗昌聯軍，五月初攻抵濟南；雖然日本出兵造成「五三」慘案，國民政府一面對日交涉，一面繞道濟南兩側繼續揮軍北上，張作霖看見大勢已去，遂決定放棄北京，六月四日張作霖專車由北京返奉天（瀋陽），下午經過皇姑屯時，為日方預埋之地雷炸死，事前雖獲得此項情報張不置信，張學良楊宇霆秘不發喪。秘令奉軍連夜由天津灤東向山海關外撤退，連張宗昌褚玉璞的殘部也被拒於關外；更遑論孫傳芳了，此時孫失所憑依，只好托庇日人統制之下的大連，渡其亡命生活，其後曾一度東渡日本；直至民國十九年後風聲緩和下來，孫傳芳才悄悄的回到天津日租界作寓公，東三省在張學良領導之下早已易幟，並服從國民政府了，當年煊赫一時的「五省聯帥」、一旦土崩瓦解失去權勢；惟有禮佛誦經以解寂寥，二十四年間，日本亟謀在華北製造傀儡政權，華北風雲日趨緊張，日軍利用北洋軍閥政客；蓄意挑撥離間，孫傳芳自不失為其利用之對象，施劍翹為了國仇家仇，使孫傳芳命喪其彈下；孫傳芳總算是民國史上的風雲人物。雖然及今事隔三十多年，孫傳芳的一頁興亡史仍值得國人重溫。

記孫傳芳氏之興衰

童梅岑

民國十六年春，唐生智再度入長沙，即大肆搜括，中貲以上，皆勒派巨款，令出必行，無商討之餘地。余家三宅，共勒派九千銀圓。余見其猙獰之狀畢露，知不可以久留，乃附輪赴漢。斯時南、北已經接觸，過岳陽後，詢諸中途上船之人，知南軍銳不可當，北軍望風潰敗。聞唐生智於戰前放假一日，人發三十銀元，任其恣意狂歡，翌日驅以上陣，驍勇無比。吳佩孚因前年之敗，精銳盡失，今雖湊集各處部隊，然勇怯不一，軍情散漫。吳雖親臨前線，殺一旅長以示眾，而不能止其潰也，遂退入武昌，欲攖城固守。眾皆以為不可，遂留師長劉玉春守之，而躬至漢口。余至漢，知南軍已循大江西岸而下，撫漢陽之背。北軍雖多，然無鬥志，漢口租界情形，甚形混亂。各國軍艦，因大水皆靠岸而泊，商輪尤多，似皆作撤退準備。英、法租界，且張鐵絲網，畫境而守，彼此不得踰越。有行人過，則痛抶之。總之，一片慌亂景象，殖民地人員之無能，充分暴露矣。以張竹橋介紹，見吳佩孚於大智門司令部。自衡陽一別，倏已十年，當時精悍之氣杳不可見，歲月推遷，頹然衰老，其事業亦已日薄崦嵫矣。觀其對客揮毫，雜以諧謔，雖強自支厲，以示鎮靜，知其內心實不勝英雄末路之感。談有頃，因靳雲鶚來見，知有軍機，不便旁聽，乃興辭而出。至張子武處，執手惘然，不知從何說起，見其事集，不便久留。聞吾等離去後一時許，砲彈即落於其司令部前坪，蓋其宅內外電炬通明，不免為敵炮之目標也。靳雲鶚為士官三期同學，其兄雲鵬，曾為北政府內閣總理，憑藉殊優。以師長練兵於雞公山，所募皆農民子弟，待遇殊優，訓練亦勤，此時率全軍來赴，沿鐵路駐紮。吾觀其兵，體格甚好，營養亦良，裝備亦新，紀律亦好，宜若可以一戰。然聞其擁兵不戰，有坐觀成敗之勢。人之無識，乃並其本身之利害而忘之，真奴才也。雖有精兵而無良將，與無兵同，於此益信。

余居梅嚴仙寓，竟夕聞大砲聲，床褥為之抛動，皆龜山要塞砲臺所發也。夜間用大砲盲目射擊，可見軍心之慌亂，聊借砲聲以自壯而已。吾觀武漢三鎮之陷落，匪朝伊夕，乃附舟東下，輪船擠擁殊甚，泊於江心，以小划就之，又不下梯，緣繩而上。天明時，過武昌，遙望其城垛皆堆沙包，電燈設於垛口，反光外照，城內寂然，如無人煙，知其軍心尚固，守禦有法，非可旦夕下者。然孤城懸於南岸；若無外援，終不能守也。

至九江，知翰妹於廬山賃有一宅，因入山一遊。是時孫（傳芳）軍已於此布防，入山時檢查甚嚴，但尚有禮貌。至翰寓，始知已往滬，因與劉遯樵入居其室。劉忽發病，乃獨遊五老峯、三疊泉諸勝。至黃龍寺，觀呂祖飛劍處，嚮望久之。寺有二娑羅樹，合抱參天，亭亭如蓋，云是印度種，除此二株外，中土皆無之。此遊乃無伴侶，又不得嚮導，居數日，即下山。

至南京，晤孫傳芳，時稱為浙、閩、蘇、皖、贛五省聯軍總司令，聲勢赫奕。同學時但見其為椎魯武夫，不意其至如是。觀其治軍尚有法度，經濟亦充實，蓋江浙人士多附之，彼亦頗能擇人而任，尚未見其敗徵也。

至上海，寓從弟壁樓處，壁樓寓此已數年，療病，且避兵亂也。連年兵戈四起，江浙人多避此，租界乃畸形發展。危道豐方為上海縣長，因其嚮導，得以遍涉租界中黑暗之面，如靜安寺路之賭窟，規模宏大，湘人之擁有多金者，多就輸之，洋場誠銷金窟也。白俄之逃此者，男則為人保鏢或行乞，其能考取為警察者已為幸運。酒館中常見有衣冠楚楚之西人，入門立正脫帽為禮，乍見皆驚，而不知其為乞兒也。更有裸體跳舞館，隆冬，裸少女而跳舞焉，肌膚如雪，見之慄然，此皆帝俄之王妃淑媛也。流落至此，豈本身之罪哉？赤燄方張，又不暇為他人哀矣。

遊西湖，過汪頌年，因以得見省長夏超。夏乃浙江留日警察學生，孫傳芳夙與之善，故委以省政。此人翩翩清俊，附庸風雅，故聘汪為顧問，與談詩文。及孫出師九江，夏乃背孫而獨立，與孫部某旅一戰而敗，遂被殺。是時盛傳馮玉祥為倒戈學校之優等生，若夏者，則可謂該校之落第生也。吾在上海，無所事事，聞孫已至九江，其幕中且多同學，遂往遊焉。是時北伐軍在鄂，惟武昌堅守不下，孫乃遝至九江，似有救鄂之意，然與蔣某同居決川艦上，一塌橫陳，吞雲吐霧，諸幕僚皆居江新輪上，軍謀秘計，無從干預。「決川」乃淺水運艦，體積龐大，與「濬蜀」為姐妹艦，吳佩孚所造以通川河者。「江新」則招商局新建之豪華江輪也。吾居潯陽樓旅社，聞本古潯陽樓故址，即水滸所載宋江題反詩處，事雖虛構，其地或實。登樓四顧，風景絕佳。水滸作者，想當年必曾流連其地，故所述風土，宛然如見。此間江流支脈甚多，故水族繁殖，魚蝦肥美而價廉，所謂江州魚米之鄉，信非虛也。同居者有梅植根、劉志陸、馬慎堂。劉為粵軍，馬為桂軍，與湘之葉開鑫部，皆布防武穴一帶，均殘破之餘，戰鬥力不足言矣。余以無事，時至九江城郊遊覽。此城因江山以為固，號稱險峻，易守難攻，此搭齊布所以憤死於城下也。城外有甘棠湖，風景絕佳，某軍閥於此建一巨宅，宅外遍植廬山上古松，皆已枯死。此皆高山上石罅中古木，為風雪所摧，千年不長，亦不死者，偃蓋蟠枝，饒有畫意，今乃爬剔根株，排列移植，寧有倖存之理。此種殺風景之事，非至愚之軍閥不能為之。江畔琵琶亭，為馬糞所積，無足留連。此間為後方補給基地，軍民交涉，尚無糾紛，且有繁榮之象，足見治軍之有法也。此時遇一術士，為現代科學家所不能解者。有人薦一高姓術士於孫，謂能占奇門數，孫令暮僚試之，姑令射覆，無不奇中。時方大風，巨艦停江心，亦苦顛簸，問其何時可息，屈指計之曰：「更三日息矣。」至期果驗，因奇之，令居江新以備詢訪。一日，謂人曰：「三日之內，東北隅當有火災，損失頗重，然本艦無礙也。」江新之東北為大江，火災之說，非情理所有。居二日，有江寬艦自南京運軍火補充兵來，泊江新東北江中，相距約二百米，甫下碇，即失火，艦上兵員多赴水死，其艦潛焉。當火作時，炸彈四迸，決川、江新皆起碇避之，尚無損失。眾益奇之，乃委以差遣之職，月給薪五十元，且命一副官之好此者師事之。時葉部在武穴，聞有接觸，而未審其勝負，吾等遣人邀之來占之，彼不肯來，曰：「今日心神不聚，恐占不驗。」固請之，始至，其人峩冠大袖，舉止村野，應付樸納。占之曰：「並無戰爭。」翌日得葉報告，知接戰小勝，且有死傷，其占全不驗。蓋此術全恃靈感，強使為之，必不驗也。一日，與其徒立船頭，有風颯然而至，吹折一小旗，高大驚，謂其徒曰：「風向甚惡，且有主帥折旗之象，吾不可以久留，宜秘之，勿以告人也。」遂啟篋，取其一月薪金，棄其行李而去，莫知所在。未幾，孫軍果敗，後有人遇之於南京，言因出入孫軍，被人指目，故避之。問前途休咎，曰：「南軍氣旺不可敵，且看明年如何。」後遂無見之者。大抵術數之事，自古有之，晉書郭璞傳所載，非盡虛構也。學力深者所知較遠，淺者較近。余亦曾涉獵焉而無所獲，知此事全賴師傳，非可以理論求之者，近人亦言第六感官，鳥獸昆蟲均有能前知者，至人類如何而可獲得此數，則無能言之者。

孫傳芳之在蘇，曾與山東之張宗昌戰。張募白俄三千人，每人月給銀三十元，使師長施從濱將之以前驅，而以大軍繼之，此白俄皆經過世界大戰之將卒，此時流離困餓，無以為生，既應募得餉，則恣意飲啖，醉飽之餘，誓願為張效死。張曾流落東北，有崇拜俄人武力之心理，以為有此百戰之俄兵，可以橫行無敵，不知此輩於中國情勢茫然，其戰法亦殊笨拙，雖臨陣勇敢，而秉性殘暴，所過姦淫擄掠，鷄犬無遺，人民恨之刺骨。孫軍既至，則競為其嚮導與偵探。孫軍依險設伏，誘俄兵入，圍而殲之無遺類，因其勢而蹙之，張軍大敗。臨陣生擒施從濱，解至南京，數其率俄人以殃民之罪，斬之，懸其首於浦口車站，人心大快。其後蘇魯雖罷兵言和。然孫仍欲俟機而蕩平之。故其軍事設施，均以山東為假想敵，以孫本魯籍，時切還鄉之願也。今忽改為防遏北伐軍，則一切準備均應有所更張，而將士興趣，亦應重新鼓舞，於對方情事，亦殊隔膜，此乃孫軍之弱點。孫本王占元部下，湘省援鄂之役，雖因吳佩孚之干涉而失敗，然事後王亦辭職，吳以部將蕭耀南代之，孫雖仍為師長，而勢殊寡弱。會福建有變，吳命孫率所部往平之，此時不免有被擯於門外之感。不意由贛入閩，一帆風順，更由閩而浙、而蘇、而皖、而贛，自稱五省聯軍總司令。吳則一蹶不振。孫雖陽崇奉之，於前事不無芥蒂。且欲代之而興。湘軍殘破之餘，更不為彼所重視，於援鄂之恨，尤未能淡忘。此時出兵江西。雖以反共為名，實際謀擴張其地盤，以實踐五省聯帥之高位。余在南京，曾一晤之，賀其為五省聯帥。孫笑曰：「僅四省半耳。」雖陽若自謙，實已直率自露其胸懷，猶有武人之風焉。

孫部之集結於九江附近者，有獨立旅九旅，衛隊旅一旅，浙軍一師。江北武穴等處，有陳調元之皖軍一師，湘粵桂殘部共約一師。江中則有長江艦隊全部，此皆孫所直接指揮者，而南昌贛州一帶之江西軍，亦有二、三師之數。孫寧訓練精良，器械完備，若舉陸、海軍之全力以攻武漢，實未易禦。如不欲為此集結之攻擊，則可以一部駐九江，以長江為運輸線。以一部駐南昌，以鄱陽湖為運輸線（此部以湖口為出路）。九江之軍，可以出咸寧。南昌之軍可出攸醴，兼顧南贛。江北之軍輔以艦隊，進窺武漢，至南潯鐵路，可為南昌九江兩據點之連絡線。如此，則形勢甚張，進退均綽有餘裕，實簡易之計劃也。此時戰地之鐵路有二，一為湘鄂鐵路，由武昌以達株州，北伐軍占有之。一為南潯鐵路，由九江以達南昌，孫軍佔有之。兩鐵路略為平行線，南軍之北伐，捨湘鄂路莫由。孫軍由東向西，有江湖運輸之便，又有艦隊以輔航，殊不必依賴南潯路也。北伐軍之在武漢，後路綿長而薄弱，蓋湖南之弱點實在東方，若敵由此攻入，則全局俱壞。以形勢言之，實於孫軍有利。吾初以為孫若為自保計，不應捨安慶而西上，既至九江，則當為攻勢動作，或直攻武漢，或由湘鄂東面攻入。及聞其以全軍進入南潯路，頗為怪訝，蓋古今用兵，必先鞏固後路，而指揮部與預備隊必在正面之後方，九江在南潯路之北端，與南昌相距七百里，雖有鐵路以連絡之，而戰事之變化難測，此一線鐵路之運輸，未必可恃，若以九江為據點，則攻擊目標，只能向鄂東一帶，若兼顧南昌，則嫌其後路過遠，運掉不靈也。及聞其以全軍配置於南潯路，分段設防，儼若劃鐵道為防線者，更為之駭然。孫方大言，我以精兵九旅守此七百里之鐵路，誰能破之，不知兵力雖多，分散則弱，況分段設防，則各旅均有汛地，一段被攻，他段之兵不能撤防來援，一處楔入，全線氣脈不通。況東方有鄱陽湖險之，撤退亦極困難，古今中外，無此布置之法。孫雖椎魯，然曾經戰事，且聞其幕中頗多能人，且以號稱軍事學大家為參謀處長，何為有此大反常識之處置。吾在寧時，見孫矜誇之甚，到潯後遂往見之，以此等攻防大計，彼必自以為有所主張，不聽旁人之饒舌也。而梅植根則數往晤之，曾以此意向其進言，孫之答詞，極驕蹇無禮，謂：「軍事方面，我自有把握，不煩同學勞心；所慮者政治方面耳。」吾等相顧啞然，言此人殆天奪其魄矣。後乃知彼實為某君所愚弄，蓋某君與唐生智有師生之誼者，受唐之囑，為作反間。謂孫軍若進攻，則北伐軍必回顧根本，吳佩孚乘機反攻，武昌之圍必解，陽夏亦必收復，吳將恢復直系首領地位，孫且代吳受兵。湘軍回湘，必與吳瀣沆一氣，非孫所能支配，不如按兵不動，以鄂委南，鷸蚌相持，我乃得坐據五省，為東南之盟主。其陳兵南潯路上，以示劃此疆界，造成既成事實，以與北伐軍妥協，此所謂政治解決也。自以為極秘之策，不以語人，不知軍事不進則退，斷無中立之理，即取守勢，亦必有乘機出擊之形勢，然後可自以守。若坐待攻擊，縱一戰而勝，敵必收眾增援，反覆攻擊，防不勝防。偶一失敗，則前功盡棄。觀夫美韓之戰，美軍雖勝，而不能越境追擊，坐令共匪整理、增援，無可奈何，乃為板門店之屈辱條約也。夫美軍之不能越境，當由國際上之顧慮。孫既已出兵至此，尚何所顧慮哉。孫既談政治，應於北伐軍之目的有所認識。以當日北伐軍之氣勢，豈有賂以湘鄂而可以罷兵之理，而孫乃以軍閥擴張地盤之眼光視之，汲汲焉先劃界線以為己有，亦何其愚昧而可笑也。凡國之興衰，冥冥中似有主之者，以孫武備之盛，欲以戰事解決，殆非容易。今乃自投於陷阱，使南軍得乘機席捲，不半年遂奠定東南，豈非天哉。然孫軍亦殊能戰，南潯路上，時有捷音。吾鄉王邦吉，時為南軍程潛部師長，此人素有勇名，然一戰而敗，全軍覆滅，王墮糞池中僅以身免。是時長沙大震，政界已紛紛謀遷徙矣，而孫乃嚴令各軍，不得為戰場外之追擊，同學聞之，其知必敗無疑。凡內戰時，持久不決，必有投機者乘機內變，陳儀之策動獨立，當起於是時。然孫殊晏然不以為意，方遣程某赴粵，與北伐軍談妥協條件。沈同午語余：「今茲敗矣。五、六期同學在孫部者不下數十人，此一役均將掃地無餘。同學之政治生命亦告終矣。」孫以千金月薪，聘一日本大佐，使訂作戰計劃。見所謀不用，一去不返。

按程某之使粵，實某處長所策畫，使通消息於北伐軍者，孫（傳芳）亦昏然許之。程至南，則九江情形瞭如指掌，而總攻擊開始矣。後此孫亦悟之，謂程若不去，情形或不如是之迅速惡化也。一日，微聞前線失利，而無從證實。孫之副官長世銘（滿州人，六期同學）以孫命來訪，且致贐焉。余問戰事情形如何。世銘曰：「已找著主力矣。」問在何處。曰：「在馬廻嶺附近。」

余憬然。以軍事機密，不便細問。世銘去，余謂植根曰：「世銘言辭閃爍，而不多談戰事，殆敗耗確也。馬廻嶺在廬山之麓，距九江不遠，為有險可守之地，此處斷，則鐵路之軍與總部氣息全斷，全局殆將瓦解。世銘此來，殆暗示汝等以應走之意，其所贈乃路費也。」眾皆以為然，而殊無確信，不便行動。至夜深，忽有排闥而入者曰：「兵敗矣，我等宜速去。」余問何以知之。曰：「警務處長之眷屬，寓於此旅舍之下層，頃忽倉皇上船去，有與其從兵稔者，言大軍已敗也。」諸人證以日間所聞，知此說不虛，遂急摒擋行李，擬即刻搬上小輪，因余等本有小輪艤於龍開河也。余獨登最高樓望之，見南方遠近，寂然無音響，俯視樓下，絕無行人，唯見哨兵往來巡邏。余下樓謂諸人曰：「姑待之。此時距天明不久矣，俟明而行，未晚也。吾觀遠近寂然，意情形尚不若是之嚴重，街道闃寂，必在緊急戒嚴中，一出必遭攔阻，且無口號，何以通過。」眾因行李已紮，心緒已亂，殊無聽我言者，一哄而出，余不得已亦隨之行。過劉志陸室，見其方擁衾高臥，呼之不應，乃出。至一小河，雇舟渡之，至中流，聞對岸有大呼口號者，殊無以應，即聞槍彈上機之聲，殊為悽厲，余等乃大聲報明身分，且言有報告至聯帥處。乃聽余舟徐徐攏岸，即有數槍環指，問報告安在，余等乃言有機要事面告聯帥，乃口頭報告也。其中一班長，態度強橫，但言無口號任何人不許通過，再三陳說無效，仍命一兵押余等渡回原岸，云將送回團長處聽候發落。余等乃隨之行，久之，至郊外，不見所謂團長者。時天已微明，見有散兵線，兵皆作膝射姿勢，余思此乃九江最前線矣，幸未開火。沿散兵線行久之，過一乘馬者，乃錢姓團長，屬於浙軍第一師，與余等素稔。錢乃草一字條與兵，命引余等至江干覓舟。余等至小輪，日出已久，蓋往返十餘里矣。劉志陸已久在舟中，知彼於晨餐後，從容到此者。在危險時，必沉著應付，否則反蹈危機。是夜不從吾言，大受狼狽，可鑒也。

登舟具食後，見岸上紛紛多送行李下河者，蓋敗耗已播矣。乃徐徐起碇出港，至江邊，有一營房，眾兵方揚手頓足作早操，有贊其沉著者。劉志陸曰：「此非沉著，乃痲木也。」有頃，又見一人馳至，似有所報告，眾兵登時恍如觸電，鳥驚獸駭，四散奔竄，吾於是始實見軍隊驚潰時之怪狀。吾舟參與中流，飽覽山光水色，未知所適，有欲至武穴者，有欲至安慶者。馬慎堂、劉志陸以所部在武穴，欲往撫之。梅植根以病重，急欲返滬。乃分為二舟，以一舟載植根及願往滬者下行；余及馬、劉等上行。擾攘竟日，時已曛黑，乃分道展輪。余舟泝江而上，遇一巨輪，從上游馳下，燈火盡熄，孫所派之聯絡參謀郭姓審視之曰：「此聯帥坐艦決川也。」因以手電與之通訊，不答。郭訝之曰：「此極秘信號，胡為不答，豈他船耶。」余曰：「他船無作此形狀者。所以不答，恐有他故。君知危難時，雖至親有不能盡信者，故以不答為安全也。」是時暗傳浙軍有不穩之謠，余等初無所聞，但以想像言之，不期而觸郭之隱情，蓋郭乃浙人也。余等以夜半至武穴，陳調元以皖軍總司令駐此，言孫頃實到此，意甚慌亂，囑余等返滬，為彼壯膽。余問孫有意以衛隊旅反攻之意乎，陳曰：「似無之。」問葉、劉所在，則云在前線無法晤面。又堅請我等務即刻返滬，彼意似以九江危在旦夕，恐江路所阻，則增彼負擔也。劉志陸、馬慎堂乃草一緘與其所部，言以後歸陳總司令直接指揮，本人已附輪東下云云。書畢，登輪，別陳下駛。過九江，天已微明。余舟沿北岸而行，聞岸上時有槍聲，但無流彈飛過，蓋前驅之冷槍也。至湖口，見大小舟艦麕集，決川、江新皆在焉。因傍江新而泊。江新上諸同學延余等上船，謂小輪行緩而不耐風，殊不宜於軍事緊急時之用也。余等乃入居江新之客室，其外則餐廳，設備完善，居其中皆高等幕僚，盡同學也，以沈同午為領袖。沈，江南人，才高為同學之冠。雖為高級參謀，而所言不見用，故於前途，甚抱悲觀。余曰：「此中皆月薪五百元以上之朋友也。」而殊無所事事。餐廳一角，以白布圍之，大書無公事者不可入。沈謂之白幕。幕中劉嗣榮居之。劉，四川人，六期生，特為孫所信任，為參謀長、某某則參謀處長也。軍機大事，孫惟與彼等議之，諸人皆不得與聞，故咸憤之。余與沈登甲板，謂之曰：「昨日世銘來，聞其言，揣知馬廻嶺有失，此誠急症，然九江尚有第一師，及衛隊旅，獨不能舉以反攻乎。孫居江中，萬全無險，何必更控制許多衛隊。我意南潯路上之軍，若知此間尚在反攻，必能協力夾擊，打通此點，以通後路，必有若干部隊可以退出。若捨之而去，則不知所為計矣。鐵路上電線雖斷，應尚有間道可以通訊，與前線連絡。譬如由湖口以小輪至星子等處，與諸軍連絡，應尚無阻，不知有所安排否。」沈曰：「此等事，惟幕中人知之，我亦不願饒舌。現在陳儀在浙江宣布獨立，孫聞之，心慌意亂，並浙軍之在此者而疑之，似已不能作反攻之計矣。」余曰：「鄱陽湖中，曾有運輸之設備否。」沈曰：「未之聞也。前亦有建此議以為補給線之預備者，彼等以為迂遠，似乎並未採用。」余曰：「若是則前線九旅之命運危矣，孫之政治資本全在此，捨此將安歸乎。」沈曰：「我早知其必至於是，此皆為大政治家某某所誤也。」相與慨嘆者久之。顧見石鐘山在岸旁咫尺，欲往登之，恐船忽開，遂不果，當此倥偬時期，不能預測船泊之久暫也。南北水陸交通混亂，皆有各自逃生之象，見兩小輪均以全速力疾馳，一輪觸他輪之腹，成一大洞，被觸者頃刻沉沒，此為吾生目見沉舟之一次。見步兵沿岸下行，衣裝尚齊，隊伍亦整，一見知為未上火線者，蓋浙軍也。有部隊長官派副官持名刺欲見聯帥，孫疑其已叛，拒不肯見。沈謂：「若已叛者，必集結九江，靜候收編，何以狼狽東下；今若此，毋乃逼之使叛歟。英雄能收撫敵人，使為我效命，今乃畏見所部之將領，真下材也。」憑欄遠矚，見江中點點如鳧鷖：有頃，流至舟邊，始知皆失舟之散兵，掠門板浮水以逃生者。馬慎堂出照相機以攝其影，謂此乃絕好之紀念品也。有頃，聞人言，聯帥舟啟碇矣，果見決川艦開動，兩兵艦夾之，直趨上游而去。或言聯帥挾其衛隊旅往反攻九江矣，同午笑而不語。吾問其所見，曰：「觀其素行，必不如是。前日彼曾乘火車至南昌一次，或言其且下令攻擊令者，吾策其必不然也。」一小時後，果見三艦聯翩，決川居中，兵艦夾之，以全速力向下游馳去，知其一去不返矣。眾人相顧啞然，但未知其臨行又赴九江一行，是何命意。沈曰：「此不過表現其中心之動盪耳。」後聞其過安慶時，省長高某知之，率文官至江干迎候，孫略不瞻顧，闖然而下，余意此真陸建瀛再世矣。未幾，江新亦啟碇東下。黑夜過和州，舟觸於岸，舟崩，舟幾擱淺。問其地，水手曰：「烏江也。」望岸上有古廟，燈火熒然，其項王祠耶。至南京，植根之由九江分手者，遲數日始至，天下事之不可逆料如此。植根途中，備受逼仄顛簸之苦，以致肺疾大發，咯血不休，自是病益深，後年餘，遂卒於滬上。余等往見孫傳芳，孫搥胸，痛自悔責，謂為人所賣，無面目見人，不如死去。後此遂投於張宗昌，張資以槍械，收集殘部，使之反攻南京。龍潭之役，敗於李宗仁，此實為無意義之舉，既一旦舉五省而棄之，雖得南京，將何為耶。聞此次亦自棄軍艦，容與中流，預為可走之計，及海軍亦變，則渡江之軍，無一生還者，此真可謂糜爛其民而戰之矣。孫自是遁於天津學佛，於佛教會禪誦中，被施從濱之女兒，潛以手槍洞其後腦，立死，蓋報其父梟首之仇云。南潯路之孫軍，以鐵路既斷，不得九江消息，乃各自撤退。鄱陽湖既無運輸設備，此巨浸乃無法飛渡，斯時浙贛路尚未興築，諸軍崎嶇浙皖之間，能退至南京者殆無幾矣。

民國十五年之北伐，乃辛亥革命後一大事也。當是時，各省割據，兵事不已，禍變紛紜，未知所屆。今總統蔣公自海隅提偏師，不半年間，掃蕩群雄，使近者摧破，遠者納款，有混一區宇之勢，可不謂賢豪哉。然而吳、孫雖仆，閻、馮代興，面從心違，兵事未艾，自國人視之，未見其此善於彼也。然此乃開國時所常見之現象，假以時日，應不難逐漸芟薙，以成統一之業，而副國人之望。然自寧、漢分裂，變起蕭墻，雖一時戡定，而蘊毒已深，流潰四竄，竭天下之力，無術救平。日寇乘之，兵連禍結，使朱、毛坐大，以成傾覆之勢。蓋今茲之禍，已胚胎於北伐之時矣。溯自民六之七月，孫中山建大元帥府於廣東，前後數年，局促一隅，竟不能有所發展。西南唐繼堯、陸榮廷輩，亦陽崇而陰沮之。南北軍閥，均一丘之貉也。馴至陳炯明叛變，而廣東亦不可居，革命事業幾無從著手矣。於是乃有孫越宣言，定聯俄容共之局，遂有加倫，鮑羅廷輩，挾其長技，為國民黨注入新生之液，而陰施其篡奪之謀。南方在厄中，未之察也。蓋加倫等所助於國民黨者，物質方面有限，而精神之注入實多，於是壁壘一新，所向辟易，而不知惡癌之毒，已隱襲神經中樞，駸駸乎有難於洗滌之勢。雖以蔣公之大力撲滅，而此仆彼興，大類稂莠之蔓延，雖烈山澤而焚之，未易絕其根株也。然非聯俄容共，則不能奏北伐之功；而反共抗俄之業，其艱鉅實百倍於北伐。異日，蔣公率其百鍊之師，重光大陸，舉宿疾、新毒，一舉而蕩滌之，然後可竟北伐之功，使吾民重見天日。是時湘人之有識者，已聞赤俄革命之慘，又見滬上白俄流落之苦，咸恐赤禍從此而作，欲避地以苟安，吾亦其中之一也。吾再至上海，已至冬季，聞故鄉益亂，乃迎蘇雲及兒女來滬。時北伐軍已席捲江南，上海亦從風而靡，武漢一片赤氛。蔣公雖已籌備反共，然事機深密，匪獨局外人無從揣度，即黨國元老如居覺生，覃理鳴等，余時時遇之，亦不能言其所以然。劉君寅先自湘來，言時事會當有變，以赤化者僅共黨及其同路人，而軍人大都反對，變之起於內部，可坐而待也。然上海工人，多受其蠱惑者，故共黨聲勢正盛，租界當局，其慌亂情形，不亞於漢口。日本人雖素惡共匪，然欲利用之以排除英、法勢力，亦有孫傳芳幸災樂禍之態度。吾觀國家情形危險至此，而來此之寓公，大都醉生夢死，度其糜爛之生活，余遂欲避之他適，以一換空氣矣。

孫傳芳、陳儀與夏超
——「浙江省長」夏超慘死真相

高登雲

夏超招來北洋軍

民國十三年國民革命軍北伐前夕，以迎孫傳芳入浙有功、曾一度受孫傳芳委任為浙江省長的夏超，係浙江省青田縣人，未受高等教育，民國初年，任杭州警察局第一分局第一派出所所長，旋升兼分局長，再升兼警察局局長，為人陰沉而具野心。

浙江於湯壽潛之後，以朱瑞為都督，屈映光為巡按使。朱係率浙軍攻克南京天堡城有功者，屈則係因緣時會；因朱為海鹽人，屬浙西，屈為臨海人，屬浙東，浙人向有東西之界限，乃以文武分治而分屬兩浙。袁世凱稱帝，朱瑞被封為興武將軍，屈亦得男爵，雲南獨立，浙人響應，乃驅逐朱、屈，而以浙籍軍人嘉湖為鎮守使，呂公望為督軍兼省長。

呂公望浙江永康人，曾參與辛亥獨立，為人曠達豪爽，富責任心，有正義感。呂就職後，所聘佐理人員，皆一時俊秀，浙人咸以為從此可以大治；乃夏超陰謀阻撓，事事不服從呂之意旨，呂乃下令免夏超省會警察局長兼第一分局長兼第一派出所長各職。

夏超拒不移交，並發動全體警察罷崗，人心惶惶不可終日。呂不得已收回成命，於是呂之施政遭受頓挫，而夏之氣燄日益囂張。

時浙江軍人中，除呂公望外，另有操實權者二人，一為張載陽，字暄初，新昌人。一為周鳳歧，字公選，長興人。二人各統省軍一師，張載陽待人寬厚，周則頗具機心。夏超既蓄意反呂，乃游說周鳳歧，謂周既有實力，應多負實際責任，今呂某一人兼都督省長兩職，集文武大權於一身，未免不公。周為心動，乃到處主張軍民應行分治，並屢次逼呂表示態度，究願專任都督，抑專任省長。某次周、夏合謀，於呂宅內限呂即時答覆，否則浙省治安不能維持，應由呂負責，並各指揮所屬軍警，將呂宅周圍交通封鎖，如臨大敵，使社會大眾發生恐慌心理。

呂公望為周鳳歧、夏超二人所逼，表示願專任一職，以另一職讓給周鳳歧。但究宜讓出何職，應請當時之北京政府決定。周、夏二人遂私自派人赴北京，條陳將呂連根除去，由周鳳歧政任都督，夏超任省長。時北洋軍閥正思伸其勢力入浙，苦無機會。今見浙人內鬨，喜不自勝，遂下令將呂公望都督兼省長二職皆免去，另以淞滬鎮守使山東籍之盧永祥為浙江都督，吉林籍之齊耀琳為浙江省長。

盧永祥在滬久，且直屬北洋軍，奉令後即擬兼程前往就任，浙人聞訊，群起反對。杭州各界在車站前第一舞台集會，堅決請北政府收回成命，仍以浙人治浙。會尚未畢，聞人報稱盧軍已由上海到達杭州，而作嚮導者即為夏超。與會人士，即匆匆散會，此為北洋軍閥入浙之始。杭人稱北洋軍隊為「北佬兒」，心中雖不歡迎，但屈於威力，亦無可奈何。呂公望辦好交代後，即赴廣東，投効孫中山先生。

孫傳芳聯帥五省

夏超既歡迎盧永祥入浙，應居首功，盧亦以初到浙江，人地不熟，事事加以諮詢，夏超更表得意。但省長既已為齊耀琳得去，只得仍任警察局局長，終覺未盡如意。

盧永祥逐漸察知夏超為人陰狠，信賴不若初時之專，並日事事加以防範，夏超乃又決心反盧。

民國十三年，盧永祥與蘇督齊燮元構兵，夏乃說通鎮守閩浙邊境仙霞嶺之炮兵團團長張國威，反戈倒盧，並派人赴福建歡迎孫傳芳入浙。

夏超深知自己無兵力，上次與周鳳歧合作又失敗，不如單獨進行。於是盧永祥敗走，孫傳芳自任浙江督辦，旋又自稱五省聯軍總司令，為酬庸計，乃以夏超任浙江省長，並與夏換帖結拜為兄弟。

最初，夏超頗以終得省長而自慰，旋則以孫傳芳為人陰狠深感不安，日夕籌思驅逐孫傳芳而自立為浙江王。於是命人組設浙江警備總隊，暗購軍械，培養實力；並對浙江地方人士表示，我夏超是浙江人，我終當以浙人之力，驅除北洋軍閥，還我浙人治浙之原狀。

牆頭草見風轉向

民國十五年冬，國民革命軍攻克南昌，周鳳歧已投入革命軍為第二十八軍軍長。夏超祕密遣人晉謁蔣總司令，申言決心就地起義，投効革命軍；並派人遊說衢州鎮守使陳儀。陳儀時奉孫傳芳命遠戍衢州，孫傳芳深知陳儀係反叛起家，恐陳儀與夏超勾結，不願陳在浙江任職，夏超約陳儀同時舉兵反孫，事成則以浙省長位置予陳儀，夏超本人則轉任都督。夏原意趁孫傳芳在江西兵敗之餘，陳儀由徐州南下南京，夏則率其所訓練之警備隊北攻上海，如此孫傳芳即可垮台。

國民革命軍應夏超之約，派馬敘倫、許寶駒二人持國民革命軍第十八軍軍長委任狀及青天白日旗到杭州，與夏超見面。夏超接受委任狀及旗幟後，表示日內即行起義並就軍長職。

不料當晚有杭州商會會長王竹齋連夜往訪夏超，勸說道：「外傳：省長夏超已接受廣東國民政府新命，此事尚宜再加考慮。」

夏超問王竹齋因何得知此事？王竹齋說：「馬敘倫、許寶駒兩人來杭州，外界知者甚多，目前廣東軍力固已抵達南昌，但北方軍力尚有江蘇、山東、河北及東北數百萬之眾，雙方勝負未卜，何可貿貿然自蹈於危哉？」夏聞言心動，乃謂已允諾粵方日內起義，勢難中止，又屬奈何？王竹齋說：「不如先對外宣布浙江自治，以保境安民為號召，徐觀大局發展，再作計議；且浙江省議會及旅外人士，時時盼望自治，今以此相號召，亦必可得彼等之支持。今粵軍尚在贛境，孫傳芳又初敗於九江，無力顧浙，此乃據地自王之大好機會。」

夏超深以為然，乃連夜約見馬敘倫、許寶駒二人，推說籌備不及，起義及就軍長職均須改期，尚請兩位在杭稍候。馬、許二人辭出，即不敢再回旅館，連夜乘人力車至拱宸橋，搭乘次晨之小火輪赴滬。

夏超於馬、許二人辭出後，忽感二人必然離杭赴滬，此為縱虎出籠，實屬非計。即命人於黎明前至火車站截留二人，初不知二人乃係乘火輪而走，因以未能截得。

搞自治自我為王

夏超與國民革命軍接洽及馬、許二人到杭州之經過，已為孫傳芳所偵知，夏超自感不安，遂約見杭垣士紳張載陽、金百順等，告以打算宣布浙江自治，張載陽說此須由地方團體公推，方為名正言順。夏謂時間已急不可待，張、金即行分訪各團體負責人，約定於下午四時到省長公館商談。

至則夏已準備茶點待客，各人就坐後，由張載陽發言說：「吾浙人民處於北洋軍力之下，已歷十年，今幸北洋軍力敗於江西，無力顧浙，此乃我浙人自立之好機會。吾浙人士多年以來渴望自治，幸夏省長平時早有準備，其所訓練之警備隊，雖屬警察編制，但軍械精良，不亞於陸軍，可以自守吾土。茲擬公推夏超省長為浙江省自治軍總司令，保境安民，以脫離北洋武力統治，並為兩浙人民免除戰禍。」

張載陽發言完畢，舉座無人發言。夏超乃起立致詞，先略表謙遜，繼謂多年以來，充實地方警備力量，常不得省議會同情，動輒於審查預算時削減其經費，甚至指摘警備隊不堪一擊；今浙省安危端賴於此，省議會人士當可知道本人多年來培養地方武力之苦心。夏超說話時，目光橫掃在座之省議員。

眾辭出後，見大街上已有夏之布告，就浙江省自治軍總司令職，蓋早已印好了。與會人士中有一部分料及夏超必失敗，且察及夏致詞時神態，恐夏藉機報復，乃即於晚間出城赴拱宸橋，搭次晨小火輪赴上海暫避。

第二日晨，夏超率其警備隊，沿滬杭鐵路線乘火車往浙滬交界之楓涇，夏本人則在嘉興車站指揮。其時上海尚在孫傳芳勢力之下，孫所派之浙滬鎮守使宋梅村，率軍自上海，亦沿滬杭鐵路乘火車而來。夏超的楓涇前哨部隊，不戰而潰，午刻已退至嘉興。守軍追至，夏即率親信退至杭州，所部全潰。至下午五時，夏超所率之大軍已大部退到杭州車站，在站外席地而坐，槍枝已沿途拋棄，皆成徒手。宋梅村軍於下午七時許已進入杭州，所謂浙省自治，僅為期一日而已。

前有大江後有追兵

夏超於下午退至杭州，與警備隊統帶吳殿颺等乘汽車沿江干趨富陽。時浙江公路只有兩線：一為杭州至餘杭，一為杭州至富陽。車至徐村，有警備隊散卒攔阻去路，將夏車包圍，要求發餉。夏不得已停車，並在車中對士兵說：平素向不欠餉，比次出征前夕，尚交現洋若干萬元與吳統帶殿颺。而車外士兵則咸謂平素已欠餉甚多，此次出發前，更未領到分文。夏在車中問吳殿颺，吳含糊其詞。夏謂車中尚攜有現款，可酌發若干。吳謂萬不可發，因敗兵將陸續前來，一聞可以發餉，更必如潮湧至。此來富陽，再過錢塘江，退保浙東，以後需錢之處尚多，如將所攜之有限現款發完，日後即無再起可能矣。夏從其意，乃對車外敗兵言，未攜現款，希各別渡江，到紹興再集合，屆時必發錢。而敗兵仍圍住汽車，不讓開行。因談判僵持，天已漸黑，吳殿颺謂前有大江，後有敗兵，而車又不能前進，不如仍回杭州。但為顧及沿公路之敗兵太多，遂命徐村警察所所長代僱山轎，供夏、吳二人分乘，由范村登山越十里郎當嶺而抵西湖之茅家埠。存放款之皮箱則由吳手提，並未為敗兵搶去。

逃到御碑亭被捕

夏、吳二人轎抵茅家埠，時已午夜，且為冬季，氣候寒冷，靠湖碼頭並無船隻，隨從人員挨戶敲門，始得一舟子，至碼頭將湖水中之瓜皮艇划來，各人先後登舟，夏命划至白堤之斷橋。因日本領事館在塔兒頭，如自斷橋登岸，行十分鐘即達。當時杭州只有英國及日本二領事館，而英領事館在城外之拱宸橋，日領館則在西湖錢塘門外，距城甚近。聞日本領事於得悉夏失敗後，是夜確曾開門等待，蓋在北伐以前，國內軍閥混戰，失敗者每逃入外國使領館也。另則夏之原意於到日本領事館後，萬一閉門不納，即可經過松本場而赴花塢，避入徐安曾夫人住所（按徐安曾係杭州前工務局長，其夫人為夏之密友）。其地甚荒僻，不易為人發覺，再自花塢沿餘杭公路赴餘杭，或向於潛方向入天目山，或向武康方向入莫干山，再可經湖州入太湖或逕赴上海。

不料小船停妥後，吳殿颺先上岸，其地為斷橋橋堍之御碑亭。內立乾隆書寫「斷橋殘夢」大石一方。吳方繞過石碑，即有步哨喝令止步，並問口令。原來係孫傳芳所屬之宋梅村部已入杭州，並已在湖上放哨，吳聞係北軍口音，乃謂後面即是夏超，得之可受重賞，我乃一平民，捕我無益。

時北軍步哨只一人，聞吳言即轉過石碑向停船處前進，吳乃攥箱遁去。夏方舉步登陸，已為步哨發覺，當另有隨行之一、二人因已先上岸，稍前數步，聞有北軍發問，亦即分別逃散，夏超乃被捕。

初，孫傳芳聞夏變，即下令懸賞十萬元捕之。以往軍閥內戰，如失敗，主將必先逃，從未有被對方活捉者，夏之如此容易被捕，實大出乎孫傳芳意外。哨兵將夏解至宋梅村部，宋一面以電告在南京之孫傳芳，一面設宴款待，夏只謂「無話可說」四字，即未再發言。

陳儀長浙投效革命

次日，孫傳芳覆電到杭，囑宋梅村將夏首級送南京，因即槍斃後將夏頭割下，裝入木匣，專差送寧。孫即調陳儀繼任浙江省長。不一日，國民革命軍入浙，陳儀自省長公署後門逃走，旋即起義投效革命軍。事後始知宋梅村自滬發兵入浙，行動如此迅速，乃係陳儀將夏超約同「起義」計劃，全盤報告孫傳芳，孫對夏早有戒備，不過夏超不知道罷了。

夏超死後，孫傳芳命陳儀長浙，即所以表示酬庸，陳儀之所以向孫舉發，蓋認為夏如成功，日後必難共事，況其時陳在徐州，如舉兵南下攻南京，必先犧牲實力，不如借孫刀以殺夏超，而後可獨佔浙江也。

民國十七年一月十七日，何應欽、白崇禧率部克杭州，浙江省政府成立，何、白旋即率部離浙，繼續北伐。中央命周鳳岐為浙江省政府委員兼軍事廳廳長。周鳳岐甚為跋扈。五月，夏之家屬為夏治喪，請蔣總司令賜題銘旌，蔣公不許，謂夏既未就十八軍軍長職，亦未用青天白日旗，且其自稱自治軍，不受中央調遣，幾誤北伐大事。但發喪時，夏之家人仍書故十八軍軍長夏某字樣。為中央所聞，致電浙江省政府糾正。

夏超被殺後因頭已割下送往南京，宋梅村乃將其屍體棄於松木場亂草中，並另縫一頭。隔數日，有巡邏士卒發現夏屍，當係於兵荒馬亂中，為敗兵所戕。宋命夏之家屬收屍，但見面目模糊不清，不能斷其真偽，後夏妻熊夫人，謂夏口中某位置有金牙一粒，力開屍口觀之，則未見有此金牙。

而夏之友人張載陽等因明知夏頭已割下送往南京，無法取回，乃力勸夏妻收屍裝殮。其後卜葬者亦即此屍身，而夏頭則於孫傳芳兵敗退出南京時，不知拋向何處矣。

曹錕賄選醜聞

朱家橋

民國初年，北洋政府在政治上曾連續鬧出過三次動搖國本的大亂子：第一次是民國四年袁世凱決心要做皇帝，但洪憲皇朝僅維持了八十三天便告崩潰；第二次是民國六年張勳復辟，企圖恢復遜清的朝廷，前後只有六天就告垮台；第三次便是本文所記的民國十二年曹錕在北京賄選大總統，公開用鈔票買選票，鬧得烏烟瘴氣，臭不可聞！第一、二兩次是國體的變更，對中華民國來說，是改換朝代；第三次則是對中華民國的民主政體作一種挑戰，擁曹錕的直系賄賂國會議員，每投曹錕一票，自五千元起，至數萬元止。這對民主制度簡直是一大侮辱。

北洋軍重鎮

曹錕字仲珊，直隸天津人，一八七〇年（清同治九年）十月廿一日出生。家貧，早年以販布為生，識字不多，後因販布生意不佳，乃棄商投軍，因緣時會，被送上北洋武備學堂攻習軍事。畢業後一直在袁世凱的北洋軍中，一帆風順，直上青雲。到了一九〇六年（清光緒卅二年）繼滿人鳳山為第三鎮統制。第三鎮原駐東三省，一九一一年（清宣統三年）從東北調回關內，駐守平津，以監視北方革命活動。從此曹錕就變成了袁世凱身邊的趙子龍。

民國元年，第三鎮改為第三師，曹改任師長，在改制以前，由於袁世凱被選為臨時大總統，因袁不願離開北京南下就職，所以暗中嗾使駐於北京南苑的曹部兵變，袁遂藉口北方局勢不穩而留在北京就任臨時大總統職。

民國二年，袁任命曹錕為長江上游警備總司令，率第三師駐紮岳州，為湘督湯薌銘的後援。民四年袁稱帝，封曹為「一等伯」虎威將軍。迨袁帝制失敗，曹才回師保定，由段祺瑞保薦，出任直隸總督。

民國六年張勳復辟，段祺瑞在馬廠誓師，以曹錕為西路總司令，趕走了張勳。這一年秋天湖南政局發生變化，段的親信，湘督傅良佐被逐，曹又被任為兩湖宣撫使，進兵湖南。到民七年三月佔岳州、下長沙。六月廿日北京政府任曹為川、粵、湘、贛四省經略使。

最大的醜聞

這時北方局勢，段祺瑞所領導的皖系和馮國璋所領導的直系，兄弟鬩牆，勢成水火；而馮國璋自入京為代總統後，處處受制於段祺瑞，逐步退讓，已形同傀儡。直系的領導重心遂漸漸轉到曹錕身上。曹錕之所以見重於當時，是因為他手下大將吳佩孚衡陽撤兵開始；吳撤兵時發出了幾則漂亮的通電，要求解散「安福系」（即皖系）、解散新國會、倡議和平。段祺瑞乃開去吳佩孚第三師師長職，並將曹錕革職留任。民九年七月十三日，曹錕和張作霖聯合通電申討段祺瑞，直皖戰爭爆發，結果皖系大敗。七月廿六日北京政府即復曹錕原職，九月三日任曹為直、魯、豫三省巡閱使。

皖系失勢後，於是北京政府由直系和奉系聯合主持；直奉兩系和平共存時期不長，到了民十一年四月，雙方宣告破臉，爆發了直奉第一次戰爭，結果直系又獲大勝。曹錕乃握有北京政府全部實權，逐走了當時的大總統徐世昌，以黎元洪為過渡。

當時的直系，軍權完全在吳佩孚手中，吳因和曹錕左右的一般孌佞不和，所以駐軍河南洛陽。逐走徐世昌，拉回黎元洪為總統是吳的意思；而曹的左右則主張曹錕自為總統。曹亦有意，只是礙於輿論和吳佩孚，不便放手大幹。吳既然不在北京，而曹的親信所謂保定派和天津派遂集中全力擁曹上台，先以各種方法迫走「無權總統」黎元洪，然後收買議員，在國會極其勉強的情況下完成了一次民國政治史上最恥辱的一幕總統選舉——以金錢換得選票。曹錕遂當選了大總統。

有人說，北京的總統不能當。袁世凱焦急痛苦而死；黎元洪兩次被逐；馮國璋和徐世昌也狼狽下台；曹錕做了不到一年，被馮玉祥兵變趕出中南海，囚居延慶樓，從此潦倒，以迄於死！

內閣總辭職

曹錕的部下既決心要捧曹上台，而曹本人也願一過大總統之癮；因此保定派與天津派即決定先攆走黎元洪。

民十二年（一九二三）六月六日，北京舉行國務會議，由津保派的健將現任內政總長高凌霨首先發言，高說：「總統（指黎元洪）近來對於政務，有的不經國務會議直接處理，有的則以命令方式，直接交院辦理，例如制憲經費、崇文門監督任免案、任命張拱宸為軍警督察長案，都是總統獨斷獨行，這實在是違反責任內閣精神，侵越內閣職權。我個人認為，總統既然對於我輩閣員不信任，我輩只好退避賢路。」高的話講完，交通總長吳毓麟、司法總長程克、財政總長張英華都異口同聲地贊成內閣提出總辭。其實這幾位總長都是擁曹派。

內閣總理張紹曾還沒有來得及開口，高凌霨又說：「如果總理不願意辭職，我們閣員也可以聯名辭職。」交通總長吳毓麟並且大罵黎元洪不已。張紹曾這時只好很勉強的說：「要辭職還是大家一塊辭職好了。」

擁黎的政學系閣員農商總長李根源、教育總長彭允彝都沒有發言。高凌霨乃把津保派事先擬好的辭呈電稿拿了出來，請大家簽名，這個通電全文如下：

> 呈為輔弼失職，責任不明，請予斥罷事。竊於五月廿四日財政部致稅務處公文一件，內開借撥海關重建房屋一案，奉大總統批：出使經費月撥十三萬元，國會制憲經費月撥十七萬元。其修建江海關經費，即照數勻撥，財政部查照行知等因。僉以制憲為國家根本大業，本應寬籌經費，亦關重要；惟依法定手續，須先經由國務會議通過，方生效力。歷次陳明，未蒙諒許。乃於六月二日又接總統府秘書廳函交由府派哈漢章往查京師軍警督察處覆呈一件，奉手諭交院照辦各等因。是日又經議決調薛篤弼為崇文門稅務監督，擬具命令，副署送府，時經三日，復未蒙蓋印發下。伏查民國約法採取責任內閣制度，國務由國務會議行之；各案之必須經由國務會議議決辦理，具有明文。今大總統事先出以獨斷，事後不納劻勷，凡勞黻座之分憂，實出閣員之失職。紹曾等既不蒙信任，惟有仰懇鈞座立予罷斥，以明責任而重法制，不勝屏營待命之至。

在這個通電的最後，更加上如下之一段：「竊維責任內閣，載在約法；今既責任不明，以後危險情形，豈可言喻。紹曾等備員閣席，既不欲使一己蒙失職之咎，復不欲陷元首於侵權之嫌，惟有聲請罷斥，解除責任，區區苦衷，伏希諒察。」

黎通電辯解

張紹曾內閣辭職通電發出後，吳毓麟和程克並勸張氏離開北京，以免遭遇困擾，其實是擁曹派怕張又變卦戀棧。張允考慮。不料交通總長吳毓麟早已備妥了專車，請張立即出京，張紹曾遂於辭職當晚，偕國務院秘書長張廷諤乘專車赴天津去矣。

民十二年六月七日，黎元洪就內閣總辭呈中指摘之點，通電辯解，電文如下：

> 元洪不德，負我元僚，致有內閣總辭職之舉，制憲經費，列為主因。當時國會議決，議長請求，適財長缺位，元洪曾遍約閣員，下及財次，公同籌議，始轉商稅司，緩築海關，批明用途，乃獲定約；不虞今日，復有後言。元洪贊助制憲，心在救國，縱責過失，猶勝阻撓，此可請邦人共鑒者也！又：使館斷炊，下旗歸國，此何等事，而忍漠然！有關出使經費，當時座中討論，亦無異詞。軍警督察，直接元首，項城設官，躬預其議，衛戍既立，何妨裁省；崇文稅差，閣員力主易人，比經許諾，可覆按也。凡茲薄物細故，既非要政，決無成心，府院之間，情同骨肉，維持調護，終始不移，垂拱觀成，未嘗掣肘，縱復責為失檢，亦僅此數端，偶攄意見，初非拘束，旋復聽從。統一未成，百廢未舉，閣員肯明責任，固所禱祝以求者也。節關（指端午）密邇，樞府偕行，中流失舵，不知所居。元洪縱不足惜，如國家何？閣員明達，寧忍恝然，已派劉次長治洲、金次長永炎赴津謝過，分勸

回京復職，期於得請，知念特聞！

劉治洲和金永炎到天津後，見到了內閣總理張紹曾，轉達黎元洪總統誠懇挽留的意思，張紹曾滿腹心事的說：

「這次政潮，醞釀很久，其中原因很複雜，大家都很白，我個人能力有限，殊難消弭。現在我既已辭職，當然沒有復回之理，總統雖挽留我，我無法克服兩個『高』字，奈何奈何！」

張紹曾所說的兩個高字，一個是指內政總長高凌霨；另一個是指最高問題，就是「總統問題」。

軍警索欠餉

擁曹的津保派，第一步已導演「內閣總辭」的一幕活劇；第二步更兇狠，竟嗾使北京軍警直接向黎元洪總統索餉，使黎元洪無地自容。

就在張紹曾內閣總辭職的當天，北京軍警代表在旃檀寺陸軍檢閱使署舉行會議，與會代表很憤激，大家都說：「總統有錢養活議員政客，而我們拚命、流血、衛國、衛民的軍人反而幾個月不發薪餉，害得我們連飯都沒有得吃，我們非和他算帳不可！」

民十二年六月七日，北京駐軍第九、第十一、第十三等師和步軍統領、毅軍、警察廳等單位代表，共五百餘人，身穿制服，腰佩軍刀，到總統府要求總統發給欠薪。黎元洪勉強的在居仁堂接見他們，一肚子的冤氣，狠狠的掃了他們一眼，厲聲說：

「你們見我做什麼？是不是要逼我退位？要我走我就走。」

請願的軍官們回答說：「不敢，只是因為現在沒有內閣，我們找不到財政總長和國務總理，只好請求總統作主。」

黎見軍警官佐們態度尚稱恭順，乃答應於十天後（端陽節前二天）籌發軍餉，軍警官佐們乃退出。

六月八日，擁曹派人馬又使出新招，僱用當地流氓，自稱「公民團」，在天安門前高搭講台，集合數百餘人，宣稱有一萬人，舉行國民大會，由一個姓葉的上台發表演說：

「內閣總辭職，中央陷於無政府狀態，主要原因是由於黎總統而起。黎總統上次復位，本無法律根據，現在還弄出政潮，破壞法紀，吾人為救國計，不得不請黎氏速行覺悟，即日退位，以讓賢路；我們大家愛國不後人，應請同抒卓見，拯救危亡。」

葉某說完，復有登台演講者多人。接著葉某就把在天津印好的電報稿宣讀一通，然後草草收場。

這個「國民大會」是津保派的智囊邊守靖由天津趕到北京組織起來的。這就是當年袁世凱、段祺瑞組織的「公民團」偽造民意的再版。

北京城內外，充滿了大風暴即將降臨的氣氛；政學系的李根源把行李細軟搬到東廠胡同黎總統的公館來，和總統府秘書長饒漢祥誓與黎總統同生共死。

九日上午六時，北京警察居然宣布罷崗。

陸軍檢閱使馮玉祥、京畿衛戍總司令王懷慶聯名分函國會和外交團，宣稱他們願盡力保衛國會和外國僑民，負責維持京師治安。

外交團開會

這一天，不少便衣警察和保安隊在輪流巡邏市區。外交團見勢不佳，召集臨時會議，討論應付當前北京緊急局勢；有人主張組織一個國際委員會，協助北京政府「整理」財政，可是沒有取得一致的同意。最後只通過了一項建議，就是推派外交團的領袖——葡萄牙駐華公使符禮德到東廠胡同去慰問這位孤家寡人的黎元洪總統。

民十二年六月九日，葡萄牙駐華公使符禮德代表北京外交團前往探問黎元洪，黎以一國元首身分在外國使節面前，除了說些感謝之話而外，簡直不好說什麼。可是符禮德卻把馮玉祥、王懷慶的聯名信拿給黎看，其中有句：「此係政治作用」一句話。符禮德對黎表示：在外國發生了這種情況，通常就叫做政變。所以外交團願意盡力維護黎總統的安全。

事態當然是很嚴重，九日這一天，新華門和東廠胡同原來駐守的衛戍部隊均告撤走，黎見此情況，只好枯守東廠胡同，不好去總統府。中午黎宅對外電話也有好幾處不通，顯然受到監視。天安門前所謂的「國民大會」仍在繼續舉行。

外交團用正式的公函通知北京外交部，對於軍警罷崗表示關切，因此為了外僑安全起見，擬派洋兵巡街；這一來才讓擁曹派慌了手腳，當晚七時，警察遂自動復崗。

吳佩孚聲明

這一天，馮玉祥、王懷慶向黎表示，可以推舉顏惠慶組織內閣，並將政權交與這個內閣。黎表示組閣人選可以考慮顏惠慶，可是政權問題應由國會解決。

王家襄、王正廷勸黎氏再向國會提出解釋總統任期案，以便安全下台；但黎氏的秘書長饒漢祥拒絕起草這個咨文。晚間黎宅又有會議，根據馮、王意見請顏惠慶組閣，顏也參加了這個會議，表示願跳火坑；可是當他在散會後退下來找高凌霨、吳毓麟沒有找到時，便又推辭不幹了。

同一天，吳佩孚的代表李倬章由洛陽來到天津，代表吳表示態度，他說：「吳子玉要他鄭重聲明，一切活動要在軌道以內行之，不要一時衝動，讓『老帥』（指曹錕）贏得千秋的罵名。吳佩孚自己決不參加這次政潮。」云云。

十日中午午飯後，又有中級軍官三百餘人到東廠胡同黎宅索餉，由侍衛武官長蔭昌代為接見，蔭昌說：「總統不是不關心各位的欠餉，現在正忙於組織內閣，在內閣沒有產生前，軍警餉項自然都無從發放。」軍警代表則堅持以端陽節關日近，非即日發放不可。糾纏到下午三時才散走。接著「公民團」在天安門前聚集千餘人，更有所謂「市民請願團」、「國民大會」代表等等，手持「改造時局」、「府院勾結種種失政」、「財政無辦法」、「市民餓、總統肥」、「總統不管市民」、「總統退位」等紙旗向黎氏寓所進發，沿途散發傳單，均是攻擊黎的辭句。到了黎宅，請見總統。黎自然不肯接見，請願「市民」便在黎宅門外搖旗吶喊，鼓噪喧嘩，黎氏叫人去找步軍統領聶憲藩、京師警察總監薛之珩派軍警來維持秩序，竟皆置之不理，包圍者到了午夜才散去。這晚黎宅電話被軍警派人監視，不許接傳，自來水亦被堵塞，迫得要用井水。

黎函電訴苦

民十二年六月十日，黎元洪坐困東廠胡同，形同囚禁。外有「惡民」包圍，軍警索餉；內則眾叛親離，水電斷絕。黎在極端險惡情勢下，迫不得已，乃急電曹錕、吳佩孚求援，電詞哀懇，同時並將該電轉致各省，電云：

連日留張（指張紹曾）不獲，請人組閣，皆畏不敢就。罷崗開會，全城鼎沸，謠言紛起，皆謂有政治作用。本日復有軍警中下級官數百人，無故闖入住宅，藉名索餉；此豈元首責任所在？又有公民請願團、國民大會，約近千人，續來圍宅。元洪依法而來，今日可依法而去，六十老人，生死不計，尚何留戀！軍警等如此行為，是否必陷元洪於違法之地？兩公畿輔長官，當難坐視，盼即明示！

十一日又以公函一件，送交國會參眾兩院，報告這次政潮的經過，函云：

本月六日，張揆（指張紹曾）辭職赴津。七日派劉、金兩次長前往謝過，竭力挽留。據張氏言，此次政潮，醞釀已久，原因複雜，個人力難消弭，只得遠避等語。辭意堅決，無法挽回。八日即有軍警官佐數百人。佩刀入新華門，圍居仁堂，藉口索餉，經當面再三開導，始各散去。夜與議長商談，勸顧少川組閣，業經應允，卒以形格勢禁，合作難期，謝不肯任。同時向國務院詢取張揆副署空白命令兩紙，亦未交出。九日清晨，城郊警士，一律罷崗，領袖公使，來宅質問；天安門前，復有數百人，號開國民大會，散放傳單，虛構罪狀，新華門外及東廠胡同住宅，守衛盡撤。比午，住宅數處電話不通，查係軍警派人監視，不許接傳。軍警當局，推顏惠慶組閣，促先發明令，並詢政權是否即交新閣？當答組閣並無成見，至個人來去，一唯國會。正在約惠慶商籌，而十日午後，京畿各師旅軍官數百人，闖入住宅，包圍索餉。三時，復有自稱市民請願團、公民大會，接踵圍宅，將近千人，手執「改造政局」、「總統退位」、「總統戀棧」等紙旗，呼喝之聲，響震屋瓦，百般勸諭，均不見聽。傍晚並推舉代表軍官二十餘人，守索不退。惠慶初似肯相助，嗣因座中商議，元洪曾表示守法之意，亦不敢擔任，此日來元洪困難實在情形也。竊元洪伏處津門，無心問世，去夏國會諸君，為恢復法統計，主張元洪復職，既總統依法而來，自應依法而去。若在國會未經依法解決以前，潔身以去，未免為政治上開一惡例！元首不負直接處理政務之責，此理自明；何得以索餉為名，踞守住宅？更何得以政治不良為辭，率逼退位？現在環境險惡，亂象紛呈，舊閣既不獲挽留，新閣復動遭破壞。因守法之一念，竟陷於困疑之境，甚至個人約法賦予之自由，亦且剝奪殆盡，將來波詭雲譎，後患更不知胡底，似非國會諸君擁護法統維持正義之本意。直魯豫正副巡使（指曹錕、吳佩孚），為畿輔長官，本日已電詢辦法，一面仍設法組閣，出維現狀，誠恐國會諸君，不明真相，用將日來經過情形，函達貴會，即祈報告會內諸君，希特別注意為荷！

發七道命令

民十二年六月十一日，黎元洪在私邸召集留在北京的名流，舉行大宴會，出席的有顏惠慶、顧維鈞、孫寶琦、王正廷、吳景濂、王家襄、湯漪等。大家心情都很沉重，空氣也很窒息。黎在席間表示，不能再蹈民國六年的覆轍，自己一走了事；自己下台沒有問題，可是決不做徐世昌第二。他說：「我是依法而來，今天要走也要依法而去，不能糊裡糊塗的被人趕走。」

北京的空氣緊張、市面蕭條。六月十日、十一日這兩天，滿城風雨，草木皆兵，達官貴人紛紛搬到天津，簡直好像北京又是大難臨頭的樣子。十二日又有軍警代表、「公民團」代表，更番到黎宅示威挑戰，黎的親信、總統府秘書長饒漢祥也認為非走不可了，只是政學系的兩位閣員李根源、彭允彝還主張戰鬥到底。中午王懷慶和馮玉祥送來聯名辭呈，黎還下令加以慰留，並派張懷芝退回呈文，他們都拒而不受。接著第十一、十二兩師中下級軍官宣布全體辭云。

黎元洪困處東廠胡同，他求援無路，於是再發一通電報給曹錕和吳佩孚，有云：

> 疊電計達，本日又有軍警官佐多人麕集門外，復僱流氓走卒數百人，手執驅黎退位等紙旗，圍守住宅；王馮兩使聯名辭職，慰留不獲。元洪何難一去以謝國人，第念職權為法律所容，不容輕棄，兩公畿輔長官，保定尤近在咫尺，坐視不語，恐百喙無以自解，應如何處置，仍盼即示。

十二日下午三時，黎宅舉行最後一次高階層會議，決定在大勢無可挽救的情勢下，由總統發表七道命令：

一、准許張紹曾辭職；

二、派李根源兼署國務總理；

三、除李根源外，全體閣員准其辭職；

四、任令金永炎為陸軍總長；

五、裁撤全國巡閱使、巡閱副使、督軍、督理。全國軍隊均交陸軍部直接管轄；

六、聲討製造政變者；

七、宣布自民國十四年元旦起，裁撤全國厘金。

這七道命令可以說是自說自話，對於挽救實際的政潮，絲毫沒有裨益。

對黎元洪來說，政學系的李根源在這次患難局勢中，始終追隨，情意甚篤。李根源是雲南騰衝人，日本士官畢業，和唐繼堯、趙恆惕等同期，他長了一臉大痲子，大家都呼之為李大痲子。他在政治上不是個成功人物，可是卻是一位著名的風雲人物。

政府移天津

民十二年六月十三日上午，張懷芝來見黎元洪報告，據說馮玉祥向他說：「總統不應該指軍警索餉為別有用心。本軍欠餉達十一個月，而總統還要把持崇文門的稅收，不放本軍全體官兵一條生路，我們當然幹不下去，只好辭職了。總統挽留我們而不解決欠餉問題，我們留下來如何對官兵交待？請向總統要求，於十二小時內發給三百萬元欠餉，否則本軍自由行動，本人不能負責。」

張懷芝對局勢也很悲觀，他認為馮玉祥、王懷慶等的態度已很明顯，絲毫沒有磋商的餘地。張懷芝走後，黎元洪叫秘書劉遠駒來，把先一天決定的七道命令交印鑄局發表。由於沒有空白命令紙，除李根源副署外，黎在命令上簽了個名，同時咨請國會撤銷辭職，文云：「本大總統去年復職之始，曾補行公文，向貴院聲明辭職在案。現在國難方殷，萬難卸責，特向貴院聲明，將去年辭職公文撤銷，即希查照。」

另有函致國會和外交團，函云：「本大總統認為在京不能行使職權，定本日移津，特聞。」黎氏還有通電宣布離京去津經過，聲明本人自去年復職以來，唯一目的在於完成憲法，決無延長任期和競選總統的用心；而此次個人自由受到侵犯，不能行使職權，「曹（錕）巡閱使近在咫尺，迭電不應，人言嘖嘖，豈為無因，……萬不得已，只得將政府移往天津，所望邦人君子，鑒諒苦衷，主持正義，俾毀法奪位之徒，絕迹吾國。……」

各項手續辦理完竣，已經是下午一點二十分了。黎氏又害怕在軍警監視下不能逃出北京，便由金永炎托詞到天津去迎接張紹曾回京復職，出面向路局要了一輛專車；自己則托詞出席眾議院提出辭職，即在美籍顧問福開森、辛博森的掩護下，偕同新任陸軍總長金永炎、侍衛武官長唐仲寅、秘書韓玉辰、熊少祿等十餘人、及衛隊四十餘名馳赴車站，匆匆開車逕趨天津。黎氏動身前，將大總統印信大小十五顆交給他的如夫人危氏，並令秘書翟瀛陪同危氏至東交民巷法國醫院居住。

黎氏出京後，國務院秘書長張廷諤（直卿）馬上到國務院來，找總統印信沒有找到，便打長途電話，請王承斌就近促請黎元洪把總統印信交出，以免北京陷於無政府狀態；並請在天津的張紹曾馬上上火車趕回北京復職國務總理，以便攝行總統職權。張紹曾於當日下午上了火車，可是甫上車就接到曹錕電報，阻止他回京，他又十分沮喪的下了火車。

黎元洪離京的當天，六月十三日下午四時，馮玉祥、王懷慶、聶憲藩、薛之衍等在京畿衛戍司令部召開緊急會議，議決根據黎的挽留命令宣布復職，負責維持北京治安。

在保定裝聾作啞的曹錕，也致電北京軍警長官，令其保護國會及各國僑民，儼然已是北京城的主宰者。

拒交總統印

在天津的直隸省長王承斌，接到北京來的長途電話，要他搜查黎元洪携走的總統印信，他乃偕同警務處長楊以德，率領大批軍警乘車趕到楊村來阻劫黎元洪的專車。這時黎的專車已先到站，剛好碰上，王承斌登車，楊以德則率軍警監守車門。王承斌氣昂昂地走到黎氏的座位前，傲然向黎說：「總統既已出京，印信還有何用處？為什麼要携來天津。」

黎答說印信仍在北京，並未隨身携帶。

王即目露兇光說：「分明帶了出京，為何不說老實話。」

黎也忿然說：「你有何資格問我印信，我決不會把印信交給你們，看你們怎樣？」

王冷笑說：「總統既然不交出印信，只好請你回京了。」

黎元洪氣得說不出話來，大家就僵在一塊。

下午四時半，黎的專車抵達天津新火車站，黎氏的天津富邸卻是靠近老火車站，所以他命令把專車開去老站；王承斌卻命令他所帶來的軍警通知站長把火車頭卸下來，讓火車開不動，同時請黎氏下車到曹家花園或省長公署去休息。黎氣昏了，老毛病又發作，像個泥菩薩一樣，毫無表情，不理不睬。王承斌這時竟先下車回省長公署，車站內外有一千多名全副武裝的軍警圍困，如臨大敵，如捕江洋大盜！

黎的公子黎紹基趕來新站探視乃父，竟被軍警阻止。這些軍人竟把總統當成俘虜，當成犯人看待！

黎氏困在專車上，同外間連絡完全斷絕，乃派美國顧問辛博森下車，密携電稿往電報局拍發，電云：

上海報館轉全國報館鑒：

元洪今日乘車來津，軍抵楊村，即有直隸王省長上車監視，抵新站，王省長令摘去車頭，種種威嚇，已失自由，特此奉聞。

辛博森把電報發出後，並到英美領事署報告黎氏被劫持情形。英美兩領事均派其副領事到車站來問候起居，亦被軍警擋駕。這一來可激怒了洋人，他們憤然說：「中國軍閥如此無理橫行，可以劫持總統，真是世界所無的怪事！」

黎元洪在車廂中來回踱步，舉槍欲自殺，又被顧問福開森把槍奪下，槍彈已射出，幸未打中要害，僅負微傷。

民十二年六月十三日晚十時，王承斌再返天津新站來見黎元洪，索取總統印信。他對黎說：「既然總統已經幹不下去，又何必把持印信？」這倒真是黎的老毛病，黎對總統的印信特別重視，民國六年他被張勳威脅退位時，就暗中把大印交給他的親信丁槐祕密帶去上海，躲在租界，結果馮國璋派人索取不到，發生了綁票奪印趣事。這次黎又如法泡製，他把總統大小印信共計十五顆，交給姨太太危氏帶往北京東交民巷法國醫院，由機要秘書瞿瀛陪同照料，黎認為只要印信不交出，總統地位就可以存在。

交印才放人

王承斌一年前在天津請黎復職總統時，淚隨聲下，極為感人，這次劫車索印，也非常激烈，和一年前恰巧是極端的對照，他表示黎氏如果不交出印信，就只有永遠住在天津新站的專車上。黎在這樣威脅下，只好軟化，告訴王承斌說印信留在北京，不在自己手中，王就要黎打電話到北京去交印，黎只好派唐仲寅到車站，打長途電話到北京東交民巷法國醫院找瞿瀛，要他們把印信交給國會。對方答覆沒有總統口諭，決不交印。唐回到車廂，黎叫唐再去打電話，說這是本人的意思，唐二次打電話，仍無結果，最後黎不得已，只好親自下車到車站去打電話。他在軍警重重保護下，和他的姨太太危氏通了電話，他們用湖北鄉音接談，北京方面知道非交印不可，才答應照交。交通總長吳毓麟這時在天津省長官署聽候消息，聽到北京方面答應交印，自己乃趕回北京收印。

當晚因北京收印未收到，所以王承斌等仍不許黎元洪回天津私邸，黎仍被軟禁在天津新站的站長室住了一晚，王承斌則回省長官署，軍警依然在新站附近戒備森嚴。王承斌並且在他的省長公署發出通電云：

本日午後一點半鐘接京電，黎總統以金永炎名義專車祕密出京，並未向國會辭職，印璽亦未交出，不知是何意思？承斌當即乘車迎至楊村謁見？請示印璽所在，總統語意含糊，繼云在北京法國醫院，尤其如夫人保管。乃屢次電京，迄未允交。嗣悉總統瀕行有致兩院公函云：本大總統認為在京不能行使職權，已於今日移津等因。黎邸在天津英租界，非組織政府之地，懇請移住省公署，從容商辦，徐圖解決，不蒙允許，現暫駐新車站，保護之責，承斌義無旁貸。此今日經過實際情形，特此電聞，餘容續布。

承斌元

王承斌返省長公署後，黎又命辛博森到電報局補發一電云：

上海報館轉全國報館鑒：

前電計達，王省長率兵千餘人，包圍火車，勒迫交印，查明印在北京法國醫院，逼交薛總監，尚不放行，元洪自准張揆辭職，所有命令被印鑄局扣留未發，如有北京正式發布之命令，顯係偽造，元洪不負責任。

競相發通電

六月十四日清晨，王承斌接到北京電話，張廷諤、薛之珩已經在東交民巷法國醫院的黎元洪如夫人處取得印信，於是他便趕到新站來見黎氏，手持三通電稿，一致國會，一致國務院，一致全國，內容相同，略云：「本人因故離京，已向國會辭職，依法由國務院攝行職權。」逼黎簽名，否則羈禁車內，永不放行。

黎元洪見大印已交，無話可說，只好全數照簽。王承斌直待黎元洪諸事辦妥，才讓黎氏恢復自由，驅車返寓。黎返邸後立刻發表一道通電，電云：

本日致參眾兩院公函，報告在津受迫情形，其文曰：逕啟者，昨日元洪以連日軍警藉口索薪，無業流氓逼請退位，顯係別有作用，情勢險惡，迫不獲已，暫行移赴天津，一面另行任命閣員，以維現狀。而是日下午三時，行抵楊村，即有王省長承斌等坐車監視，抵天津新站，王承斌即傳令摘去車頭，百般要挾，數千軍警密布，堅不放行，始則要求交印，迨交出後，要求發電辭職，交院攝行，否則羈禁車內，永不放行，旋出所擬電稿，迫令簽名，直至本日早四時，方得自由回宅，此在天津新站被迫情形也。竊維被強迫之意思表示，應為無效，此為通行法例，王承斌以行政長官監禁元首，強索印璽，古今中外皆所罕聞，應如何維持法統，主張正義，敬希貴會諸君，迅議辦法，是為至盼，特電布達，至希查照。

王承斌則針鋒相對，又發出相反的通電，電云：

查此次大總統突然來津，人心惶恐，婉勸回京，未蒙俞允，所有總統職務，當然由國務院攝行，苟無印璽，則文告無以施行，即政務於以停滯，節關在邇，軍警索餉甚亟，遽陷全國於無政府狀態，前途異常危險，所有黎總統到津，對於印璽辦理情形，已於元電詳陳，計已達覽，茲因黎總統派秘書隨員到京，於本日寅刻在京法國醫院將印璽取出，交由薛總監暫行點收，京津地方安謐，秩序如常，請好厘注，王承斌寒。

廣州方面，因獲知北方政變，即來電北京國會，邀請議員南下，電云：

北京民黨議員通訊處轉兩院議員鑒：

艱苦備嘗，始終不渝，民黨精神，惟寄國會，此次時局陡變，暴力之下，已無國會行使職權之餘地，亟應全體南下，自由集會，以存正義，以振國紀。茲特派汪君精衛駐滬招待，劉君成禺、符君夢松北上歡迎，請毅然就道，聯袂出京，無任盼切，希即察照，順頌議祺。

孫文

氣壞黎元洪

自六月十三日，黎元洪出京後，留京的擁曹派閣員高凌霨等亦假惺惺發表一則通電，電云：

昨夜上黎大總統一電文曰：天津探投黎大總統鈞鑒，本日鈞座赴津，事前未蒙通諭，攀轅弗及。北京為政府所在地，不可一旦無元首，合懇鈞座即夕旋都，用慰喁望。凌霨等備位閣員，謹暫維本日行政狀況，只候還旌。伏希迅示。

黎元洪在天津寓邸收到這通北京來電，真是欲哭無淚，氣衝斗牛，恨恨連聲，即日覆了一電云：

北京高凌霨、張英華、李鼎新、吳毓麟諸先生鑒：

元電悉，盛意極感，執事等呈請辭職，挽留不得，已於元日上午有依法副署蓋印命令，發布准免本兼各職，並特任農商總長李根源兼署國務總理，請稍息賢勞，容圖良覯，特此覆謝，並轉沈次長為荷。

黎元洪覆電到京後，北京方面擁曹派立即採取行動，十四日下午一時，高凌霨（內長）在國務院召集特別會議，列席者包括張英華（財長）李鼎新（海長）程克（司法）沈瑞麟（外次）孫多鈺（交次）和陸軍檢閱使馮玉祥、京畿衛戍總司令王懷慶、步軍統領聶憲藩、警察總監薛之珩等。

高凌霨發言，略謂黎大總統既然通電辭職，依大總統選舉法之規定，應由國務院攝行政權，張總理（紹曾）又在天津，節關日迫，在座同仁應以國家為念，共同維持現狀，勉任艱鉅；同時要請財政部長速行籌款，儘於端陽節前撥付各機關經費。

與會人士紛紛發言，討論結果，作出幾項決議：

一、總統辭職問題，議決由國務院通電，聲明依法代行大總統職權，並用電話商請交通總長吳毓麟，即日前往保定接洽國務院攝政辦法；

二、端節問題，議決由財政部負責籌款，所有軍警餉項，及各機關經費，均趕於節前二日發放；至京師治安，仍由各軍警當局負責維持；

三、由高凌霨領銜發出通電云：本日奉大總統寒電，本大總統因故離京，已向國會辭職，所有大總統職務，依法由國務院攝行，應即遵照，等因奉此。本院謹依大總統選舉法第五條第二項，自本日起，攝行大總統職務，特此通告。

十六日王克敏召集銀行界墊款一百萬元，決定在端午節（十八日）那天發放一批欠餉。

過節發銀彈

黎元洪出京前曾宣稱自己要親自赴眾議院報告，並要將總統印璽交由國會代為保管，因此眾議院議員都在眾院等候，直到是日午後一時半，不見黎來，接著有消息說黎大總統已出京去津。於是眾院議長吳景濂、參院前議長王家襄乃邀集兩院議員數十人，在眾院第五休息室開一次臨時談話會，當時因為黎氏出走的詳情尚未十分明晰，僅決定推吳景濂、王家襄二人邀請軍警當局到院，約以兩事：

一、由軍警當局負責維持京師治安；

二、由軍警當局負責保護兩院議員。

由於黎出走後，謠傳直系（指曹錕系）將於一二日內就會用種種方法強迫國會，選舉繼任總統，對於議員有非法舉動，因此決定在第二天開一次兩院議員談話會，共同討論辦法。

六月十四日國會召開兩院聯合談話會，由吳景濂任主席，先報告他自己和王家襄於先一天下午邀請軍警當局到眾院會商，軍警方面允諾維持京師治安及保護議員責任；又報告黎大總統昨日出京，曾有公函分致兩院，稱在京不能行使職權，已於十三日前往天津；今天又有電來請求辭職。應請討論云云。

擁曹派的眾議員吳宗慈接著發言，略謂時局糾紛，已極嚴重，現在合法機關只有國會，兩院同仁在這種時侯，自不能不有嚴正的表示，本席認為當務之急是：

一、應即定期開兩院會合會，解決黎大總統辭職事件，其日期以十六日為宜。

二、總統未選出前，應由國務院攝行其職務。

三、俟秩序完全恢復後，即組織總統選舉會，選舉繼任新總統。當前情況特殊，這類重大問題，本席認為不宜多有議論，須以快刀斬亂麻的手段處理。

擁曹派議員宋汝梅附和其說，其他擁曹派則大鼓其掌，叫囂通過。國民黨籍議員褚輔成登台發言，他大聲說：

「這次政變，是軍警流氓以暴力逼走總統的，國會為維持國家紀綱計，應該有正當的表示。……」

褚輔成的話還沒有說完，擁曹派議員即譁噪叫喊，秩序大亂，不讓褚繼續講話。主席吳景濂即乘機宣布散會，擁曹派議員乃一哄而散。

當晚吳景濂、張伯烈、袁乃寬、劉夢庚、高凌霨等在袁家花園會談，決定先送議員每人端節款五百元，第二天領節款的議員有四百餘人，沒有去領的則派人專程送到議員住宅。反對派的議員有拒絕收受的，也有收了作為旅費離京南下的。

這時北京情勢異常混亂，人心惶惶，所以如此，都是因曹錕要當大總統有以致之！

議員意見多

六月十六日下午二時，國會兩院會合會開會，由吳景濂主席，這時國會內情況很亂，延到了三時廿分才開會，主席報告簽到議員五百六十人，可是在議場內的，只有四百六十七人，其餘的九十餘位坐在休息室內不肯來開會，於是有人主張延會到十八日（因十六日是星期六，十八日是星期一）再開會合會解決一切。擁曹派議員害怕夜長夢多，發生變化，由鄭江灝議員出頭表示反對，主張由主席指定專人到休息室去催請那九十餘位議員出來，主席乃指定陳銘鑑、鄭江灝、蔡正煌、景耀月、王茂才、雷殷、饒孟任等為催請代表。

陳銘鑑等到了休息室，請大家到會場，大家皆表示拒絕，一半主張延期開會，一半主張今天的會改為談話會，如果改為談話會，則可以參加。陳銘艦等得不到滿意解決辦法，乃回到會場，把經過情形向大家報告。

議員藍公武說：今天的兩院會合會是上次談話會的決定，今天萬萬不能推翻。

議員駱繼漢說：國會組織法第廿一條第一項所載：民國憲法之討論，由兩院會合行之。今天是討論總統問題，不是憲法會議，所以不必須憲法會議的人數；今天的會議，只要有兩院過半人數即可開會。

於是主席吳景濂報告：今天到會場的有四百七十二人。今天的會議是解決黎總統辭職事，出席人員究應多少？手續應該怎麼樣？請付討論。

議員彭漢遺說：民二、民六曾開會合會，其人數為兩院總數的過半數，不過不是討論總統問題；今天這個會是討論總統辭職問題，關係重大，萬萬不能以過半數為準。

議員張我華質問主席說：現在人數既然不足，就不應該開會。

議員吳宗慈說：今天不是制憲會議，是解決總統辭職問題，只要有過半數就可以開會；本來這類重大問題應該由兩院各別討論，不過因為時機急迫，只好兩院會合，以過半數出席表決即可決定。

議員陳士髦說：現在既非談話會，又非聯合會，不能有人出席發言。

議員藍公武說：總統選舉法第五條第二項所載，今天應該討論黎氏因何故去職出津，以解決黎氏的責任問題。

議員林長民說：會合會本為制憲或議定制憲程序之會議，設若在國家重大事變時，兩院為了謀求意見一致，可以採用過半數之出席而開會合會，以解決重大問題。因為總統問題不是法律問題而是政治問題。將來總統選舉是法律範圍以內，自不能牽入政治問題而引以為例。

議員王玉樹贊成有過半數之人數即可開會。

議員呂復謂：今日開會，乃政治問題上之一重大事件，本席贊成林長民議員主張。不過國會為立法機關，應以法律為根據，在非常事變中，更應注意法律。今天到會而不出席的議員當然有一種主張，為尊重同人共同之意旨，以引於法律軌道上，先謀疏通，所以本席主張開談話會。請主席諮詢大家意見。

議員駱繼漢主張開談話會。

議員王乃昌說：翻閱各國政治史，每當政變之際，國會應該有一種表示。今天不出席的議員自然有其主張，所以應該改為談話會，讓他們有充分發表意見的機會，然後再開會合會以解決重大問題。

擁曹派起鬨

主席吳景濂遂把王乃昌的動議諮詢大家，大家都贊成；於是，改開談話會，仍由陳銘鑑等去休息室催請未出席的各議員入場。下午四時開談話會。

議員彭漢遺說：黎總統任期，從馮國璋代理總統後，已經期滿，根本沒有辭職的法律問題，現在黎氏既已棄職，本會宜討論一切善後問題。

議員陳家鼎說：黎元洪自民六民十二以後，為國家罪人，現在聽任他遷延了一年多的非法總統，實在是國會之羞，當然應該讓他去職。

議員張魯泉說：黎已蹀去天津，按大總統選舉法第五條第二項，應由國務院攝行大總統職務。現在應該訂於十九日組織選舉會，選舉繼任新總統。

議員籍忠寅說：總統選舉法所載，應於三個月內組織總統選舉會，依照約法，一方面由國務院攝行職務，至於總統辭職問題，國會沒有明文規定，不宜自己投入漩渦，議員牟琳主張應該先討論黎氏辭職事件。

議員馬驤登台發言，略謂：值此局勢危急之際，應該用快刀斬亂麻方法處理，如果就法律說，本席有三疑點：一、解釋任期問題是否是憲法會議之職權？二、總統辭職問題是否為大總統選舉法的職權？三、總統解職問題，法律無明文規定，應用何種手續？我們都有詳細研究的必要。不過今天所應該急予解決的，是黎元洪出京後所發表的非法命令，不能不設法制止。所以本席提議，仍應恢復大會，表決大總統黎元洪，六月十三日離職出京後，應依總統選舉法第五條第二項之規定辦理，就是從十三日起，黎元洪所發命令概不生效。

馬驤發言畢，議長吳景濂問大家，對於馬議員的提議有沒有附議的？結果，附議的有三百餘人。於是主席宣布改開大會，以馬驤的提議付交表決。議員張端發言反對，議員吳宗慈則說：本席對馬議員提議極為贊成，因為黎元洪現在天津，如果他發布的命令還有效的話，假若黎下令解散國會，各位同人將如何表示呢？他這話最有效力，因此議員駱繼漢說：大總統既已離職出京，則國會當然應該按照大總統選舉法第五條第二項之規定辦理，毫無討論和反對的餘地，請主席表決吧。

於是主席報告在場人數四百七十二人，把馬驤的動議交付表決，贊成者三百五十四人，佔大多數，予以通過。

這個兩院會合會遂告結束。

全國起反感

國會會合會所議決的，可分為兩部分：

一、依大總統選舉法第五條第二項之規定，大總統因事不能行使職務，即由內閣攝行其職權；

二、自六月十三日起，黎所發的命令概不生效。

從這個決議看得出來，這完全是擁曹派的決議。因為內閣已經宣布總辭職，在六月十三日得到黎的批准，而國會卻引黎的寒電（就是十四日黎被王承斌脅迫所發的電報）為復職攝政的根據，僅就時間而論，也在十三日黎電以後。根據國會的第二項決議，黎大總統在十三日以後發布的命令完全無效，則為何又將黎十四日的命令作為國務院攝政的根據？同時這時所謂的內閣，沒有總理（辭職的總理張紹曾在天津，擁曹派不許他回北京），也沒有外交、農商、教育、陸軍部總長，根本就不算個內閣。所以，不從事實論，就從法律論，這所謂的內閣也沒有資格和任何理由可以攝行總統職權。

國會這兩點非法的決議自然引起全國的反感，在國會中的國民黨籍議員，為此特發電宣告中外，對於六月十六日兩院會合會的表決，應作無效。電云：

> 各報館鑒，前日接兩院通告，十六日下午二時開兩院會合會，解決黎總統辭職事件，議員等屆時到會，吳景濂主席，報告在場人數四百餘人，旋有人提議會合會人數，依法須有三分二以上出席，方能開會，爭論未決，已逾三時四十分，眾議改為談話會，當推陳銘艦等九人赴各休息室邀請未出席之議員，陳等以開談話會相號召，始有十餘人續入會場。按三分二人數，仍差八十餘人，乃駱繼漢動議請照過半數人數，仍改為會合會。主席草草諮詢，突由馬驤提出通電文一紙，謂黎總統已棄職赴津，適應用大總統選舉法第五條第二項之規定，所有十三日以後命令，一概無效，請主席付表決。表決結果，並未報告人數，遽行通過。此當時會場經過之實在情形也。……議員等本良心之判斷，為正義之主張，為特宣告中外，凡十六日兩院會合會所有表決，應作無效。邦人君子，幸垂察焉！

扯上吳佩孚

當時的國會雖然為國人所不齒，可是它還有它的存在價值，同時還有一定的法律作用。

其時廣州方面伸出熱烈的手邀請議員南下，中山先生派劉成禺到北京邀議員南下，盧永祥也有電報請他們到上海繼續進行制憲工作。吳景濂怕議員相率離去，他將變成光桿議長，因此勸曹錕暫時不要進行新總統的選舉，對外宣稱先行制憲以緩和議員的反感，免得他們真的紛紛離去。

這時留京的議員和離京的議員，正在大打筆墨官司，吳景濂雖號召一批留京議員，勸告其他議員勿為南方野心家所利用，勿因黎元洪一人的進退而犧牲國會，如果說北京是在軍閥統治下，不能安心制憲，試問全國那處沒有軍閥？那處才能制憲？憲法幾時才能完成？

離京的議員則指責軍閥驅逐總統，收買議員為其工具，還有「節敬五百，票價五千，點名發放，有如恩餉」，請大家不要為了曹三（指曹錕）一人的野心而葬送了國會。

黎被迫出京後，曹錕的直系人馬，尤其在各省的軍人們發出一片贊成內閣攝政和催促選舉新總統的聲浪。

六月二十一日，王承斌致高凌霨、吳毓麟、王毓芝一電（箇電），把吳佩孚致曹錕的號電（廿日）照轉如下：

> 西南各省伺隙而動，奉浙勾結借題發揮，而安福、政學聯合，以重金收買議員南下。佩孚愚慮，竊謂事已至此，應於最短期間，趕以法律手續促成選舉，萬萬不可遷延稽遲，資敵

以便利。……我方若不捷足先登，半月以外，恐擁段（祺瑞）之聲紛擾南北，居時再圖補救，事已大難；而議員法定人數尤不易言。……應請我帥間接授意京中軍警各機關，隨時勸慰各議員，無論何時，不得令一員出京他行，一週之內，迅定大選。中樞既固，便可以法定正統名義號召中外，縱有一二反側，大勢已定，當易消除。……

王承斌並且還在吳佩孚這個電報後面加了兩句按語：「憲法不許成立，大選早日完成。」這本是一通密電，不知是何緣故，被當時的報紙登了出來，引起外間極大反感，吳佩孚在洛陽矢口否認他發過這個電報，王承斌也通電聲明：「此電係奸人偽造，正在密查來源。」外間傳說吳佩孚的號電是王承斌偽造的，用以壯大津保派促成新總統選舉的聲勢，因此王電是真，吳電是假。究竟真實請況如何？非當事人是難以肯定分別真偽的。

國會分裂後，留京議員已佔少數，而留京議員並不是全部贊同直系擁曹派，所有擁曹派實在是少數集團。他們想透過合法選舉達到目的已不可能，因此想藉憲法會議達到目的，更不可能，於是計劃：

一、揑報出席人數；

二、以非議員冒名頂替；

三、強迫簽到之議員入場，或以綁票方法強制議員出席。

按照大總統選舉法所定的選舉總統會，必需有全數議員的三分之二到會；當時兩院議員為八百七十人，三分之二的數目是五百八十人。留京的議員無法湊到這個數目，不但總統選舉會開不成，就是憲法會議（需五分之三出席人數）也召開不成。

送錢開常會

留京的擁曹派議員當然也要掙扎，可是國會問題必需「錢」，黎元洪就因為自行決定給國會經費和議員出席費而引起了政潮，現在黎雖下台，國會問題依然存在；所以在八月廿四日，吳景濂在北京象坊橋眾議院議場約集了一百五十二位議員談話，由吳提出臨時給費方法三條：

一、兩院每星期開常會時，出席議員均由國會預備費內支給一百元。

二、每次開會，於會場計算人數，發給出席證，散會時，出席議員以出席會議換取支給證。

三、兩院議員憑支給證於下一星期一向會計科支領。

這個提議以七十七人贊同而通過。

吳景濂的這個決定，就是在北京的大多數議員也不同意。王家襄、籍忠寅、李國珍、王侃等均有函給吳，表示反對。彭養光和韓玉辰則具文向京師檢察廳告發吳景濂、張弧等損害國家財產，其呈文云：

……（前略）吳景濂等所議決之支給方法，係於每星期開常會時，對於出席議員特另由國會預備費內支給一百元，且專對於出席議員適用，即明明以此費為要求出席便其私圖之賄賂。吳景濂利用眾議院議長資格，就所保管之經費內為損害國家財產之行為，亦毫無疑義。今三期國會歲費積欠數月，財政部久不依照預算支付，兩院安有預備費之可言？歲費公費國庫且不能籌給？則此項出席費之來源，更屬來歷不明，籌措有自。除吳景濂責有攸歸外，所有擔任籌款之財政總長張弧及夥同籌備大選集辦經費之熊炳琦、王毓芝、劉夢庚等之所為，實共同觸犯刑律第一百四十二條，第八十三條，第三百八十六條，第三百八十九條，第二十六條，此外是日在場隨同贊和之各議員七十餘人，亦應同科。惟姓氏不明，應請查明依律處斷。事關國會尊嚴，民國前途，用敢迫切陳詞，公請貴廳立予依法偵查，傳喚各該被告人等到廳審訊，並即起訴，以慰天下之望。再貴廳代表國家行使法權，尤望勿為威武所屈，為我民國司法上留一線之光榮，則告發人當代我全國國民表無限之謝意。謹依刑訴條例第二百六十二條提出告發狀如右。

謹呈

京師地方檢查廳檢查長龍

十二年六月十九日，黎元洪從天津致函參眾兩院及外交團並通電全國，內云：

有人假借國務院名義，擅發銑日通電，內稱各節，語多謬妄。查元洪為暴力所迫，認為在北京不能自由行使職權，乃於元日離京，參眾兩院及公使團均經函達有案。國境以內，隨地也可以行駛職權，即越境出遊，各國亦有先例。此次出京，何得謂為離職？大總統選舉法第五條第二項之規定，係指大總統因故不能執行職權，副總統同時缺位而言。所謂因故之故，當然以本身自然之故障為限；若謂脅迫元首，為法律所定因故之故，國會加以承認，是不啻獎勵叛亂，開將來攘奪之惡例。至元洪由京移津，並非離職，更不得妄為援引；且前總理張紹曾、前總長顧維鈞、高凌霨、張英華、李鼎新、程克、彭允彝、吳毓麟等早經辭職，經於文日由國務員李根源依法副署命令，准免本兼各職，元晨蓋印，交印鑄局發布在案。高凌霨等既經免職，國務員資格業已喪失，尤不容任其假借。六月十三日上午，元洪尚在北京，所發命令，手續並無缺誤，國會依何法律可以追加否認？即元洪出京以後，仍為在職之大總統，所發命令，只須有國務員依法副署，自應一概有效；若夫個人文電，其無關政令者，更非國會所得干涉。至六月十六日兩院不根據法律私開會合會，其人數及表決，率意為之，尤為不合。元洪遲暮之年，飽經兇釁，新站之危，已拚一死以謝國人，左輪朱殷，創痕尚在。夫以空拳枵腹，孤寄白宮，謂為名則受謗多；謂為利則辭祿久，權輕於纖忽，禍重於邱山，三尺之童亦知其無所依戀。徒以依法而來，不能不依法而去，使天下後世知大法之不可卒斬，正義之不可摧殘；庶怙兵干紀之徒有所畏而不敢出，雖糜軀碎骨亦所甘心。國會若以元洪為有罪，秉良心以判之，依約法以裁之，元洪豈敢不服；若舞文弄法，附合暴力以加諸無拳無勇之元首，是國會先自絕於天下後世也。元洪雖孱，決不承認。自今以往，元洪職權，未得國會確當之解免，無論以何途徑，選舉繼任，概為非法，特此聲明。

一條可行之路

六月廿日黎元洪下令補任唐紹儀為國務總理，唐未到任前，仍由李根源代理總理。黎氏在天津並不能自由拍發電報，所以這些電報都派人到上海拍發。黎氏打算通過唐紹儀以拉攏南方，尤其是中山先生。同時和奉系、皖系合作，想將國會和政府都遷到上海。

這當然是一條可行之路。當時中山先生和奉皖兩系正醞釀組織反直系的大同盟，黎元洪既被直系趕下了總統寶座，他當然尋求反直系的各派來支持他。

李根源隨黎元洪到了天津，奉派代理國務總理，他有一封信給唐紹儀，正可看出黎的打算，原函如下：

少川先生鑒：

前上一函，度承惠詧。總統之意，俟國會政府移至南方，即將大政交院攝行。遇有重要事宜，仍願負責主持。至於大位問題，宜從根本上著想，不當使軍人干位之事，再行發現，最好為一勞永逸之計，將總統制改為委員制，依照瑞士成法云云。聞南方政見多歧，先生主持其間，定有良策。總統囑以此意錄呈，以備參考，伏維鑒納！總統不久即可至滬，正式組織政府。惟請我公全權主持，務乞大力先期籌備。專此敬請勳安！

李根源敬啟

六月二十日

函後另有附啟，原文如下：

根源索懷關於立國根本大計數事，並附呈：一、總統選舉，不專屬之國會，須要各省省議會、各法團共之。二、現役軍人不得當選總統，必退役二年以上，始得當選。三、總統不得聯任。四、促進國憲，並分訂省憲。五、厲行裁兵，全國常備兵額，不得超過三十萬人。六、首都駐兵二萬人，由各省區分配輪流派遣。

可憐孤家寡人

當時黎元洪另有一個計劃，擬任命段祺瑞為討逆軍總司令兼第一路司令，張作霖為第二路司令，盧永祥為第三路司令，並以自己的同鄉親信陳宧為參謀長。可是息影天津的段祺瑞對黎氏這個計劃卻嗤之以鼻，他冷笑的說：討「逆」我不會自己討，要你姓黎的給我命令？真是笑話。

黎聽說段祺瑞不肯屈就，又想改任張作霖為討逆軍總司令，閻錫山和盧永祥為副司令。可是張、閻、盧都表示得很冷淡。黎氏這次上台既完全是直系捧出來的，現在又被直系一腳踢下台來才想求助於人，大家對這個赤手空拳、無兵無將的空頭總統，根本不屑一顧。

黎氏曾向銀行抵借十二萬元。在天津成立「國會議員招待所」。這筆錢很快就用光了，少數受他招待到天津的議員又紛紛回到北京去了。

黎氏在天津仍儼然以總統自居，他經常有公函送給外交團的領袖公使——葡萄牙公使符禮德，說這樣、說那樣，符禮德開始還把他的公函當作一回事，隨時照譯照轉；後來見黎氏的文件越來越多，而且大多是古色古香，佶屈聱牙的駢體文，而外交團的華文秘書也沒有熟讀《佩文韻府》，很難體會，自然譯得一榻糊塗！因此符禮德便在外交團的聯席會議上聲明：黎氏的文件沒有照轉必要。以後都不轉發了。

內閣總理張紹曾看見各方攻擊攝政內閣是個群龍無首的內閣，因此又想回到北京復職；但是直隸省長王承斌卻給他潑了一盆冷水，通電反對他復職，他只好走向黎元洪同一命運。

發旅費花寃錢

當時的國會議員離北京，第一站是到天津，天津方面有辦事處接待來津議員，由楊永泰負責，楊氏是廣東籍議員，後來是赫赫有名的政學系巨頭。國會在天津的辦事處是一個轉運和接待機構，凡出京到津的國會議員，由辦事處接待，然後發給車船費五百元。到是年九月十五日為止，國會議員來天津領旅費的，有五百零三人；往上海報到的，僅有三百八十五人，因為有許多在天津領了旅費卻沒有去上海。

國會議員移滬制憲，推參議員章士釗、呂志伊，眾議員褚輔成、田桐四人先到上海籌備，租下了上海縣西城外湖北會館為兩院議場。七月十四日舉行國會移滬集會式，兩院出席議員約二百人，推年長的眾議員凌鴻壽為主席。

自黎元洪被直系捧出復位以來，國會即發生民八議員和民六議員之爭，前文已報導過。所謂民八議員是在廣州非常國會遞補的議員，北京方面一直不肯承認，不料黎元洪又被直系一腳踢開，國會計劃南遷，怕南下議員不足法定人數，為了湊足人數，所以民八議員亦一律招待南下，不過要求他們作為預備隊，先不出席會議，但一切待遇完全和議員一樣，七月十四日集會時，民八議員有數十人到會，曾經發生爭執，鬧得不歡而散。

楊永泰拉議員

在天津的楊永泰負責爭取北京方面議員，曾有函致北京國會的議員諸公，原函內容如下：

（銜略）滬地集會，已於十四日舉行，滬杭當局，業指定上海紙烟捐、電報局收入、烟酒公賣及鹽餘四項之款，為國會政府每月之經常費，足資應付。遇有臨時支出，超出預算，則再由奉天方面撥給之。是以同人旅滬經費，確已有著。民八問題，亦經商量妥洽，每月公費照給，但不列席。民八多數份子，均允照辦。十四日滬上集會，雖有民八議員數人羼入，小小搗亂，然實受北方之運動，彼之同輩，咸不謂然。此事於國會前途，當不能發生何種影響。自前星期二起至本星期二止，同人由津領取車船票南下者七十三人，今明兩日尚不在內，合之奉天同人，由大連逕行往滬者，日內三百之人數，必可達到，尚形踴躍。而政府之組織，軍事之準備，亦暗中著著進行。惟北京上海兩處，彼方所散佈之謠言甚多，凡可搖惑同人之心志而滯其行者，幾於無奇不有。乞轉告我同人，萬勿輕信。直系現因空氣太壞，選費難籌，應付又無善法，徒勞神傷財。終不能得合法產出。據確實秘息，直系日來已改變方針，前日所倡之先憲後選，選憲並行，及依法解決，種種謬說，目下皆成過去之名詞。其唯一辦法，則先戰後選也。蓋就現勢而論，不合法選出固戰，合法選出亦戰，且選固戰，不選亦戰。與其大耗鉅款以收買議員，毋寧移之以充軍費。所謂不買猪而養牛（按：當時稱議員為猪仔），此說為吳子玉（佩孚）所倡。已漸得北京、天津、保定各處直系之贊成。事勢急轉，吾輩議員，已不甚見重於直系，吾人更無流連京華之餘地，獨惜吳大頭輩（按：指議長吳景濂）尚在夢中，自欺欺人也。諸公行意早決，摒擋多日，想已就緒，務請即日出京，動身之期，先乞見示。弟當在津門稍候，以接待一切。此間車船費之發給，限至本月廿四日為止，蓋吾輩最大責任，不在拆台而在從速搭台；一面討賊戡亂，一面制憲建國也。

移上海發宣言

國會移滬集會後，發表對內對外宣言，對內宣言云：

國會成立以來，疊遭政變，同人忝為民役，恆用疚心。每於困心衡慮之中，為委曲求全之計；而其結果，乃有不忍為國人道者。六月十三日之變，畿輔軍閥竊位亂國之罪跡象彰彰，舉國共瞻，無待申述。同人既不敢以國憲為人驅除，將大位奉之國賊；復念吾國為禮讓名教之邦，同人俱受父兄師保之訓。又不敢稍越幾希之戒，而為自鬻之謀。則今日南遷，勢不容已。同人等此心此志，不約而同。茲謹於十四日下午二時，在上海舉行移滬集會式，一俟數及法定，即行正式開會，行使職權。所有建國大計，自當順應國民心理，按切時勢要求，次第討論施行。同人等任職有年，國是未定，區區此心，愧對父老；惟此守法持正，差堪自信。邦人君子，尚共鑒諸。

對外宣言云：

中華民國以北京政變，內閣竊柄，已無政府；加之武夫橫行，威偪利誘，國會失其自由。同人為保全機關之神聖，及保全個人之人格計，決計南遷。兩院議員現已到滬者已達三百人以上，其餘尚在京津，剋期待發。此皆守法持正之士。茲謹於十四日午後二時，在上海舉行集會式。俟足法定人數，即行正式開會，行使職權。經常集會，留京議員陷於強暴，即有議案，不生法律效力。北京武人如有假借政府名義，與各國訂何項條約，磋商何種借款，吾國會概不承認。民國不幸，屢以政治問題發生變亂，致煩各友邦之考慮，同人深為不安；惟此次之播遷，由於武人盜國，事出非常，義不容已，其中情節，各邦明達，諒所周知，謹此宣言。伏希鑒察。

議員何去何從

參議員湯漪審度當時國會大勢，曾有一通電致留京的參議員，把當時的形勢利害分析得很清楚，略云：

此次政變發生，我同人政治上之利害，除少數賣身軍閥者外，固有結合一致成為中心之必要。且其事但返求諸已而可能，乃遲至今日，時逾三月，卒致行動各異者，則法律上意見之異同為之，非有他也。所謂法律上意見之異同者，約而舉之，可得三事：制憲是否以遷地為良？一也。在南方者有民八國會之爭，二也。在北方者有延長任期之案，三也。除第二項民八問題，在滬會業已解決，無俟更議外；自制憲地點問題言之，則在京制憲，有兩害而無一利。先選後憲，在京已有不可抗之形勢；而銅臭總統，與非法選舉，一旦成為事實，則內爭必因之擴大，國會自身，將為眾矢之的，而體無完膚，遑論制憲，其害一也。設欲貫徹先憲後選之主張，則惟有出於通過天壇舊憲章，推翻此次新憲草之一途。國權未固，省治不存，內亂將無已時，其害二也。欲袪二害，則南下制憲，比較為良，毫無疑義，不待論矣。公等之明，寧不察及？而猶戀戀於北京象坊橋之會場，不忍遽去者，道路傳言，因果複繁，不可殫述。……至於延長眾院議員任期一案，儘可俟補足中斷之會期後，基於事實上之必要，再行解決。竊以為國會自身計，其安全之前途，殆捨是末由矣。……

黎元洪被直系強迫下台，在天津車站受辱，又被直隸省長王承斌劫車索印，這種迫害和侮辱，對身為元首的人，應該是義憤填膺；當時舉國中外，都注視這位黃陂總統究竟有何作為？而令人失望的是他躲在天津租界私邸內，毫無作為，只是派了代表，分赴奉天、上海、廣東和雲南去連繫。國會議員到上海集會，如果黎當時南下，是會振奮人心的；而他卻裡足不前。這也難怪他，他自武昌起義時發迹，一直是因人成事，乃時勢造英雄，並不是英雄造時勢，所以對他就不必太加苛責了。

總統無權無勇

眾議員劉楚湘於八月八日（民十二年）有電責黎元洪，電云：

自六月十三日發生政變，日居月諸，兔魄再圓；涼飆乍起，溽暑漸收。迴憶內閣折台，全體辭職，斷公水火，絕公飲食，嗾使軍警，賄買流氓，包圍公邸，逼公退位。迨公倉皇出走，避往天津，王承斌率其軍隊，邀截楊村，劫車索印，行同盜匪。留公為質，至十餘小時。脅公署名，代公辭職。彼時公亦憤氣填膺，幾欲自殺。而國人亦痛紀綱之掃地，法律之蕩然。駭汗相告，舉國若狂。洎時閱二月，公仍安居津邸，有若淡忘；國人熱度，亦漸隨暑氣以俱退。各方寂寂，未聞仗義執言，聲罪致討。國會同人之留京者，則趦趄而卻步；離京者則悵惘若失。毀法亂紀之徒，反得橫行首都，從容坐鎮，補綴內閣，秣馬厲兵；寖假而惡聲相加，將以破壞統一，破壞憲法之罪名，加諸離京同人。昨聞吾公將買舟南下，旋又中止。同人竊竊相議，疑莫能釋。豈以旅滬同人，尚未發電歡迎耶？抑以各方意見，未趨一致，故遲遲有待耶？夫共和國之總統，雖與專制之君主迥異，然俱為一國之冠冕，人民之元首。在昔專制之世，國家有難，君主尚有殉國家死社稷之責。乃公前逐於張勳之復辟，不能以身殉難，謝罪國人，而逃生於日本兵營，遁跡於天津租界。使海內俶擾，生靈塗炭，亘五六載。公俱置身事外，不問不聞，國人已為公宥。而今再被逐於曹錕，所受恥辱，即匹夫竪子，亦當拔刀相向，不共戴天。公乃堂堂元首，即不為國家名分紀綱法律計，而為公個人計，亦豈能唾面自乾？隱忍以終耶！

且共和國之總統，名雖元首，實則公僕。非若專制之世，有主憂臣辱，主辱臣死之義。一旦君主蒙難，薄海臣民，即應興師勤王，奔赴行在也。惟總統名器，執行國家最高行政權，對內對外，有代表國家之尊嚴。辱及總統，不啻辱及國家。同人等投袂而起，奔走呼號，誓不與毀法亂紀之軍閥，戴天履地者，為其不循法律軌道，擅行廢止，且以武力金錢強取豪奪。惡例一開，則國家之亂，無已時耳，乃公在津邸，屢次宣言，俱云當為國家紀綱法律，一伸正義；而猶遲徊瞻顧，必待同人之發電歡迎，各方之意見一致，始行南下。公之用心，竊所未解。夫公為一國元首，且身受其辱，為公為私，所負責任，均較他人為重。允宜身先同人，早日南下，成立政府，號召中外。使外而友邦，內而國人，知正統之所歸，正義之所在。即各方意見，未趨一致，而公亦當紆尊降貴，與之周旋。只要為國伸正義，不妨己身受勞怨。美國歷任總統，嘗因貫徹政見，不惜舌敝唇焦，奔波跋涉，以游說各邦者矣。今公為國家伸正義，飭紀綱，衛法律，即躬自游說各省，使之諒解，亦適見公之為國賢勞，而於公之尊嚴，殊未見有毫末之損也。（下略）

第一砲未打響

黎元洪接到劉楚湘的電報，甚為感動，因此決心南下。他的左右，如姚震、李思浩、陳宧等均贊成黎去上海，息隱天津的段祺瑞也表贊同。不過要到上海，不能不先看當時浙江軍務督辦盧永祥和淞滬護軍使何豐林的態度，這兩人一直未表示迎黎南下，黎覺得要等待盧、何兩人態度明朗殊不容易，決心置之不顧，乃祕密搭乘日輪「長府丸」，偕李根源、陳宧、莊景珂和日本醫生二人南下，於是年九月十一日抵滬，下榻法租界杜美路廿六號，當晚即在寓邸邀請唐紹儀、章炳麟、李根源、褚輔成、章士釗、陳宧、饒漢祥、鄭萬瞻、焦易堂等密商。會後發出一道通電云：

元洪忝受國民付託，待罪公僕，德薄能鮮，致有六月十三日之禍；惟念紀綱不可不立，責任不可不盡，業於九月十一日到滬，勉從國人之後，力圖靖獻，謹此奉聞。

又另致電廣州中山先生，電云：

（上半段與前電同）……我公昔在清季，與元洪共開草昧，休戚與共，惟望共伸正義，解決時局，海天南望，佇候教言。

九月十二日，黎氏在寓邸招待新聞記者，發表書面談話如下：

余在國會未曾有正當解釋任期之前，總統地位，當然存在。余在京因不能自由行使職權而移津，然天津依然為暴力所包圍，乃不得不轉而至滬。上海為輿論中心，政治策源地，故余來深欲徵取各方意旨，並將中心所懷，報告於眾，使各方公判，而求妥善解決之道。連年兵禍，國民已創深痛鉅。余素主和平，故求國是之解決，雅不欲訴諸武力，余對於總統之位，毫無戀棧之意，亦無作下居總統之野心，惟進退授受，當遵法定手續。今法紀蕩然，長此混亂，國何以立？余故不憚跋涉而來滬，求各派人士之合作，以維法律而整綱紀。故余南來之宗旨，一言以蔽之曰：維持法律，整飭紀綱而已。至現在北京之攝閣，毫無法律根據；今合法內閣之總理為唐紹儀，仍有施行政事之權力。滬上之國會，為主張正義而來，彼開會時，余當出席報告，請其維持法紀而固國本。余之行動一遵民意，而以法律為根據；如有能整飭紀綱，維持法律者，余即當按法定手續以政權相授，決不遲疑戀棧也。

中外各報對於黎元洪的南下，反應並不熱烈，沒有當做一件大新聞，而黎氏的談話也沒有引起人們的大興趣。黎元洪抵滬後的第一砲可說完全不曾打響。

黎元洪前被直系捧上總統之位時，並沒有得到奉系、皖系以及國民黨和西南方面的同意，他們都是反對黎氏上台的，所以黎在第二次總統任內，西南根本不承認黎的地位；浙江也宣言自主，在未統一前，不服從中央。所以黎氏南下，他們不曾熱烈歡迎；加上黎未到上海，就盛傳江蘇的齊燮元將與浙江的盧永祥發生軍事衝突。齊燮元是直系健將，盧是皖系的唯一實力人物，他們要衝突是極有可能的。江浙兩省對於戰爭的威脅極為敏感，所以兩省的士紳如張一麐、張謇等發起江浙和平公約，分別請蘇浙軍民當局和浙滬護軍使簽字，以資信守。黎氏到上海時，這個和平公約剛好簽署，其中規定：「對於兩省境內保持和平，凡足以引起軍事行動之政治運動，雙方須避免之。」

因此，當時江浙人士認為黎元洪在上海組織政府，將使和平局勢受到破壞，所以張謇就去見黎元洪，力言浙江和平關係重大，希望不要輕舉妄動。意思是反對黎氏在上海活動。

要拆曹錕的台

九月十三日，黎元洪在上海杜美路寓所召集全國性的會議，邀請廣東代表汪精衛，浙江代表鄧漢祥，奉天代表楊毓珣，雲南代表陳維庚，貴州代表李雁賓，四川代表費行簡、趙鐵橋，湖南代表鍾才宏等參加，商量籌組一個全國性的政府。

黎元洪以主席身分首先致詞，他說：「這次南下完全是自動，因為曹錕用金錢和武力攫取總統之位，眼看就要成功，如果大家坐視其上台，必定惹起各省兵爭，破壞和平，流禍無已；故不若用拆台方法，令其不能做總統，即可保全和平。今拆台只得一半成功，故率然南下，希望和各方通力合作，貫徹拆台宗旨。盼各方支持，拆台既竣，建設之事，則非本人所能勝任，惟望天下仁人志士共起擔負。」

黎氏的話說完，大家沒有作聲，於是黎又繼續說：「目前拆曹錕大選之台，即須我方先能搭台；而搭台最要在組織政府，俾便號召一切，現在已商請唐少川擔任內閣責任，請各省贊成。」

各省代表推由汪精衛起立致答辭，汪說：「各省對公個人皆極仰佩，去年直系擁公上台，各省所以不一致贊成者，因法律上所見不同，且灼知直系毫無誠意，故今年六月十三日之事，早在意料之中；今公個人跋涉南來，深感公之為國宣勞。至於組織政府一事，事關重大，各代表事前毫未知情，也未有所準備，自當慎重考慮，電告本省，請示可否？然後奉復。」

汪的話講完，各省代表一致表示同意，於是黎氏這次組織政府的談話會以不了了之而宣告結束。

唐張象徵擁護

黎元洪在上海不得意，因為大家不僅沒有把他當做總統看待，反看他為禍水。只不過收到了雲南唐繼堯和東北張作霖的兩封信，還尊他為總統，算是差強人意。其實軍人實力派僅僅以秀才人情紙一張表示擁戴，對於形同喪家之犬的黎大總統又有何用？

唐繼堯給黎元洪函如下：

大總統鈞鑒：

自京師告變，大駕移津，薄海人民，深同義憤。所有報載經過情形，暨奉到宣示中外各電，不勝髮指。只以僻在遐方，形勢阻僻，特通電各方，暫息紛爭，迎駕回京，主持大政。一面準備實力，糾合同志，聲討國賊，以奠邦基。正在積極籌備，適吳君齋厚至滇，須到手諭，並轉示一切。自當擐甲誓師，恭行天討。同時接到滬函，擬設國務院，並開聯省會議執行任務。竊念強藩毀法亂紀，閽干大位，內為國民公敵，外失國際同情，此正天亡逆虜之時，誠宜別組機關，號召天下。惟年來國事紛擾，議戰議和，迄難解決。皆無徹底之辦法，無堅確之主張，以致連年蹉跎，迄無成效。繼堯懲前毖後，以為此次戡亂之方，宜注重實際，不尚虛聲；各方如能協定方略，同時並舉，則天下不難定也。所有愚見，正在派員赴滬詳備。謹肅蕪緘，託吳君先行齎上。伏乞睿鑒！並叩崇安。

雲南省長唐繼堯謹呈

張作霖給黎元洪函如下：

大總統鈞鑒：

敬肅者，竊作霖自愧才力棉薄，早有歸田之願；乃以東北父老重相付託，不得不暫為維持，以盡桑梓義務。故年餘以來，純以地方自治為主，對於南北政潮，未便聞問。前者六月十三日之變，若輩威逼元首，劫奪印璽，一切非法行為，紀綱何在？人神同憤。又加楊議員振春，韓秘書玉宸奉命來奉，責以討賊，霖雖不敏，略知春秋大義，自應即時籌備，期盡天職。旋以當時所議，群力合作各辦法，接洽未熟；又因鈞座南下無期，不免略有停頓。然作霖救國之籌備，無日不在進行之中，決不能稍存觀望，坐視國家淪亡也。鮑前總長貴卿兩次來奉，作霖咸以鈞座復職，懲辦禍首，為第一條件。詎彼一味敷衍，毫無悔禍之念。將來義師奮興，不改初志。茲聞鈞駕南臨，凡我軍民，曷深欣幸。趙司令傑此次南行，對於粵贛大局，頗有計議，一切詳情，統由面陳。肅此敬請崇安

張作霖謹呈
九月十四日

唐繼堯和張作霖雖是實力派，但他們不會竭誠擁護黎元洪，他們只是不願意直系的曹錕一旦登上總統寶座，真正成為中央力量；因為直系尤其是吳佩孚，最大的野心就是武力統一中國，也就是要消滅其他的力量。所以他們想拉攏黎元洪反直系，又不願真的擁戴黎元洪。

黎元洪不是一個有策劃和有組織力量的人，如果他在這個時候能糾合所有反直系的力量，未

始不能阻止曹錕的賄選；惜他無此大才，不能創造形勢。

連遭四重打擊

另一件令黎元洪氣沮的，是在國會議員方面。就在九月十三日黎招待各省代表碰壁的當天，南下的國會議員在湖北會館召開談話會。黎元洪以大總統身分對國會咨文，他將已準備好的兩道命令函達國會，請求同意：

一、准李根源辭署內閣職；

二、任命唐紹儀為國務總理。

黎同時通知議員們，準備前往報告一切。在黎看來，南下議員集會不能不有總統和內閣，否則議員集會便失去了意義，這比和省代表談話要有利得多，他相信議員們一定歡迎他。

怎知事情的發展使黎氏大出意外；在議員談話會中，國民黨籍議員張繼竟聲色俱厲的指責黎元洪，認為他誤國，依附軍閥，不顧國家民族大義，只求一己利害。因此他鄭重宣布：國會中如果再有文電稱黎元洪為大總統，他本人堅決不予承認。現在中華民國已經沒有大總統了。國會中原來設有的大總統席位，亦應立即撤去云云。

張繼的擋駕，使到國會空氣為之一變。議員褚輔成、黃雲鵬、吳淵、谷思慎等，見情勢不佳，深恐黎元洪來到國會之後受到難堪，同時南下議員對黎元洪亦並無好感，於是趕快打電話通知黎氏，請他不要來出席國會。

就在這一天，黎又遭受到第三個打擊，那是淞滬護軍使何豐林所出的一個布告，內云：

為布告事：照得近來時局不靖，謠諑繁興，滬上為華洋薈萃之區，中外觀瞻所繫，本使負有地方責任，早經迭次宣言，抱定保境安民宗旨，始終不渝；所冀閭閻安堵，匕鬯不驚，用慰中外商民之喁望。誠恐流言傳播，搖惑人心；市虎杯弓，為患滋大。用特剴切布告，俾眾週知。倘有破壞秩序，擾亂治安之行為，無論何人，概予拿辦。本使為維持地方安寧計，決不能稍示姑容；仰商民人等，各安生業，勿得輕聽謠言，自相驚擾。切切此布！

黎元洪自離湖北北上後，將近十年，雖然在官場並不得意，可是游刃於中國第一人第二人之間，這次是他北來後，首次南下；他抱了極大希望南下，怎知卻是乘興而來，大失所望。一是江浙人士的婉拒；二是各省代表皆打其太極拳；三是遭到議員的指名攻擊和不承認其總統地位；四是被地方軍事首長指桑罵槐的搞了一下。這四重打擊，可真把黎元洪打得頭昏眼花。

黎元洪因人成事，時勢造英雄，所以在軍閥短兵相接、總統自為的局面下，其政治生涯遂逐漸走上日暮途窮之路了！

議員延長任期

擁曹派既希望留北京議員不要星散，同時又爭取南下的議員回京，除了津貼出席費一百元外，同時安排另一計劃。原來國會議員的任期，到民十二年十月十日即告屆滿，彼時已是七八月了，因國會分裂，無論在上海或在北京的人數都不及法定數目，都無法開會，十月滿期，轉瞬即到，吳景濂針對這個弱點採取行動，由眾議員王茂材提出修正國會組織法案，於第七條眾議員任期三年下，增加一項云：「議員職務應俟下次依法選舉完成，開會前一日解除之。」這就是無限期的延長；因為下屆議員不選，現屆議員就可以一直擔任下去。以此為餌，吳景濂派眾議員張魯泉等南下，勸誘已南下各議員再返北京，每人發給旅費四百元。

離京南下的議員，在八月底統計，有三百八十五人。不過議員份子複雜，離京南下的三百八十五人中，並不是意見一致，有的為了旅費和月費，有的為了破壞南遷國會，有的態度游移，可南可北，因此國會本身就是絕不健全的。

張魯泉在上海活動結果，即有卅餘議員先後隨張返回北京。自六月十三日政變後，國會的兩院常會和憲法會議因不足法定人數，所以一直流會；現在由於南下的卅餘議員返京，因此九月七日眾院常會乃召開成功，出席的眾議員有三百零二人，主要議題是延長議員任期案。馬驤表示此案關係重要，請議長當場指定審查員。吳景濂遂指定牟琳、馬驤、胡祖舜、徐傅霖、王敬芳五人為審查員，即開審查會。審查完畢後，由胡祖舜向常會報告。胡氏說：審查會對五議員修正案認為可以成立，其理由：一、眾院任期將滿，國會萬不可中斷；二、國家政爭終無統一希望，不可不有統一之國會以維繫之；惟原修正案係對眾院而言，中華民國國會，由參眾兩院組織成立，故對於參議員任期，亦須顧及。茲修正如次：第七條下增加一條，「前兩條議員職務，應俟下次選舉完成依法開會之前一日解除之。」眾院常會對審查員的報告鼓掌表示滿意。遂由主席吳景濂把這個修正案提付表決，在場出席者三百零八人，起立者二百六十一人，以多數通過。當天即開三讀會，會後咨送參議院。

眾議院通過議員任期延長案，輿論大譁，認為這就是直系曹錕賄選的前奏；反對派乃寄望於參議院，希望參議院能夠予以糾正，不使這個法案通過，以維持國會的信譽和聲望。

部分議員反對

留京的參議院議員聽說眾議院通過了留任案咨請參議院通過，於是部分議員發表公開函表示反對，函云：

本院同人公鑒：

此次國會重光，一年以來，毀譽參半！幸我同人始終尊重法律，不作法外行動，此心可質天日，可告國民。自眾議院延長任期案移付來院後，全國輿論為之譁然。我同人不乏明達之士，對於拂逆輿情，毀棄法律之議案，自有正當主張，以保存國法之尊嚴，同人之人格；惟一般同人或有未審此案之利害，謹扼要為諸公言之：溯此案發生以後，即招輿論界之攻擊，或謂係大選之交換條件。夫大選為國會職責，決不受政潮鼓盪，使國家陷於無政府之險境，尤不能對於任何方面為條件之要挾。本院同人苟能本此大義，昭告國人，必能得多數國民之信仰，而昌中華民國國會史上之優點。此理至明，盡人可喻。惟眾院為任期所限，切身權利所關，昧然有此越軌行動，同人等不能不加以糾正，俾國人曉然於參議院議員十年以來，尊崇法律之主張始終不渝，亦以保全眾院議員之人格，使毋貽法律之羞。蓋兩院制之優點，即在甲院可以糾正乙院之失，俾法律方面不受政潮激動，而發生破壞。亦不因權利衝突而引起政爭。故兩院制結晶之點，即在於本院能調劑各方面之不平，而使國家永處於鞏固不搖之地位。以是之故，本院唯一之職責即在於守法二字。諸公守正不阿，決不以鄙人之言為過激。萬一同人不察，昧然通過，則國人為維持國法計，必將有嚴厲之抵制，此時不僅眾院議員為全國所唾棄，即本院亦將與之偕亡。此為本院同人生死關頭，謹掬血忱，伏乞鑒察。

雖然具有正義感的議員們如此反對，可是參議院仍於九月廿六日開成常會，出席者一百卌八人，由議員谷嘉蔭主席，議員趙連琪提議變更議程，先議眾議院移付延長任期案，在場的多數贊成，且有議員主張不必討論，即開審查會，當場審查。由主席指定宋楨、納謨圖、王湘、陳銘鑑、婁裕熊五人為審查員。審查完畢，由陳銘鑑報告審查結果。在十幾分鐘內，連開三讀會，不加討論即予通過。

兩院自行延長議員任期案通過後，即以咨文送達攝政內閣。攝政內閣對這件大事不敢公布，尤其是洛陽的吳佩孚，對此舉特別反對。可是吳景濂和兩院議員卻用這件事作為同意舉行大選的交換條件，反覆爭論；攝政內閣迫不得已，乃於十月四日將國會延長任期令、和眾議院議員改選令，同時公布。

兩問題待解決

到了九月二日下午八時，直系的重要人物，山東省長熊炳琦、內務總長高凌霨、交通總長吳毓麟、司法總長程克、烟草公賣局督辦兼直魯豫巡閱使署秘書長王毓芝、直省議長邊守靖、京兆尹劉夢庚等出名具柬邀請兩院議長副議長和全體議員到北京甘石橋一百十四號俱樂部宴會，出席參加的，有二百餘人。當時北京的習慣，請客八點，到齊時非十點不可，這次宴會也沒有例外。

十時十分，賓主到齊，主人方面推山東省長熊炳琦發言，熊說：

「今天我們邀請兩院諸公光臨，大家踴躍參加，我們感到莫名榮幸。我可以代表同人，略陳芻見：自今年六月十三日政變發生，迄今已近三月，時局糾紛，毫無頭緒。大凡國家之組織，行政機關和立法機關，原負同等之責任。每遇國家根本動搖之際，尤應雙方負責維持；決非任何行政機關一二人所能解決。現在內政叢脞，外交緊迫，國家前途，危險萬分，不可不立時設法補救。今日立法、行政兩機關中堅份子，握手一堂，務望開誠布公，共同研究一維持時局的辦法。」

客人方面乃推議員王敬芳答覆，略謂：「今天承當局諸公寵讌賜教，同人無任榮幸。謹代表致答謝忱。現在解決時局之兩大問題：一為制憲，二為大選。就份量言，則制憲比大選為重；就時局言，則大選比制憲為急。兩問題均應早日解決。今晚蒙政府當局開誠布公，與同人商量，我同人亦應切實討論，不必包頭蓋面。」

無法作出決定

接著，議員駱繼漢發言，略謂：「維持時局，立法、行政兩機關宜同負責任，自屬當然之理，不過要維持時局，須使立法機關有維持時局之機會。眾議院議員任期快滿，將不能行使職權；前由各政團代表，要求當局延長任期，當局先允而又後悔，不知何故？我們認為這件事是維持時局的重要關鍵，希望當局切實答覆。」

熊炳琦乃和高凌霨、王毓芝低聲商量了一會兒，然後起而答覆說：「駱議員所問的事，據政府當局的意思，因認為延長眾議員任期是一個法律案，究竟應該由政府提出來，還是由議會自己解決？還需要一番考慮。」

當時在場的議員們，對於延長眾議員任期事，有的主張由政府提出，有的主張由議會自決，有的反對常會出席費支給辦法，意見紛紜，莫衷一是。最後始由議員吳蓮炬發言說：

「我覺得大家的意見都不徹底，時局如此緊迫，不要專在題外做文章，今天的議會真正為了什麼事？我們應該赤裸裸的提出討論。大選是法律規定議員的義務，我們怎可規避？政府方面為了維持國體起見，促成大選，亦不應含羞害怕，訥訥不敢出口呵！」

吳的話一出，大家鼓掌。可是賓主也無法對此作一決定，讌會至十二時始散。

對吳景濂不滿

民國十二年時的北京國會，雖然是一個重要的機構，卻也是是非最多的地方。當時參議院院長王家襄辭職，而繼任議長沒有選出，於是眾議院議長吳景濂就成為一個最重要的時局關鍵人物了。吳景濂雖然重要，可是他所扮演的腳色並不討好，反曹派認為他依附曹錕而不恥他；而擁曹派則認為他在六月十三日政變後所行所為極不高明，把事情弄得很複雜，時間拖得很長久，因此對他也大加指責。這可以從擁曹派重要份子、眾議院副議長張伯烈寫給吳景濂的一封長函中看出，張函情見乎詞，對吳氏極為不滿，原函云：

蓮伯（吳景濂別號）議長足下：

伯烈才力綿薄，忝列副席，除依法代理外，本無特別責任可言。惟今大局日陷阽危，伯烈為國家計，為國會計，為足下計，為自身計，均有不能已於言者，願足下一垂聽焉！查國會由參眾兩院組織而成，並賦予選舉總統、制定憲法之特權。其選舉總統，與憲法會議，依法以參院議長為主席，如有障故時，眾議院議長及參眾兩院副議長，亦得遞次代理，此法律所規定也。惜參院自王楊爭長以來，議長一席，流產至今，於是選舉總統制定憲法之重大責任，乃集於足下一人之身。不幸制憲未成，國家多變，黎氏元洪於六月十三日棄職出京，京師震動，海內鼎沸，國家之安危，共和之生死，其重心點莫不環視於國會，誠所謂赫赫師尹、民具爾瞻者也。……

據大總統選舉法第五條第二項所載：大總統因故不能執行職務時，以副總統代理之；副總總同時缺位時，由國務院攝行其職務。同時國會議員，於三個月內，自行集會，組織總統選舉會，行次任大總統之選舉。大法所定，無論何人，不得違犯。今黎氏棄職出京已二月矣，以三個月計之，已去三分之二，延至九月十三，乃轉瞬間事。三月期滿，補救無從。足下為獨一無二之主席，負獨一無二之責任，何以兩月以來，竟視選舉總統會若仇敵，而不一言提及耶？苟至其時，選會不能成立，總統不能產生，國會構成違憲之罪，有野心家乘時而起，假借國民資格，向國會興問罪之師，國會同入其將何辭以對？吾恐法統從此墜地，政局從此紊亂，民國一線生機斷送國會之手，國會同人貽誤之罪固不可逭，足下與伯烈之肉亦足食乎？總之，斯時無論何人為候選大總統，國會無論在北在南，而吾人於法律上、事實上，究不可不依法組織總統選舉會。足下若贊成褚君輔成等南遷，則即宜往南集合同人選舉總統。今足下心不向南，身尚在北，又不肯即行依法開選舉總統會，謂非有意妨害大局，其誰信之！伯烈自客歲濫厠副席，以足下磐磐大才，經驗宏富，一孔之見，何敢妄有補給，然近念足下漸處入甕之勢，伯烈亦有同舟之感，千鈞一髮，稍縱即逝，禍在眉睫，補牢恐晚，故不惜為足下一言。或謂足下非不知此，將變相的師湯化龍兩次犧牲國會之故智耳，伯烈未之敢信。語云：士有諍友，則不失於令名。又云惟善人能受善言。伯烈於足下雖愧為諍友，而足下則不失為善人，希於伯烈所言，稍致意焉。則國家幸甚！足下與伯烈亦幸甚！

弟張伯烈頓首

捏報出席人數

吳景濂既然不見諒於反曹派，同時他在事實上又傾向於擁曹派，當他受到擁曹派的直系津保派激烈攻擊後，他感到自己已經處於極端不利的地位，於是他不能不為己謀，不能不積極做選舉總統的打算。他咬緊了牙關向賄選這條路走，乃命令眾議院的秘書處發出議程，於九月八日（民十二年）開選舉總統預備會，同時分別通知各議員，凡是在這天參加的議員，都有出席費二百元可領，如果抱病在身而力疾出席者，還加發醫藥費。雖然如此將就，這個預備會議竟因人數不足仍然開不成。第二天再開，還是人數未足。吳景濂覺得如果等足人數，恐終沒有開成之望，因此命秘書長鄭林皋派了許多職員擅代議員簽名，捏報出席人數，靠了這一招，才開成總統預選會。

當然，這種欺騙手段，是不能掩蓋一切的，所以預選會的第二天，即有不少議員，紛紛向吳質問：

如議員張瑾雯、李汝翼函云：

蓮伯議長大鑒：

昨日大選預備會，汝翼、瑾雯兩人因事請假，具有假條製回收據可憑。乃閱昨日預選出席人名單，竟列汝翼、瑾雯之名，實深詫異。務請即日更正，宣布同人，以昭核實，而免弊混，實為公便。此請臺安。

四川議員李汝翼、張瑾雯同啟

九月十一日

又如議員李兆年函云：

蓮伯議長大鑒，敬啟者：

昨日大選預備會，因弟久病初愈，步履尚難，實未出席。茲查有人冒為簽到，若不聲明，誠恐日後流弊滋多，除正查究外，特此函達。順頌議祺。

李兆年啟

九月十日

孫曜揭發真相

最令吳景濂難堪的，是眾議院秘書派在議事科服務的孫曜，也發出通電，揭露「大選預備會」揑造人數的真相。孫曜通電如下：

慨自六月十三日總統被逼去位以後，北京一隅，法紀掃地；今竟以非法之行，加諸守法之身，大選以非法為預備。縱令欺詐而成，實足以滋長禍亂。言念法統，良用疚心。謹此通電，敬告邦人。眾議院議事科科員秘書孫曜蒸印。

眾議員張瑾雯由於吳景濂不理睬議員們質問，乃第二次具函質問吳景濂，要求正式聲明改正人數，函云：

逕啟者：

本月十日總統選舉預備會，瑾雯因事請假，執有收據可證。乃聞簽到簿上，竟有謹雯簽到字樣，不勝駭異。因到院查勘，是日簽名簿瑾雯名下，確蓋有到字硃印，赫然紙上。當即具函聲明，請予更正公布，以明真象，而免弊混。迄今多日，尚未見將原函印布更正，不識議長是何用意？竊立法機關，何等尊嚴；總統選舉預備會，何等重大；乃不意青天白日之下，竟有此公然揑造議員簽到之舉。查議員簽到名簿，係由議長派有所屬專員，監司其事，瑾雯既已請假，則此到字硃印從何而來？此等偽造行為，實已入刑事範圍，議長自不得辭其責任。且到會人數既發生偽造問題，若不切實查究，表明事實，則當日人數多寡，已屬不能確定，選舉預備會豈得遽認為成立？瑾雯為保持國會尊嚴起見，特再鄭重聲明，即請查照前函，立予更正。否則法院俱在，我兩院同人，當不忍以神聖莊嚴之國會，任議長一人蹂殘破壞不留餘地也。愚直之言，幸賜明察。此致蓮伯議長

眾議院議員張瑾雯啟
九月十三日

從黎元洪被逐下台起，擁曹派的活動仍須依賴國會選舉新總統；於是，眾議院議長吳景濂就成為舉足重輕的關鍵人物。吳氏也有意包辦大選，希冀籍此為自己在將來政府中出任閣揆作安排。

報紙揭露醜態

民十二年九月初，據傳說眾議院議長吳景濂曾向擁曹的保定派提出三項要求：一、大選完成後，由他組閣；二、掌握財權；三、特別區的礦產權益。

同時在籌備大選時，經濟方面的條件是：一、選費；二、黨費；三、特別交際費。

這些都是為了辦理選舉時的必要用途。吳氏並且希望先預付五成的現款一千二百萬元，以便著手進行。保定方面認為吳有藉機勒索之意，同時條件太高，所以難於答應。不過不答應又怕吳氏翻臉，事實上選舉要依賴吳氏也。

在「大選」問題短兵相接時，議員們的醜態畢露，這可以從當時（民十二年九月十三日）《北京報》的一則報導中，看到當時各種稀奇古怪的政客醜態：

自眾院僥倖開成常會後，一般熱心大選之「羅漢」（按：羅漢指當時之國會議員），以任期既已延長，一生可以吃著不盡。且大選又逼在眉睫，東一竹槓，西一竹槓，隨地皆是白幌幌之大洋錢，前途之買賣正多，其生意興隆，財源廣進，雖瑞蚨祥、同仁堂（按：皆當年北京之殷實老商號）視之，亦自嘆弗如。日來與高采烈，色舞眉飛，樂不可支，甘石橋某號，昨晚呼盧喝雉之聲，通宵達旦，一擲數千金，其揮霍之豪，誠非吾儕窮記者所能望其項背。聞彼輩連日皆有協議，所最注意者，自為選舉票價問題。惟最高仍以六千元為限度。但對於出力赴滬拉回南下議員者，前經出力提出選舉案者，具有執政團領袖指揮之能力者，則予特別優待，加給特別酬勞費、交際費、祕密費，並支特等之選舉票價。各羅漢則要求支付現金；而主持大選之甲方因與乙方商議，酌提所儲存三百二十餘萬元之三分之二，以資支配；一方面則催財部速撥兩院歲費。惟乙方與包辦者則主張操縱，不採取公開辦法，並聲言反對攝政內閣逾期。內閣聞之，大為恐慌，乃有眾院果欲政府公布國會議員延長任期案，則攝閣期間亦自有無定期之延長之說，以示抵制。日來甲乙雙方，爭潮甚烈，大選之總參謀某某，前晚忽祕密來京，下車後，即赴甘石橋從事調停，並劃分甲乙兩方之辦事權限，以免再起波瀾。翌晨即匆匆返天津，故為外間所未悉云。

又：前晚甘石橋會議，九時許開幕，討論大選問題，凡保定派已接洽之「羅漢」相繼而至，約有五十餘人。其首要即係磋商票價與提前支付半數之現金，次則各俱樂部津貼費、伕馬費等，亦在繼續討論之列。但經濟全權為擁曹的津派所扼，津派在未允提出儲款之前曾表示：保派如要提款固無不可，但須具有應負大選告成之全責。而保派亦顧慮「拜金羅漢」騙款到手，或不投選舉票。雖已拉回南下議員若干名，但仍未達到法定選舉人數，自亦不能不計及此。且又恐臨時復有發生變故，故仍抱定宗旨，拘守前議，先簽發殷實銀行期票，須俟選舉投票後，次日即憑票付款，銀貨兩訖。但「羅漢團」方面則以銀行支票為不足恃，亦恐其投票後支票退票，致兩方意見距離仍遠，結果尚須從長磋商云。

九月十二日第一次選舉會召開，由於人數不足而流產，因此擁曹的津派、保派和國會中的大選派都慌了手腳，忙做一團，不知如何是好。十三日晚在北京城小蘇線胡同一所講究的住宅中，大選派議員召開了緊急會議，討論如何促成大選問題，當時商訂了幾個辦法：

一、遣人分頭疏通議員，由常會再定選舉日期；

二、電請各省督軍省長，推定各該省國會議員一二人為代表，負責拉攏各該省代表出席；

三、仍決定：凡出席者，才發給出席費；

四、津保兩派所分別接洽的各政團，應採取剛柔相濟的手腕；

五、派代表祕密南下，運動反直系的中堅人物，予以特別待遇之條件，除了金錢上的承諾外，還答應政治上的優缺；

六、如果以上各點進行無效，則準備出於最後一途，修改大總統選舉法。

同時，津保兩派還在甘石橋一百四十號俱樂部舉行祕密會議，討論投票議員付給票價方法。大多數主張在出席大選會的上午付款，議員收到票款後即麕集在一處，午後同乘汽車逕赴國會，各人投下「神聖」的一票。

另據九月十八日的《北京報》專訊報導云：

前晚王承斌、邊守靖、高凌霨、王毓芝、吳秋舫、熊炳琦、劉夢庚、袁乃寬、程克等即在甘石橋大典籌備處召集各政團領袖緊急會議。如吳景濂、張伯烈、錢崇愷、斐廷藩、王謝家、宋汝梅、黄明新及民治社、直系之某代表，與各俱樂部之代表彭漢遺、湯松年等七十餘人，專為討論大選票價支付方法，與選舉後應得優先權條件。席間意見龐雜，莫衷一是；而主持大選者，遂先決定分途接洽為上策，於是，王孝伯、邊守靖則向吳景濂一派協商；而王毓芝、袁乃寬仍向其昔日所接洽各政團磋議；熊炳琦、劉夢庚則對直系各省俱樂部接洽；吳毓麟、高凌霨、程克等分別向反對派疏通，兼負接洽拉攏在滬各議員之任務。據內幕消息指出：各政黨之首領，所提條件無不競爭佔據閣員之要席，次則要求省長、次長、各路局局長、海關監督及鹽運使等。亦有請求京內外各部屬廳長、道尹者。甚至要求保障終身為議員者。光怪陸離，無奇不有。據王承斌表示：籌備大選現款已有把握，以餌「猪仔」（指議員），希望直系各省從速解款補助，以策進行，速選總統。而津保兩派亦由王氏從中斡旋，以表面視之，似有灌通合作、消泯猜嫌之望，然骨子裡則仍各懷鬼胎，大有誰佔最後之勝利，即掌握政局之全權之想。津派比較軟弱，因為保派暗中聯絡洛陽派為奥援，且虎視洛陽的吳佩孚已有嚴電指責津派，以壯保派聲勢云云。

票價初定五千

賄選投票，票價初步確定為大洋五千元一張，惟付款辦法如何是很重要的。投票者怕白投這一張「神聖」的選票；而付款人又怕議員拿了錢不投選票。這個問題可以說很小，亦可以說很大。據民十二年九月廿日《北京報》專訊報導內幕說：

> 各報連日記載甘石橋大典籌備處日夜集議情形，多有出入。記者昨特走訪中立派某參議員，所得答述確係從耳聞目睹中來者，洵屬內幕真相。爰照錄以供眾覽：
>
> 某參議員之言曰：外間所說某日某處會議，某等實無所見聞。甘石橋梁宅每夕均有百數十議員，車馬全集；所謂籌備主任王、熊、邊等，亦每夕必到。惟若輩除吞雲吐霧，呼盧喝雉外（按：甘石橋梁宅供客烟具共有二十餘盤，麻雀、撲克等賭具更多至不可勝數，每夕輸贏在萬金以上，可謂豪賭矣），並無其他協議事件之可言。有之則自十六、七兩日晚餐於袁家花園始。此兩日所延請者，皆保派所認為可以幫忙之議員。每夕分邀四五十人，而余適於次夕與會。是晚供應極菲陋，座客幾不能下箸，且有蹙額者問有餘菜否？庖人則以菜罄對，眾遂一哄而走。聚談時，熊炳琦首先發言謂，今夕商榷之事有二：
>
> 一、請大家分擔責任；二、我輩辦事人盡酬報之力是也。關於第一項應請各省負責，諸君實行聯絡能出席大選份子，事前開列名單，臨時勸告如約出席。至報酬一節，不妨打開天窗說亮話，每人贈送五千元。其手續則擬用銀行存摺，由受款人用一圖章作為存

款取款之據。惟該印鑑不存於銀行，而存於我輩辦事人手中，待選舉有結果，辦事人將各印鑑送與銀行，各人存摺上再蓋同一之圖章，即可向銀行取款。現請先由各省負責，諸君分頭約集同情者，分組聯合，每組將印鑑彙齊送來，即事畢矣。

言至此，王孝伯乃起為補充之言曰：外間謂我輩辦事內部意見參差，皆係反對者挑撥作用，請諸君不必誤信流言。惟剛才熊省長所述辦法，其中有應補充者：第一、大選日應由各組首領邀集該組份子午餐，餐後即同乘汽車入場出席投票。各組首領所用之飲食車馬等費，自當如數撥付，斷不令負責人虧累。第二、存款擬指定直隸省銀行，照銀行慣例，本係先付印鑑，現印鑑所以要暫存辦事人手中者，因期在成功後照付，萬一初次投票未得結果，不得逕取之故也。至各組人數，並不必限定多少皆可。至此王蘭亭又起而言曰：時機緊迫，希望於中秋節前開選，請於二十日晚再集會於此，彙報各組名單印鑑，以便進行。

來賓中吳蓮炬起而發言，謂存款僅指定存入直隸省銀行數目太鉅，恐不可靠，如能分存數行，更為周密。錢崇愷則曰：兄弟是直隸人，知直隸省銀行內情最多，該行為直隸財政總匯機關，擔負有餘，斷無意外，請大家放心云云，其時熊、王等已離座，與各私人酬答。所謂大選籌備之會議，乃又了一幕矣。二十日晚又在袁家花園讌集，是夕之會，原為彙集各組員名單，暨各受款人印鑑而設，在大選派方面觀之，關係應極重要，乃遲至七時許，來賓僅有半數，而被邀之人，亦未聞有電話催促。熊潤丞、王孝伯兩人亦未蒞止。座中主任惟王蘭亭、邊潔卿二人。來賓問以各省報告如何？但答以尚未齊集，稍待一二日等空語。並協議之形式，亦未舉行。是則大選形勢之阻窒不通，暨辦事人之精神渙散，於此可以見矣。

先投票後付錢

票價容易，只要決定一個數目；付款方法最難，誰也不信誰。輿論又故佈疑陣，挑撥離間，九月廿三日《北京報》登載的專訊就有這種含意：

大選派與羅漢團日日講價，故近日報章中緊要之消息，無非「錢」字問題。幾把一座北京城鬧得銅臭薰天，令人不可嚮邇。但總括雖為錢之一字，而分開尚有許多問題發生。如票價之為五千元、八千元、一萬元各種之爭執一也；先付現款，後行投票；或先行投票，而後付款；或付款一部即行投票，二也；各政團首領競欲包辦，而其份子則恐權利有壟斷之弊，紛紛反對，三也。有此三種癥結，故大選派雖渴望成功，猪仔團縱饞涎欲滴，亦只好暫忍飢渴，從長磋議。

日來表面上所傳之先憲後選，或憲選並進，雖空氣甚形熱鬧；但一揭暗幕，無非在上述錢的問題上做文章。目下商略程度，大抵一三兩項或較易於解決；最難者厥為第二項之先行付款，與先行投票問題。蓋其中不特原來在京猪仔之持為先決條件，即此次由南返京之議員，亦以此為惟一之著眼點。

記者昨晤由滬回京之某某議員，質以回京之故，是否因貪票價而甘冒猪仔之名？某某答覆頗為質直，謂我等此來確是為五千元之票價，此亦不必為君諱。因若輩歷年朘削，積產纍纍，如此儻來之物，非此絕無僅有之機會，又安能拔其一毛？惟我等有須聲明者，即金錢可以要，而猪仔實不可以做。此語在君初聞必以為奇，不知所謂猪仔者，因其甘於賣身而得名，若得錢不賣身，又安得謂猪仔？故我等決計五千元之款，不能不要，但因此而出席投票，則萬萬不可能，蓋因得錢而不賣身，不必自認為猪仔也。雖此有類於過河拆橋，然取之於盜，不為傷廉。我等以為得錢是一事，投票又是一事也。我等預備金錢一到手，即當遷眷南下，即或被迫逼暫難離京，而外國飯店尚多，亦儘可為安身之地，將來仍當南下，貫徹初志，決不至因金錢而失身耳。即反直派方面，對於我等意旨，亦已完全諒解，蓋藉糧於敵，此反直派之計劃者也。當我等過天津時，曾以此意商於反直派某某等，彼甚贊成。故我等之回京，實非變節云云。

記者按：某議員之言，雖屬牽強，然亦可知由滬返京者一般之真意，與反直派之策略矣。聞大選中亦有窺破其計劃者，誠恐空擲金錢於虛牝，故力持先投票後付款之議。此點爭執，恐無解決之望，而大選之前途亦從此可知矣。

支票簽名潔記

十月四日《北京報》又報導大選內幕云：

吳景濂與津保兩派大選經紀人協議之結果，決定於五日開總統選舉會。前日（一日）津保派各經紀人特宴各省議員，將以到者之多寡，定大選前途之形勢。自下午一時起，至夜十一時止，每二小時一班，共分五班，各經紀人於事前曾直接或間接向各議員聲稱：此次與平常宴客不同，凡熱誠贊助者，務望光顧，否則同人等實無法辨別諸公態度云云。故是日到會者，確達四百餘人，為從來所未有。惟宴會席上，除由主人方面報告現擬辦法及幾句客套而外，並無其他特別情形可記。蓋此次宴會目的只在點名，京中各通信社報導，謂有何種會議，並指明係晚間七時，按之真相，並不如是。

支票自前日起實已開始發放，每張五千元，支付銀行共有三家，以打磨廠大有銀行為最多。票上未填支付日期，三方約定，將來付款時，須由開票人補填日期，並加蓋一圖章，方能生效，而此項補填及加蓋手續，則必須在總統選出後三日履行，質言之，此項支票非總統選出，實即等於一張廢紙也。故各議員對此承受態度尚不十分踴躍，不信任保定派者，謂此項支票並不足保障；信任保定派者，則謂不必有此支票，儘可空手投票，到將來再行領款，落得做個慷慨云云。聞持此種態度者數不在少，外傳謂領支票者已有四百餘人，則大選派故造之空氣耳。

又同日《北京報》云：

票價問題，經多方之磋商，定為分團體分省份或個人直接三種，經甘石橋、長安飯店等分頭接洽，均已談有眉目。前日晚間，即在甘石橋簽發，聞到甘石橋領取支票者，截至昨晚已有四百餘人，其撥款之銀行為大有銀行、鹽業銀行等三家，簽字為「潔記」兩字，支票數目及簽名騎縫三處均蓋有青色長圓木戳，內係三立齋三字，有月份而無付款日期。聞普通者為五千元，其有特別關係者或一萬元或七八千元不等。今昨兩日即已有人持此支票往大有、鹽業等銀行照票，以定真偽。持有此票之議員，莫不欣欣有喜色，而主持賄選的王承斌，連日亦密令直隸財政廳長金某解款來京，分儲各行，以堅議員之信用。而一般腦筋靈敏之議員，以為前此提議原有儲諸外國銀行之要求，今皆改在本國銀行，能否靠得住，此時尚未能作數。兼以前此傳直派密議，曾有選舉過後抹臉不認帳，犧牲一二銀行之傳說，此種實行賄賂之支票，打不起官司，告不起狀，將來能否當用，恐非至選舉過後，不能明白也。

羅漢慾望過大

九月三十日《北京報》云：

大選派之接洽議員，無孔不入，日來分省疏通之結果，人數雖共開有四百七八十人左右，但究其內容，所謂說妥者，仍不及四百人。蓋猪仔中頗有一部分人對於賒現兩點尚在爭議，而一般小首領又不願仍照普通待遇，非於五千元外再有一種優待條件決不投票。大選派初甚堅持，但以事勢緊急，不得不允。聞其商磋之條件：一、各大小首領於五千元外，另予特別報酬，並保證選後給予特簡官位置。二、關於付現一層，吳蓮炬等業已祕密領取（係外國銀行鈔票）。惟聞此種消息傳出後，猪仔團酸勁大發，行將繼起而為同樣之要求。未知大選派，將如何應付。茲將已領大選票價現款之議員名姓開列於後，餘俟調查後陸續發表：

張魯泉、宋汝梅、馬驤、吳蓮炬、陳策、錢崇愷、葉夏聲、陳榮光、王伊文、周之瀚、葛莊（以上諸人所領現款均係超過劃一票價「五千元」三倍或四倍以上）云。

十月一日《北京報》云：

大選問題日來仍無發展。據深知內幕者云：此事實難進行，蓋因在北京人數確係不足法定；而在此不足法定人數之中，所謂交換條件又復層出不窮，羅漢們慾望過大，主持大典者殊感不易應時。但彼等為一時便於報効恩帥（按：指曹錕）起見，不得不暫為俯允，居時能否實踐，殊不敢必。此實大選派目下對付豬仔之真實心理也。聞彼等與各政團首領妥協之條件，即於大選成功後，由吳景濂組閣，張伯烈繼吳氏扶正為眾院議長，王家襄為參院議長，牟琳、溫世霖、葉夏聲等分據閣員；甚至有要求省長、次長、各鹽運使、道尹、権運局差缺者，均已互相默契。且籌備大典處祕密支給各領袖及黨費多至二十餘萬金，凡自命各省組之代表，亦各得特別酬勞費數千元以至二、三萬元不等，大選派此舉之用意，完全係拋棄一般普通羅漢，而專向所謂大小首領諸豬仔身上做工夫，以冀在此法定期內，激動離京議員北返，湊足人數。且吳景濂與王承斌密約，決於十月二日或三日祕密進行舉辦大選會，故對吳等所提條件，不得不容納，以便此種計劃之實施云。

十月五日開選

賄選形勢，在民十二年十月四日急轉直下，這一天、曾經流會了四十四次的憲法會議居然開成，到會議員五百五十餘人，是自六月十三日政變以後從來未有的盛會。由於憲法會議開成了，四日下午吳景濂遂以總統選舉會名義發出通告：

啟者：

茲定於十月五日（星期五）上午十時開總統選舉會，依法選舉中華民國大總統，特此通告。

總統選舉會啟

十月四日

五百五十餘人，在法定選舉總統的人數尚差卅人左右，不過大選派認為另外還有五六十人已接洽好，這些人只出席大選會而不出席憲政會議。

關於幕後的票價問題，由於王承斌等不分晝夜在安排，據說已在甘石橋俱樂部親領或代領支票的，至十月四日中午，已有五百七十六名；尚有十四五人不肯領錢，則皆屬蒙古王公豪富，這些人不重金錢，卻要官職。據說另有多人住在天津，因為反直色彩太濃，卻對於五千元有興趣，他們和大選派接頭，準於開會當天趕到北京，投票後即領款，領款後即返天津，同時提出條件，不許將其姓名宣布。大選派樂觀的估計，投票選舉總統時，曹錕可得近六百張票，預計超出五百八十三票之法定票數。

眾議院為了選舉總統會，大加整理，四日下午秘書處加班布置，北京象坊橋一帶，軍警和保安隊加崗守衛，警察且挨戶通知懸旗，慶祝選舉總統。秘書處並準備在選舉會這一天備辦一千份午餐茶點，以免選舉人受飢渴之苦。至於安全方面，決定入場時加以檢查，不但旁聽人員要接受檢查，即議員中有問題的，也不客氣，照樣要搜身。這當然是怕這個「堂而皇之」花了鉅款投票的選舉會發生炸彈案。

十月一日起，賄選的總部已經分別填送支票，有浙江籍的眾議員邵瑞彭取得支票後，就把它印成正反兩面，於十月三日向京師地方檢察廳告發，請依法偵察起訴，並通電各省，揭露賄選經過，有賂賄的支票為證。北京的地方檢察廳在直系勢力範圍內當然無所作為，可是這一個行動也足以打擊大選，使之掃興。

很多省份都對該省籍議員接受賄選支票者予以聲討，否認其代表身分，有的還宣布開除其省籍。

不過賣身的議員們則笑罵由君，收款由我耳。

民國十二年十月五日上午十時，北京總統選舉會召開成功。開會時間原定十時，可是議員們姍姍來遲，到齊時已經十一點五十二分了。眾院議長要吳景濂宣布開會，報告簽到人數，計參議員一百五十二人，眾議員四百四十一人，共五百九十三人；出席人數五百八十五人，已足法定人數；於是推定檢票員十六人，吳景濂並報告投票方法。

下午二時正式投票，至四時完畢。當眾點票，結果曹錕得票四百八十張，獲選為中華民國大總統。其餘得票人計有：孫中山卅三票，唐繼堯廿票，岑春煊八票，段祺瑞七票，吳佩孚五票，王家襄二票，陳炯明二票，陸榮廷二票。……

選舉如臨大敵

關於這一幕賄選醜劇，當時北京報紙曾有詳細記載，特抄錄如下，以存真實：

十月六日《北京報》載：

北京之總統選舉會，經王承斌、吳景濂等極力拉攏之結果，昨日（五日）居然開成。曹錕以四百八十票之大多數（投票總數五百九十），於金錢支配下，裒然當選；以視民元之袁世凱，民五之馮國璋，均經決選，始能產生，尤為生色。金錢之魔力，誠可畏也。四日之夜，甘石橋之大選籌備機關，通宵達旦，活動不休，夜分門前猶有汽車六百餘輛。該俱樂部中原有五大客廳，卒以來者過多，幾無立錐之地。喧鬧終宵，支票計發出六百零數張，而大選派對於人數一層，始略為放心。

五日晨，內外城各大街商舖，即由警察挨戶勒令懸旗慶祝。順治門內外，十步一兵，五步一警，荷槍實彈，如臨大敵。國會街一帶，警備尤嚴眾議院門前有營帳數座，是為軍警休息之地；制服軍警約有五六百人之多，私服暗探數亦如之。眾議院圍牆以外，所配置軍警偵探之眾，亦不亞於大門前。軍警當局如王懷慶、聶憲藩、薛之珩、車慶雲等，均親自蒞場，指揮監督，足見特別鄭重。旁聽席中，亦有偵探數十人，穿插監視；而女旁聽席中，亦有女偵探，殊不能不令人歎服其戒備之周到也！

吳景濂為大選元勳，又為選舉會主席，昨晨八時半左右，即驅車疾馳到院。沿途軍警舉手為禮，吳微點頭致意，其得意之色，雖車如閃電疾馳而過，猶令路人一望而知之。車旁附有警衛，自不虞發生意外。吳氏到院後，首命秘書廳查點今日有無請假議員，有者即發專函派人往迓，不來則又繼之以同鄉或同黨熱心大選之議員專誠奉邀。吳氏之苦心，亦足以報曹錕特達之知矣！

對於旁聽者之限制及搜查特嚴，男女來賓共約一百餘人。議場東首操場搭蓋席棚四間，為旁聽者休息之所；唯人多地狹，鵠立院中者仍不少。旁聽者既入門便不能再出，故過午未餐者，由院供給麵包，以備充饑。按照規則在開票以前絕對不許旁聽，其早晨到者，直至下午三時始獲入旁聽席，未免太無聊矣！

急電保定報功

昨日簽到人數共為五百九十三人，實超過原日在京人數；其原因實由於前晚（四日）有由滬趕來者四人（本有十八人，到天津被截留十四人），又昨午由天津乘汽車趕到者，又有十五人，聞此十五人先至大中公寓與直系要人接洽後，即到院出席。依前數日形勢觀之，出席人數似不至如此之多，嗣經調查結果，始知此次拆台最力之政學會議員竟有暗中北上投票者；而主張先憲後選之憲法研究會議員亦多臨機應變，棄憲言選，故出席者得超過法定人數十一人。又在京議員確實未出席者僅有五人，計為：王家襄、劉以芬、黃元操；其餘贛籍二人，姓名未詳。又有周大烈者雖辭職未准，亦未出席。王家襄因外間攻擊甚烈，故特缺席，以示避嫌。黃元操則以「心痛」二字請假，語頗雋妙。劉以芬之請假書原文如次：

敬啟者：

先憲後選，為弟夙所主張，曾經布達，諒蒙垂察。邇者憲法會議已開成，地方制度，經過二讀，果能更盡一二日之力，至少亦可將重要部分，完全告成，然後再行定期大選，豈不兩全其美。乃偏急其可緩，致使垂成憲典，不免稽延，萬一他日又生波折，誰尸其咎？弟以根本主張不符，本日選會，未便出席，特此陳明，敬祈鑒及。此上

主席大鑒

劉以芬謹啟

吳景濂於選出曹錕為總統後，當晚即以總統選舉會名義，咨達高凌霨等，其咨文云：

總統選舉會咨文，十月五日，本會依大總統選舉法開選舉會，舉行大總統之選舉，列席人數五百九十人，曹錕得四百八十票，當選為中華民國大總統，相應咨請攝政國務院查照可也，此咨攝政國務院。

同時又致電曹錕報告；原電云：

萬急，保定曹大總統鈞鑒：

本月五日上午十時，依大總統選舉法開總統選舉會，舉行大總統之選舉，列席

人數五百九十人，公得四百八十票，當選為中華民國大總統。除即日由本會賷送當選證書外，先此電聞。

總統選舉會歌印

吳景濂一面並以個人名義，偕同張伯烈馳電致賀，以示慇勤。其電文如下：

萬急，保定曹大總統鑒：

十月五日，依大總統選舉法舉行大總統選舉，我公依法當選；中外騰歡，萬姓仰戴，永奠邦基，造福民國。

謹掬誠申賀，順頌鈞安

吳景濂、張伯烈叩歌

五日選出曹錕為總統後，高凌霨等即於下午六時在國務院開緊急會議，議決三事：一、以國務院名義，將新總統當選票數，通電各省區知照。二、公推袁乃寬代表全體閣員，赴保定歡迎新總統。三、責成內務部籌備新總統就職典禮。又：公府指揮處侍從武官處及禮官處官兵人等，計共一百餘名，昨晚已會同外交部，預先選定嫻熟各國言語文字之參事、司長等，乘專車赴保定，歡迎曹錕入京就職，並招待賀客。吳景濂亦定日內親赴保定，致送當選證書，並向曹錕表功云。

五千為最低價

同日《北京報》又云：

昨日總統選舉居然成會矣！曹錕居然當選矣！預製之證書以蜜色綾為邊，以古錦為套，以桐木為匣，居然於今日上午從兩院秘書廳選一好書手，敬寫曹名，定於晚間送保定矣（一說吳親往，一說張伯烈往，現尚未決）！大選籌備人已邀約各省代表，今晚赴保定歡迎矣！昨日閣議決定各部院各派一二人，會同禮官處籌備就職典禮矣！曹錕之喜可知，直派之喜可知。而反直派、拆台派數月之忙，未免目前暫告失敗。今日直派機關，各報特別標明合法當選，蓋意欲以此四字抵制反對派也。

此事之急轉直下，蓋有兩因：一、奉浙西南通電已出，籌備諸人認定不疾速辦好，則夜長夢多，將有變局，必趕於數日內做成。二、吳佩孚先後拍來兩電，反對眾院延長任期，其中扼要之語，即謂雙十節前合法當選，可無話說，一過雙十節不必選舉。高吳諸人原以延任事請示保定與洛陽，本不欲公布，而吳氏兩電則反有促成之作用。一可以公布延任，為如期選舉之交換品，故四日午間議員方面包圍催促，而次日選舉亦同時確定，此中交涉，吳景濂而外，駱繼漢之力為多。二因吳佩孚謂過雙十則不要選，津派諸人遂認雙十以後吳氏可能別有辦法，彼等籌備之功，將付流水，不可不趕緊辦好，以間執吳口。

諺云：有錢能使鬼推磨。況拜金之議員乎？派人南下拉人，又加以江蘇督軍齊燮元之協助，當然議員多有北上者，票價名為五千元，然實為起碼數，有八千者，有一萬者，所簽支票，自邵瑞彭舉發之大有銀行以外，有鹽業、有勸業，並聞有特別者則為匯業、麥加利之支票。所簽之字，潔記（邊潔卿）以外，尚有蘭記（王蘭亭）、秋記（吳秋舫）、效記（王效伯）等等。本月二三兩日，頗有議員持票至銀行對照者。然自邵瑞彭舉發，而三四兩日之夜，甘石橋大著忙，將前發支票收回，另換其他式樣之票，且以不示人不漏洩為條件，且聞已書明日期。至於昨日上午，直派議員四出拉人，亦有付現者，又有五千元以外增價者，並聞對於前拆台而昨出席之議員，許以投票自由，票價照付；而兩院員役，由秘書長以至打掃夫，各另加給薪工兩月，由吳景濂發出，共八萬元，以為犒賞。此賄選之大概情形也。

吳景濂總包辦

昨日選舉會之表面情形，京中各報已載，茲不贅。但此外尚有可述者，則北起西單南至宣外大街，三步一警，五步一兵，又有整隊巡行之保安隊。象坊橋則自東口至西口，軍警夾道排隊，上午十一時後，即斷絕交通，非赴會者不許通過。城堞上遍立瞭望之哨兵，眾院門前，遍張天幕，無論議員參觀人，均准入不准出，入必搜檢；女賓用女探為之，惟公使閣員及保津要人則免搜。對於議員則備餐兩頓（實只吃一頓，以四時半已畢也）；並在眾院隔壁之大中公寓，設烟榻四，烟槍八，有癮議員得向吳景濂領通行證，於軍警監視之下往吸鴉片。而大中公寓則除吸烟外，更有一大關係，即甘石橋長安飯店之機關，臨時移設其中，全體閣員及津保要人，自上午九時開始，即至其中，發號施令，指揮一切。

昨日之會，據聞先由議員二十三人分頭請不出席者到會，計包僱汽車數十輛，有人於午前八時過石駙馬大街三號門首，即見停有三輛，即吳蓮炬等拉客之車。十時以後，分頭拉人，計臨時出發者亦達三十餘輛，各拉一二人回，出時吳景濂親簽通行證，其事由為「請人」二字。以記者所聞，曾大索王家襄、符鼎升不得。鄭人康於午後二時車載盛時、陳家鼎二人來；而抱病之張佩紳、廖宗北、梁善濟、易宗夔，則以榻舁至；易氏不能入場，即持票至場後請其自寫。此拉人之情形也。

簽到人數，六百有零，出席者五百九十，此中有無不實不盡？非局外所能知。吳景濂於甫散會時，即囑將簽到簿密鎖櫃中，嚴戒秘書廳人員不許洩漏，簽到處及會場執事職員，均先期派定，未派者不許在側。

至於會場之檢票員，雖由議員中抽籤出任之，其實亦大有問題。議員人名之簽筒，吳景濂特派專員數人控制，密藏議場後園樓中，昨日由眾院秘書長鄭林皐抽籤，其抽出者皆大選派要角，絕無南下復歸之議員。惟曾抽出參院呂志伊，眾院李肇甫，其人皆不在京，改派兩人，仍大選派重要份子，說者謂此中大有手法也。檢票之時，十六人圍守，其他議員不得上前，廢票十二張，內容更無能窺見矣（十月六日下午一時）。

字林西報揭秘

又「字林西報」北京六日通信云：

當大選之時，當局檢查電報極嚴，防止描寫實況之新聞漏出北京，凡有報告大選形勢不穩及各方反對大選、各地軍事行動、與夫行賄情形之電報，一概不准拍發。據多數人傳說：郵件亦受同樣檢查，但猶未能證實；其他事務，當局亦無一不取防範手續，以求大選之最後勝利。

議員在未投票以前，無一付以現款，僅與以支票一紙，平均每人五千元，由各政團領袖經手辦理，此等多數領袖，每人可得一萬元；但聞議員中之無能者，所得並有不滿二千元者。據院秘書透露：不願受賄之議員，亦有出席者，其數不滿二十人。當選日之上午，拒絕受賄投票者頗不乏人。不料選派人物則以甘言誘惑其家屬，結果議員尤其妻妾女友帶領到院者，竟有數十人。院內外軍警受吳景濂之指揮，禁止入院議員復行出院。據一議員言：大選經理人當時準備，如第一次投票，議員中有不依其辦法投票者，決以強力維持法定人數，至三十六小時之久，務使曹錕產出而後已。

至各車站方面，均密布便衣警察，凡議員欲於是時乘車離京者，則遽使人上前楸扭，誣以逃債，軍警然後藉端干涉，兩造帶入警所；至此乃由人向議員勸說，授以支票，用雇妥之汽車或馬車，載往議院投票。是故眾議院前馬車汽車之擁擠，尤為歷來所罕見。

至有不願直接得款之議員則以顧問等職餌之。昨日有參議員對記者言，其友曾絕對拒絕賄款，其初態度甚為激烈，後因勸說結果，願受月薪四百元之顧問職云。

廣州發電討曹

十月七日，廣州國民黨發表宣言，申討曹錕賄選竊位。九日中山先生以大元帥名義下令討伐曹錕，通緝賄選議員，並電段祺瑞、張作霖、盧永祥一致行動。同時以大元帥名義對列強宣言，以中國全體人民視曹錕之選舉為僭竊叛逆，請各令其駐北京代表，避免任何行動可使僭竊者引為國際承認之藉口。

十月十日，中山先生在廣州大本營主持會議，討論討曹事宜，並致電各國外交團，請否認曹錕為總統，原電云：

關於北京最近舉行之所謂總統選舉，余不能不特別請各友邦注意於中國全國人民一致反對曹錕為中華民國總統是也。夫歷史上未嘗無卑污授受之事，但賄賂公行，強攫政權，恬不知恥，未有如此次曹錕被選之甚者。如人民對於此種行為尚恬然默認，而不反對，則實無權再事生活，而為一自尊之國家。是故中國人民認曹錕之當選為總統，為一種篡竊叛逆之行為，在理在勢，皆須反對而討伐之。……余今請各友邦及彼等駐北京之代表，勿以任何舉動，使北京新篡竊者，認為乃國際承認及贊助之表示。列強如承認曹錕，將促進中國之內爭及擾亂，中國人民將認列強為反對中國人民，有意破壞彼等反抗一種污辱國民人格之舉動之明顯意志。

孫逸仙啟

中山先生這時在廣州的情況也極艱苦，因為陳烱明和沈鴻英兩支叛軍先後在廣東作亂，中山先生被迫用兵討伐；可是中山先生手下除了許崇智部是可靠的而外，李烈鈞、朱培德的滇軍，作戰能力有限，楊希閔等率領的滇軍則不可靠，不太聽命令，使用起來非常辛苦。

民十二年上半年在北江擊敗沈鴻英叛軍，可是接著陳烱明便在東江復叛，進窺廣州；而海軍也在廣州謀叛，幸即時發覺，撤免溫樹德的海軍總司令，改委各艦艦長，由大本營直接指揮海軍。廣東方面因軍務緊迫，因此對於北方賄選的局勢雖感痛心，卻有力不能及之苦。

曹派喜氣洋洋

民十二年十月十日，北京眾議院議長吳景濂親自捧了新總統的當選證書，乘坐專車到保定，面遞給新「當選」總統曹錕。這一天，保定城內商家都奉命懸掛國旗，曹派的人就好像家裡有了喜事一樣，一片喜氣洋洋。吳景濂見到曹錕，照例說了「眾望所歸，人心所向」的謊話，而曹錕也說了感謝國民的厚愛。

於是，吳景濂伴著曹錕，乘原車回北京；抵京後即赴總督府，宣誓就職。就職典禮並不隆重，因為參加的除了曹派人物而外，就是拿了錢被人責為「猪仔」的議員，撐場面的盡是北京的軍警。如此總統就職大典，未免太不像樣。其實花錢買總統做，又有什麼像樣的呢！

曹錕就職後即發表文告云：

錕軍人，於政治初無經驗，今依全國人民付託之重，出而謀一國之福利，深思熟計，不勝警惕！所私幸者，以國家之成立，以法治為根基，總統之職務，以守法為要義。歷任總統，皆係一時之彥，只以國家根本大法未立，無所依據，未克其施；錕就任之時，適值大法告成之際，此後庶政舉措，一一皆有遵循，私心竊幸遭遇有過於前人也。……當此國事未寧，民生正困，財政竭蹶，軍事未戢之時，瞻顧前途，誠不敢謂有必達之能力；然不畏艱難，出於索性，所以答我父老昆季者，惟此至誠而已。逐年以來，政治潮流，日新月異，譬之醫者，不願泥古，自囿於方書，不敢騖新，以國為試驗。語云：「為政不在多言，顧力行何如耳。」謹以服膺，施諸有政。

曹錕是河北大沽口人。大沽口地方窮困，當地人士多以駛船為主。曹家貧苦，曹錕兄弟姊妹六人：老大曹鎮，老二是女的，老三曹錕，老四曹銳，老五曹彬，老六曹鍈。兄弟五人中，只有曹銳和曹鍈念過書，不過書也念得不多。直奉第一次戰後，曹錕成為北京政府的後台大老闆，曹銳做了直隸省長，曹鍈做了河北鎮守使，一門富貴，古人所謂英雄不怕出身低，想不到大沽口一個駛船人家，竟出了一個元首；可惜這個元首逆取逆守，不能克享太平。

曹錕就任之日，同時公布了中華民國憲法，當然這個憲法是由中華民國憲法會議宣布的；可是這個憲法並不被人重視，後人稱之為「曹氏憲法」云。

民國史上的一幕政海大鬧劇於焉結束！

Do歷史21　PC0423

北洋軍閥
——雄霸一方

作　　者／薛大可等
主　　編／蔡登山
責任編輯／陳佳怡
圖文排版／楊家齊
封面設計／王嵩賀

出版策劃／獨立作家
發 行 人／宋政坤
法律顧問／毛國樑　律師
製作發行／秀威資訊科技股份有限公司
地址：114 台北市內湖區瑞光路76巷65號1樓
電話：+886-2-2796-3638　傳真：+886-2-2796-1377
服務信箱：service@showwe.com.tw
展售門市／國家書店【松江門市】
地址：104 台北市中山區松江路209號1樓
電話：+886-2-2518-0207　傳真：+886-2-2518-0778
網路訂購／秀威網路書店：https://store.showwe.tw
國家網路書店：https://www.govbooks.com.tw

出版日期／2014年10月　BOD一版　**定價**／400元

|獨立|作家|
Independent Author
寫自己的故事，唱自己的歌

北洋軍閥：雄霸一方 / 薛大可等著. -- 一版. -- 臺北市：
獨立作家, 2014.10
面；　公分. -- (DO歷史；PC0423)
BOD版
ISBN 978-986-5729-35-6 (平裝)

1.北洋軍閥

628.2　　103016726

國家圖書館出版品預行編目

讀者回函卡

感謝您購買本書，為提升服務品質，請填妥以下資料，將讀者回函卡直接寄回或傳真本公司，收到您的寶貴意見後，我們會收藏記錄及檢討，謝謝！

如您需要了解本公司最新出版書目、購書優惠或企劃活動，歡迎您上網查詢或下載相關資料：http:// www.showwe.com.tw

您購買的書名：________________________________

出生日期：_______年_______月_______日

學歷：□高中(含)以下　□大專　□研究所(含)以上

職業：□製造業　□金融業　□資訊業　□軍警　□傳播業　□自由業

□服務業　□公務員　□教職　□學生　□家管　□其它_____

購書地點：□網路書店　□實體書店　□書展　□郵購　□贈閱　□其他

您從何得知本書的消息？

□網路書店　□實體書店　□網路搜尋　□電子報　□書訊　□雜誌

□傳播媒體　□親友推薦　□網站推薦　□部落格　□其他__________

您對本書的評價：(請填代號　1.非常滿意　2.滿意　3.尚可　4.再改進)

封面設計____　版面編排____　內容____　文／譯筆____　價格____

讀完書後您覺得：

□很有收穫　□有收穫　□收穫不多　□沒收穫

對我們的建議：________________________________

____

____

____

請貼
郵票

11466
台北市內湖區瑞光路 76 巷 65 號 1 樓
獨立作家讀者服務部　　　收

（請沿線對折寄回，謝謝！）

姓　　名：＿＿＿＿＿＿＿＿　年齡：＿＿＿＿　性別：□女　□男

郵遞區號：□□□□□

地　　址：＿＿＿＿＿＿＿＿＿＿＿＿＿＿＿＿

聯絡電話：(日) ＿＿＿＿＿＿＿＿　(夜) ＿＿＿＿＿＿＿＿

E-mail：＿＿＿＿＿＿＿＿＿＿＿＿＿＿＿＿